सफलतम व्यक्तियों
की
सर्वश्रेष्ठ आदतें

सफलतम व्यक्तियों की सर्वश्रेष्ठ आदतें

सती अचथ

प्रकाशक
प्रभात प्रकाशन प्रा. लि.
4/19 आसफ अली रोड, नई दिल्ली–110002
फोन : 011–23289777 • हेल्पलाइन नं. : 7827007777
इ–मेल : prabhatbooks@gmail.com ❖ वेब ठिकाना : www.prabhatbooks.com

संस्करण
2024

अनुवाद
आनंद कुमार राय

पेपरबैक मूल्य
तीन सौ रुपए

मुद्रक
नरुला प्रिंटर्स, दिल्ली

★

SAFALTAM VYAKTIYON KI SARVASHRESHTH AADATEIN
by Sati Achath

Published by **PRABHAT PRAKASHAN PVT. LTD.**
4/19 Asaf Ali Road, New Delhi-110002
ISBN 978-93-5266-291-3
₹ 300.00 (PB)

प्रस्तावना

सफलता की अवधारणा ने मुझे सदैव अपनी ओर आकर्षित किया है। अकसर मैं अपने आपसे पूछता हूँ कि उन लोगों में ऐसा क्या है, जो जीवन में सफलता की ऊँचाइयों को छू लेते हैं ? उनमें ऐसे कौन से गुण हैं, जिनके कारण उन्हें सफलता मिलती है ? ऐसे कौन से लक्षण हैं, जो इन सफलता के गुणों को स्पष्ट करते हैं ?

इन प्रश्नों के उत्तर तलाशने के दौरान मैंने ऐसे अनेक गुणों को लिख डाला, जिनका योगदान सफलता दिलाने में हो सकता है। मैंने इन सारे गुणों का अध्ययन किया और उन 12 गुणों को चुना, जो मेरे अनुसार सबसे महत्त्वपूर्ण हैं। यह पुस्तक उन्हीं 12 गुणों की चर्चा करती है।

उन 12 गुणों को चुनने के बाद, मैंने अपना ध्यान उन लोगों को ढूँढ़ने पर लगाया, जो इस कारण अत्यधिक सफल हुए; क्योंकि उनके पास इस सूची में से कम-से-कम एक विशेष गुण अवश्य था। इंटरनेट पर मैंने विस्तार से रिसर्च किया, 150 से अधिक पुस्तकें पढ़ीं, जिनमें जीवनियाँ और प्रेरक पुस्तकें शामिल हैं, साथ ही अपने अनेक मित्रों से मिले सुझावों के बाद मैंने करीब 200 सफल लोगों की सूची तैयार की, जिन्हें इन 12 गुणों से किसी एक के अंतर्गत रखा जा सकता है। उस सूची को और संक्षिप्त कर, मैंने 130 लोगों को चुना, जिनके विषय में आप इस पुस्तक में पढ़ेंगे। इन सफल लोगों में अतीत और वर्तमान, दोनों से जुड़े लोग शामिल हैं। इनमें से अनेक लोग जहाँ मशहूर हैं, वहीं अन्य साधारण लोग हैं। किंतु उन सभी में एक विशेष गुण है, जो मेरे अनुसार उनकी सफलता का एक बड़ा रहस्य है। दूसरे शब्दों में कहूँ तो यहाँ वर्णित हर सफल व्यक्ति में सभी 12 गुण नहीं हैं। उनमें यह सारे गुण हो भी सकते हैं या नहीं भी, किंतु इस पुस्तक के उद्देश्य से उनमें से हर एक को किसी-न-किसी एक प्रमुख गुण के अंतर्गत रखा गया है।

इस पुस्तक का सर्वाधिक लाभ कैसे उठाएँ

मेरा पूर्ण विश्वास है कि इन 12 गुणों की मूल बातों को अपने जीवन में शामिल कर तथा प्रत्येक गुण के लक्षणों को अपनाकर, आप अपना क्षमता का उत्कृष्ट प्रदर्शन कर सकते हैं। मेरी मानें तो आप सबसे पहले इस पुस्तक को शुरू से अंत तक पढ़कर एक अंदाजा लगा लें, और फिर इस पुस्तक में वर्णित सफल लोगों के व्यावहारिक लक्षणों को अपनाने के लिए इसे एक मार्गदर्शक पुस्तक के रूप में प्रयोग में लाएँ। 'सामान्य लक्षण' और 'आप भी बढ़ सकते हैं' खंडों को ध्यान से पढ़िए, क्योंकि उनकी सहायता से आप इन गुणों को विकसित करने की कार्य-योजना बना सकते हैं। किसी नोटबुक में उन बातों को लिख दीजिए, जिन्हें आप अपने लिए बहुत महत्त्वपूर्ण मानते हों तथा उन्हें अपने दैनिक जीवन में शामिल करने के लिए आपको कैसे कदम उठाने चाहिए। साथ ही, समय-समय पर अपने कदमों की समीक्षा कीजिए और देखिए कि आपने प्रत्येक अध्याय से क्या सीखा है।

आप इसे पुस्तक से सीखें, उन्हें लागू करें

इस पुस्तक में वर्णित 12 गुण और उनके लक्षण कोई रॉकेट साइंस नहीं है! दृढ़ निश्चय और लगन के साथ आप आसानी से उन्हें अपने दैनिक जीवन में लागू कर सकते हैं। एक बार आपने इन महान् गुणों को आत्मसात् कर लिया, तो फिर आप एकदम अलग ही खड़े नजर आएँगे और अपने जीवन में आनेवाली किसी भी चुनौती एवं बाधा का सामना पूरी तैयारी के साथ करेंगे। यही नहीं, उन पर शानदार विजय भी प्राप्त कर सकेंगे। संक्षेप में कहें तो, उन गुणों से लैस होकर आप जीवन में अत्यधिक सफल होने की राह पर निकल पड़ेंगे, और संभव है कि उन 130 लोगों जैसी सफलता प्राप्त करें, जिनकी चर्चा इस पुस्तक में की गई है।

आभार

यह किताब अनेक मित्रों, संबंधियों तथा साथियों की मदद का परिणाम है। मैं हृदय से उन सभी का ऋणी हूँ। विशेष रूप से, मैं इन लोगों के प्रति अपना आभार प्रकट करना चाहूँगा—

- अपनी पत्नी मिन्नी का, जिसने मेरे सभी कार्यों में धैर्य, सहनशीलता और पूरे मन से साथ दिया।
- अपनी माँ और अपने पिता का, जिन्होंने बचपन से ही शैक्षणिक और अन्य गतिविधियों में उत्कृष्ट प्रदर्शन के लिए मुझे उत्साहित और प्रेरित किया।
- भाइयों-बहनों, सास-ससुर तथा संबंधियों का, जिन्होंने मुझे अपना प्यार दिया और मुझ पर विश्वास जताया।
- अपने मित्रों, साँगा ओकोका, देवेना सीचरण और पृथा सर्वनन का उनके शानदार संपादकीय सहयोग के लिए।
- मित्र डॉ. जॉय चेरियन का, उनके मार्गदर्शन, उत्कृष्ट विचारों, प्रोत्साहन और समर्थन के लिए।
- क्रिएट स्पेस एडिटर के संपादक हीथर का, उनकी शानदार संपादकीय टिप्पणी के लिए, क्वांटम लीप के कोच डेब्बी इंग्लैंडर और मार्था बुलेन का मूल लेख और कवर पेज को लेकर की गई मूल्यवान टिप्पणियों के लिए।
- उन मित्रों, संबंधियों और सहयोगियों का जिन्होंने इस किताब के लिए सफल लोगों के नाम सुझाए, विशेष रूप से—
  - मेरे भाइयों ए.वी. मेनन, ए.आर. मेनन, शिवदासन, दयानंदन, भतीजों सतीश और प्रदीप का।

— मित्रों संगम अय्यर, के.डी. स्कंदन, बालाचंद्रन, चेलकर वी. सुब्बारमन, सी.वी. बृंदा कृष्णमूर्ति, सी.वी. राजशेखरन, डॉ. विजय कंदमपुल्ली, सेबयाला रोनाल्ड, सुनील नदेसन, अजीज मीर, साजिथ मेनन, कार्लोस स्कॉट, डॉ. सारा एशॉ, दामोदर मेनन, सजीथ कुमार, श्रीरंजिनी लथा, जी.एस. कुरुप, डॉ. सुधाकर राव, लुडमिला इपातिएवा, डॉ. तोजो थैचेंकरे, प्रो. शिवकुमार, डॉ. आनंद कुमार, डॉ. सत्येंद्र वर्मा, डी.सी. पंत, डॉ. शशिकुमार, शोभा सुब्रह्मण्यन, पी.के. सुब्रह्मण्यन, बारबरा रजानोवस्का, मालिनी शेखर, नंदा नायर, डॉ. पंकज थांपिल, कोझिकोट गोपी मेनन, रघु मेनन, डॉ. पार्वथी मोहन, गायत्रीनाथ, राधिका गायत्रीनाथ, वी. रामकृष्णन, ले. कर्नल के.पी.एन. मेनन, आसिफ इस्माइल और प्रदीप नंबूथिरी

— सहयोगियों तिलहुन वोल्डे, एल्सा आर्यन, सेम डेनर और जॉन पोल्लनर

मैं अनेक ऑनलाइन और ऑफलाइन स्रोतों का भी शुक्रगुजार हूँ। इनमें शामिल हैं विकिपीडिया, बायोग्राफी, अनेक वेबसाइट, सक्सेस मैगजीन तथा अन्य कई प्रकाशन, जिनसे इस किताब में वर्णित हस्तियों के विषय में मैंने महत्त्वपूर्ण जानकारियाँ जुटाई हैं।

अनुक्रम

1

सफल लोग सपने देखते हैं

"क्या यह अच्छा नहीं होगा कि मैं अपने भाले से पहले चंद्रमा को निशाना बनाऊँ और फिर केवल एक चील पर हमला करूँ। या फिर अपने भाले से चील को निशाना बनाऊँ और हमला करूँ तो वह केवल एक पत्थर से टकराए?"

—ओग मांडिनो

"भविष्य उनका होता है, जो अपने सपनों की सुंदरता पर विश्वास करते हैं।"

—इलियानोर रूजवेल्ट

सफल लोग स्वप्नदर्शी होते हैं। यह कहना कोई अतिशयोक्ति नहीं होगी कि उनकी सारी उल्लेखनीय सफलताओं और उपलब्धियों की शुरुआत उनके सपनों से हुई थी। जैसा कि नेपोलियन हिल ने कहा भी है, "सारी उपलब्धियों और सारी भौतिक समृद्धियों की शुरुआत किसी विचार या एक सपने से हुई थी।"

मुझे विश्वास है कि आप इस बात से सहमत होंगे, जो लेस क्राउन ने कही थी, "अपने सपनों के पीछे अधिकार की भावना से चलो। तुम जानते हो कि तुम्हारे अंदर उसे पाने की शक्ति है और तुम उसके काबिल हो। इतना हौसला रखो कि जीवन को अपने वश में करो, उसकी गिरेबाँ को पकड़ो और बोलो, 'छोड़ दो इसे! यह मेरा सपना है।'"

इस अध्याय में आप वाल्ट डिज्नी, स्टीवन स्पीलबर्ग, मार्क जुकरबर्ग, जेफ बेजोस और कुछ अन्य लोगों की चकित करनेवाली प्रेरक कहानियाँ पढ़ेंगे, जिन्होंने सपने देखने का हौसला दिखाया और आखिरकार अपने जीवन में सफलता के शिखर

को छू लिया। इतना ही नहीं, उनके सपनों ने मनुष्य जीवन पर भी एक महत्त्वपूर्ण छाप छोड़ी है, यदि उन्होंने सपने देखने का साहस नहीं किया होता, तो आज हम उनके शक्तिशाली सपनों के फायदों का आनंद नहीं उठा रहे होते।

स्वप्नदर्शियों के सामान्य लक्षण

- उनके सपने बड़े होते हैं। वे न तो अपनी दृष्टि को सीमित करते हैं और न ही छोटे सपनों से संतुष्ट हो जाते हैं। वे अच्छी तरह जानते हैं कि बड़े सपने देखने में उतना ही प्रयास और उतनी ही ऊर्जा लगती है, जितनी कि छोटे सपने को बुनने में।
- वे इस बात पर मंथन करते हैं कि वे क्या हासिल करना चाहेंगे, और फिर अपने सपनों को लिख लेते हैं। चूँकि उनके सारे सपने एक साथ पूरे नहीं हो सकते, इसलिए वे अपने सपनों की प्राथमिकता तय करते हैं। वे यह तय करते हैं कि इन सपनों को किसी निश्चित समय सीमा में पूरा किया जाना चाहिए या फिर पूरे जीवनकाल में।
- वे कल्पनाशील होते हैं। सफल लोगों की कल्पनाशीलता प्रभावी होती है। वे अपने मन में एक तसवीर बना लेते हैं कि उन्हें क्या हासिल करना है और अपने सपनों की सहायता से उसे पाने का अनुभव करते हैं। यह कल्पनाशीलता उन्हें अपने सपनों को वास्तविकता में बदलने की और उस दिशा में कठिन परिश्रम करने के लिए प्रेरित करती है। डॉ. चार्ल्स गारफील्ड, जो शीर्ष स्तर का प्रदर्शन करनेवालों के विशेषज्ञ माने जाते हैं, के शोध में यह दिखाया गया है कि चोटी के एथलीट और चरम सीमा तक जाकर प्रदर्शन करनेवालों के पास प्रभावी कल्पनाशीलता होती है।
- वे अरुचिकर कार्य करते हैं। यदि उन्हें एहसास हो जाता है कि ऐसा कोई कार्य, जो अपने सपनों को पूरा करने में मदद कर सकता है, तो वे उसे मन से करने में जुट जाते हैं, चाहे उसके प्रति उनकी रुचि न भी हो या उसमें उन्हें उतना मजा न आता हो।
- वे अवसरों का लाभ उठाते हैं। जैसे ही कोई अवसर मिलता है, वे उसका लाभ उठाने से नहीं चूकते।
- वे कार्य-योजना तैयार करते हैं, जिससे कि अपने सपनों को पूरा कर सकें।

सफल स्वप्नदर्शियों के उदाहरण—

द राइट ब्रदर्स

(विमान के सफल आविष्कारक)

विल्बर राइट (जन्म 1867) और ऑरविले राइट (जन्म 1871) को 'राइट ब्रदर्स' के नाम से जाना जाता है। ये अमेरिका के मिडवेस्ट क्षेत्र में रहनेवाले सुसान और मिल्टन की कुल सात संतानों में से दो भाई थे। अपने काम के सिलसिले में मिल्टन राइट अकसर सफर करते रहते थे। घर लौटने पर वह हमेशा बच्चों के लिए कोई-न-कोई खिलौना लेकर आते थे। 1878 में वह एक हेलीकॉप्टर लेकर आए, जो कॉर्क, बाँस और कागज का बना था, जिसके रोटर को घुमाने के लिए रबर बैंड का इस्तेमाल किया गया था। इसका मॉडल फ्रांस में विमानों के निर्माण की दिशा में खोज करनेवाले वैज्ञानिक अल्फोंस पेनॉड के एक आविष्कार पर आधारित था। विल्बर और ऑरविले दोनों उस खिलौने को देखकर बेहद रोमांचित हुए और उससे तब तक खेलते रहे, जब तक कि वह टूट नहीं गया। फिर दोनों ने अपने लिए ऐसा ही एक खिलौना खुद से बना लिया। आगे चलकर राइट बंधुओं ने यह माना कि हेलीकॉप्टर के उस खिलौने को देखकर उनके मन में जो आकर्षण पैदा हुआ, उसी से उनके मन में उड़ान भरने की एक चिनगारी पैदा हुई।

मन में उड़ान भरने को लेकर एक बार दिलचस्पी पैदा हुई, तो फिर विल्बर को विमानों पर लिखी कोई भी किताब मिलती तो वह उसे पढ़ जाते थे। विल्बर जब स्थानीय पुस्तकालयों की सारी पुस्तकें पढ़ गए, तब उन्होंने वॉशिंगटन डीसी स्थित स्मिथसोनियन इंस्टीट्यूट से संपर्क किया और उनसे उड़ान भरने को लेकर और जानकारी माँगी। अपनी सफलता तक पहुँचने के लिए विल्बर और ऑरविले ने मोटरों, साइकिलों, प्रिंटिंग प्रेस तथा अन्य मशीनों पर कई वर्षों तक काम किया, जिससे कि उन्हें आवश्यक मशीनी कौशल प्राप्त हो सके। विल्बर और ऑरविले ने उड़ान भरने को लेकर अपने प्रयोगों की शुरुआत 1899 से कर दी। उन्होंने हजारों प्रयोग और परीक्षण किए। उदाहरण के लिए, 1901 में उन्होंने डैनों के 200 से अधिक प्रकारों का परीक्षण किया और 1902 में उन्होंने 700 से अधिक ग्लाइड्स का निर्माण किया। उनके प्रयोगों का खर्च साइकिल मरम्मत और बिक्री से होनेवाली कमाई से निकलता था।

डैनों के साथ प्रयोग करने के दौरान राइट बंधुओं ने इस बात पर गौर किया

कि पक्षी जब हवा में उड़ान भरते हैं तो उनके मुड़े हुए पंखों के ऊपर से बहनेवाली हवा ही उन्हें जमीन से ऊपर उठने में सहायता देती है। उड़ने के दौरान पक्षी अपने पंखों के आकार में परिवर्तन लाकर अपने शरीर को संतुलित और नियंत्रित करते हैं। राइट बंधु इस नतीजे पर पहुँचे कि 'पंखों को लहराकर उड़ने' की इस अवधारणा के साथ ही गतिशील डैनों के प्रयोग से वे मनुष्यों को ले जानेवाले विमानों की डिजाइन तैयार कर सकते हैं। 17 दिसंबर, 1903 को राइट बंधुओं को पहले स्वचालित विमान को उड़ाने में सफलता मिली, जो अपनी ही शक्ति से मुक्त रूप से उड़ सकता था। उस विमान को विल्बर ने उड़ाया, और उस दिन उसने कुल चार बार उड़ान भरी, जिसमें सबसे लंबी उड़ान 59 सेकंड की थी और सबसे अधिक ऊँचाई 852 फीट तक की रही। इस प्रकार, 36 साल के विल्बर और 32 साल के ऑरविले ने अपनी ऊर्जा से चलने और नियंत्रित होनेवाले विमान के आविष्कार का सपना पूरा कर लिया। इस आविष्कार के कारण राइट ब्रदर्स को आधुनिक विमानन का जनक माना जाता है। इन दोनों भाइयों की सृजनात्मक और तकनीकी कुशाग्रता ने मनुष्यों के परिवहन जगत् में एक क्रांतिकारी बदलाव ला दिया।

वाल्ट डिज्नी

(डिज्नीलैंड के निर्माता)

वाल्ट डिज्नी एक अमेरिकी फिल्म निर्माता, निर्देशक, पटकथा लेखक, कार्टूनिस्ट और उद्यमी थे। उन्हें सबसे अधिक एकेडमी अवार्ड (26 अवार्ड, जिनमें चार मानद् अवार्ड भी शामिल हैं) दिए गए हैं। उन्हें कुल मिलाकर 64 बार एकेडमी अवार्ड के लिए नॉमिनेट किया गया था।

डिज्नी बड़े सपने देखने, उन्हें पूरा करने का प्रयास करने, और उन्हें सच कर दिखाने में यकीन रखते थे। डिज्नी के सबसे बड़े पोते क्रिस मिलर के अनुसार, "डिज्नी बड़े सपने और बड़े लक्ष्य तय करते थे। उन्हें तब तक सँजोए रखते थे, जब तक कि उन्हें प्राप्त न कर लें। उनका जीवन हम सभी को यह शिक्षा देता है कि हम अपने सपनों पर यकीन करें और अपने लक्ष्यों को प्राप्त करने का साहस रखें तथा कभी किसी चुनौती से मुँह न मोड़ें।" डिज्नी ने एक एम्यूजमेंट पार्क का सपना देखा, जहाँ वयस्क और बच्चे साथ मिलकर मौज-मस्ती कर सकें। उन्हें इसकी प्रेरणा लॉस एंजिलिस के ग्रिफिथ पार्क में अपनी बेटियों डायनिन और शेरॉन को घुमावदार झूले पर सवारी करते हुए देखने के दौरान मिली। वह चाहते थे कि

उनके सपनों का पार्क, जिसे उन्होंने डिज्नीलैंड का नाम दिया, ''वह इस धरती पर सबसे अधिक खुशी देनेवाली जगह बन जाए।'' उन्होंने अपनी कल्पना में लोगों को डिज्नीलैंड जाते देखा, ''जहाँ उन्हें खुशी मिली और जब वे वहाँ से बाहर निकले तो उन्होंने पूरी दुनिया में उस खुशी को फैलाने का काम किया।''

शुरुआती अवधारणा को तैयार करने के बाद, डिज्नी नए विचारों और प्रेरणा के लिए दुनिया भर के कई पार्कों में गए। हालाँकि उनकी इस महान् सोच का सामना अकसर संशय और संदेहों से हुआ, क्योंकि वे जिस किसी एम्यूजमेंट पार्क चलानेवाले से बात करते, तो उसका यही कहना था कि उनकी योजना विफल साबित होगी। उन्हें अपनी परियोजना के लिए वित्तीय सहायता देनेवालों को ढूँढ़ना भी मुश्किल हो गया। उन्होंने उसकी लागत 5 मिलियन डॉलर होने का अनुमान लगाया था (जिसकी कीमत अंततः 17 मिलियन डॉलर तक जा पहुँची)। इन चुनौतियों से निपटने और अपने सपने को साकार करने के लिए डिज्नी ने जीवन भर की अपनी सारी कमाई लगा दी और अपनी संपत्ति को बेचने के साथ ही कर्ज भी लिया। आखिरकार, उन्होंने 8 लाख डॉलर जुटा लिए, जिससे कैलिफॉर्निया के एनाहेम में डिज्नीलैंड के लिए 160 एकड़ जमीन खरीदी।

पार्क का निर्माण 16 जुलाई, 1954 को शुरू हुआ। डिज्नी दिन-रात निर्माण स्थल पर मौजूद रहते और उनकी देख-रेख में ही सारी गतिविधियों को चलाया करते थे। ठीक एक साल और एक दिन बाद 17 जुलाई, 1955 को डिज्नीलैंड सबके लिए खोल दिया गया, जिसमें 20 आकर्षण थे। जनता को अपना पार्क समर्पित करने के समारोह में डिज्नी ने कहा, ''उन सभी लोगों का जो इस खुशी की जगह पर आए—स्वागत है। डिज्नीलैंड आपका है। यहाँ उम्र को एक बार फिर पुरानी को जी लेने का अवसर मिलता है, साथ ही युवाओं को भविष्य की चुनौतियों और संभावनाओं का आनंद लेने का मौका भी मिलता है। डिज्नीलैंड उन आदर्शों, सपनों और सच्चाइयों के प्रति समर्पित है, जिनसे अमेरिका का निर्माण हुआ है। मुझे उम्मीद है कि यह पूरे विश्व के लिए खुशी और प्रेरणा का एक स्रोत साबित होगा।''

पहले सप्ताह में एक लाख 70 हजार लोग डिज्नीलैंड पहुँचे, जिनकी संख्या पहले दो महीनों में 10 लाख से ऊपर पहुँच गई। 2013 तक 650 मिलियन से अधिक लोग डिज्नीलैंड आ चुके थे।

डिज्नी की एक और सुनहरी परियोजना, डिज्नी वर्ल्ड को फ्लोरिडा के लेक बुएनाविस्टा में बनाने की योजना 1960 के दशक में तैयार की गई। दुर्भाग्य से, उसके निर्माण की शुरुआत से पहले ही दिसंबर 1966 में, फेफड़े के कैंसर से डिज्नी

की मृत्यु हो गई। डिज्नी वर्ल्ड का उद्घाटन 1 अक्तूबर, 1971 को किया गया। 25 हजार एकड़ के लंबे-चौड़े इलाके में फैले डिज्नी वर्ल्ड में फिलहाल 24 थीम रिसॉर्ट, 4 थीम पार्क, 2 वाटर पार्क तथा मनोरंजन और मौज-मस्ती के कई अन्य साधन भी हैं। यह दुनिया का एक ऐसा मनोरंजन स्थल है, जहाँ सबसे अधिक संख्या में लोग आते हैं। हर साल 52.5 मिलियन लोग मौज-मस्ती के लिए पहुँचते हैं।

वाल्ड डिज्नी एक ऐसे बेमिसाल इनसान थे, जिन्होंने एक बड़ा सपना देखने का साहस किया और जिसके पास निराशावाद और विफलताओं की भविष्यवाणी को मुँहतोड़ जवाब देने की सोच, हिम्मत और प्रेरणा थी। इस कारण ही वह अपने सपने को साकार करने में सफल रहे।

रॉजर बैनिस्टर

(चार मिनट से कम समय में एक मील दौड़नेवाला पहला इनसान)

1950 के दशक तक अधिकांश लोग यह मानते थे कि किसी भी मनुष्य के लिए चार मिनट से कम समय में एक मील की दौड़ को पूरा करना संभव नहीं है। अंग्रेज धावक रॉजर बैनिस्टर ने इसे एक चुनौती के रूप में लिया और एक दिन इस सीमा को पार करने का सपना देखा।

बैनिस्टर ने एक धावक के रूप में अपने कॅरियर की शुरुआत 1946 में की, जब उनकी उम्र 17 वर्ष थी। 1947 में उन्होंने एक मील की दूरी 4:24:06 मिनट में तय की। 1950 में इसमें सुधार करते हुए 4:13 मिनट का समय लिया। 14 जुलाई, 1951 को उन्होंने इंग्लैंड के व्हाइट सिटी में हुए AAA चैंपियनशिप में एक मील की दूरी 4:07:08 मिनट में तय करते हुए जीत हासिल की और उस वक्त के चैंपियन बिल नानकेविले को हराया। बैनिस्टर ने जैसे-जैसे अपने प्रदर्शन में सुधार किया, वैसे-वैसे उन्होंने अपनी ट्रेनिंग और तेज कर दी, साथ ही चार मिनट से कम समय में एक मील दौड़नेवाले पहले व्यक्ति बनने की उनकी प्रतिबद्धता और धुन भी पक्की होती चली गई। लगातार अभ्यास के साथ ही वह अपनी कल्पनाओं में रफ्तार की उस सीमा को लाँघते देखते थे।

2 मई, 1953 को बैनिस्टर ने एक मील की दूरी 4:03:06 मिनट में पूरी की और 1945 में सिडनी वुडरसन के 4:04:02 के रिकॉर्ड को तोड़ा। बैनिस्टर ने कहा, "इस रेस ने मुझे यह एहसास करा दिया कि मेरे लिए चार मिनट में एक मील के सपने को पूरा करना अब ज्यादा दूर नहीं था।"

चार मिनट की सीमा को तोड़े जाने की ऐतिहासिक घटना 6 मई, 1954 को ऑक्सफोर्ड के इफली रोड ट्रैक पर ब्रिटिश AAA और ऑक्सफोर्ड यूनिवर्सिटी के बीच हुई एक स्पर्धा के दौरान हुई। बैनिस्टर, जो उस समय एक मेडिकल छात्र थे, ने एक मील की दूरी 3:59:04 मिनट में तय कर चार मिनट की सीमा को तोड़ने का इतिहास रच दिया, साथ ही उन्होंने ऐसा करनेवाले पहले एथलीट होने के अपने सपने को भी पूरा कर दिखाया।

बैनिस्टर की इस उपलब्धि का मुख्य परिणाम यह हुआ कि अनेक उभरते धावकों में यह विश्वास जगा कि वे भी अब इस कारनामे को कर दिखा सकते हैं। बैनिस्टर का रिकॉर्ड 46 दिन बाद 21 जून, 1954 को फिनलैंड के तुर्कु में जॉन लैंडी ने तोड़ा, जिन्होंने 3:57:09 मिनट का समय लिया। बैनिस्टर द्वारा विश्व रिकॉर्ड बनाने के एक वर्ष के भीतर ही सैंतीस और धावकों ने गति की उस सीमा को पार किया। यही नहीं, उसके अगले ही साल तीन सौ अन्य धावकों ने भी गति की उस सीमा को ध्वस्त कर दिखाया!

स्टीवन स्पीलबर्ग

(हॉलीवुड फिल्मकार, निर्देशक और निर्माता)

स्टीवन स्पीलबर्ग दुनिया के सुविख्यात फिल्म निर्माता हैं और उनके कार्यों ने 20वीं सदी के फिल्म निर्माण को उल्लेखनीय रूप से प्रभावित किया है। स्पीलबर्ग (जन्म 18 दिसंबर, 1946 सिनसिनाटी, ओहायो) ने बचपन से ही फिल्म निर्देशक बनने का सपना देखना शुरू कर दिया था। जब वह 12 वर्ष के थे तो उन्होंने पहली शौकिया फिल्म बनाई, जो आठ मिनट लंबी थी और जिसका नाम 'द लास्ट गन' था। वह जब चौदह वर्ष के हुए तब युद्ध के विषय पर आठ एम.एम. की चालीस मिनट लंबी फिल्म 'एस्केप टू नो व्हेयर' का निर्माण किया तथा एक पुरस्कार भी जीता। 16 वर्ष की आयु में स्पीलबर्ग ने फायरलाइट नाम की विज्ञान पर आधारित 140 मिनट लंबी फिल्म का निर्देशन किया, जिसकी कहानी एक यू.एफ.ओ. के हमले से जुड़ी थी। फिल्म की कहानी उनकी बहन ने लिखी थी। इस फिल्म को स्थानीय सिनेमाघरों में दिखाया गया, जिससे उन्होंने 150 डॉलर का मुनाफा भी कमाया।

हाई स्कूल की पढ़ाई पूरी करने के बाद, स्पीलबर्ग दक्षिण कैलिफॉर्निया यूनिवर्सिटी से फिल्म के अध्ययन की डिग्री हासिल करना चाहते थे। हालाँकि उनकी

अर्जी दो बार ठुकरा दी गई, जिसके बाद उन्होंने लॉन्ग बीच स्थित कैलिफॉर्निया स्टेट यूनिवर्सिटी में अंग्रेजी की पढ़ाई के लिए दाखिला लिया और फिर अपना स्थानांतरण फिल्म अध्ययन के कोर्स में करा लिया। ऐसा कहा जाता है कि जब वह 22 वर्ष के थे, तब एक टूर बस से वह चुपके से निकल गए थे, जो हॉलीवुड के यूनिवर्सल स्टूडियो के दौरे पर थी। वह यूनिवर्सल स्टूडियो में इधर-उधर भटकते रहे। उन्हें वहाँ एक चौकीदार का खाली कमरा मिल गया, जिसे उन्होंने अपना ऑफिस बना लिया। वह हर दिन सूट और टाई पहनकर वहाँ जाने लगे। इस अवधि में स्पीलबर्ग ने लोगों से संबंध बनाना शुरू किया और यूनिवर्सल स्टूडियो में कुछ जाने-माने लोगों से उनकी जान-पहचान हुई। इन संबंधों की वजह से ही 1969 में उन्हें एक चौबीस मिनट के फिल्म के निर्देशन का अवसर मिला, जिसका नाम 'एंबलिन' था। इस फिल्म को अनेक पुरस्कार मिले, जिनमें अटलांटा फिल्म महोत्सव में पुरस्कार भी शामिल थे। इस कामयाबी ने स्पीलबर्ग को पहला सबसे कम उम्र का निर्देशक बनाया, जिसके साथ यूनिवर्सल स्टूडियो ने सात साल का एक करार किया।

स्पीलबर्ग ने 27 फिल्मों का निर्देशन किया है, जिनमें 'जॉस', 'क्लोज एनकाउंटर्स ऑफ द थर्ड काइंड', 'ट्विस्टर', 'जुरासिक पार्क', 'शिंडलर्स लिस्ट', 'सेविंग प्राइवेट रायन' और 'ई.टी. द एक्सट्रा टेरेस्ट्रियल' शामिल हैं। उन्होंने तीन एकेडमी अवार्ड और दो गोल्डन ग्लोब अवार्ड जीते। साथ ही, उन्हें अमेरिकन फिल्म इंस्टीट्यूट लाइफ एचीवमेंट अवार्ड भी दिया गया है। 2013 तक, स्पीलबर्ग निर्देशित फिल्मों ने दुनिया भर में 8.5 मिलियन डॉलर की कमाई कर ली थी। 'फोर्ब्स' पत्रिका के अनुसार, स्पीलबर्ग के पास लगभग 3.2 बिलियन डॉलर की संपत्ति थी।

माइकल जॉर्डन

(बास्केटबॉल खिलाड़ी)

माइकल जॉर्डन को अब तक का महानतम बास्केटबॉल खिलाड़ी माना जाता है। नेशनल बास्केटबॉल एसोसिएशन (NBA) की वेबसाइट के अनुसार, ''जॉर्डन एक असाधारण खिलाड़ी हैं, जिनमें मौलिक दृढ़ता, सुंदर ढंग, गति, शक्ति, कलात्मकता और अनोखे तरीकों के प्रयोग करने की बेजोड़ क्षमता है।'' यह कथन इस एन.बी.ए. सुपरस्टार के विषय में लगभग सबकुछ बता देता है।

जॉर्डन का जन्म 17 फरवरी, 1963 को न्यूयॉर्क के ब्रुकलिन में हुआ था। बचपन में बेसबॉल उनकी पहली पसंद थी, लेकिन उनकी दिलचस्पी जल्दी ही

बास्केटबॉल में बढ़ने लगी और वह अपने बड़े भाई लैरी के नक्शेकदम पर चल पड़े। जॉर्डन ने एक बार बास्केटबॉल खेलना शुरू किया तो उसके प्रति उनके मन में गहरा आकर्षण पैदा हो गया, और फिर उन्होंने एक बेमिसाल बास्केटबॉल खिलाड़ी बनने का सपना देखना शुरू कर दिया। उन्होंने स्वयं ही कहा है, ''मैंने यह सपना देखा कि मैं क्या बनना चाहता हूँ, मैं कैसा खिलाड़ी बनना चाहता हूँ। मैं जानता था कि मुझे कहाँ जाना है और मैंने अपना ध्यान वहाँ पहुँचने पर लगा दिया।''

नॉर्थ कैरोलिना के विलिंगटन स्थित एम्सली ए लेनली हाई स्कूल का छात्र रहते हुए, जॉर्डन यूनिवर्सिटी की टीम से खेलना चाहते थे, लेकिन 5 फीट 11 इंच के इस खिलाड़ी को अपरिपक्व और छोटे कद का माना गया। इसके बावजूद जॉर्डन ने हार नहीं मानी और पूरे दृढ़संकल्प के साथ खेल का अथक अभ्यास किया। हाई स्कूल में जूनियर वर्ष तक आते-आते उनकी लंबाई 6 फीट 3 इंच तक पहुँच गई और उन्हें टीम में शामिल कर लिया गया।

1981 में, हाई स्कूल के बाद, जॉर्डन को बास्केटबॉल स्कॉलरशिप के साथ चैपल हिल स्थित उत्तरी कैरोलिना यूनिवर्सिटी में दाखिला मिल गया। 1984 में जब जॉर्डन एक जूनियर थे, तब उन्होंने कॉलेज की पढ़ाई बीच में ही छोड़ दी और एन.बी.ए. में शामिल हो गए। उन्हें शिकागो बुल्स ने अपनी टीम के लिए चुन लिया। 1986 में अपनी पढ़ाई पूरी करने के लिए वह एक बार फिर यूनिवर्सिटी में लौटे और भूगोल में स्नातक की डिग्री हासिल की।

सफलता की बुलंदियों को छूने के बाद भी जॉर्डन ने अपने प्रदर्शन में सुधार के प्रयास को कभी नहीं छोड़ा। वह अपने कोच की बातों को ध्यान से सुनते और उन पर पूरे मन से अमल करते थे। उन्होंने मानसिक दृढ़ता और उच्च स्तर की स्पर्धा की भावना का भी परिचय दिया।

जॉर्डन की प्रमुख उपलब्धियों में 5 मोस्ट वैल्यूएबल प्लेयर (एम.वी.पी.) अवार्ड, 6 एन.बी.ए. चैंपियनशिप, 10 स्कोरिंग पुरस्कार तथा एक डिफेंसिव प्लेयर ऑफ द ईयर अवार्ड शामिल है। 1999 में ई.एस.पी.एन. की ओर से कराए गए सर्वे में पत्रकारों, खिलाड़ियों और खेल जगत् की अन्य हस्तियों द्वारा उन्हें 20वीं सदी का उत्तरी अमेरिका का महानतम खिलाड़ी घोषित किया गया। जॉर्डन की तसवीर 'स्पोर्ट्स इलस्ट्रेटेड' पत्रिका के कवर पर पचास बार छप चुकी है, जो अपने आपमें एक रिकॉर्ड है।

मार्क जुकरबर्ग

(फेसबुक के सह-संस्थापक)

फेसबुक के सह-संस्थापक मार्क जुकरबर्ग का जन्म 16 मई, 1982 को न्यूयॉर्क के व्हाइट प्लेंस में हुआ था। बचपन से ही कंप्यूटर में उनकी गहरी दिलचस्पी थी और वह कमाल की प्रोग्रामिंग कर लिया करते थे। वह जब 12 वर्ष के थे, तब उन्होंने जुकनेट नाम का एक मैसेजिंग प्रोग्राम बनाया था। उनके पिता अपने डेंटल क्लीनिक में जुकनेट का इस्तेमाल करते थे, जिसकी सहायता से रिसेप्शनिस्ट उनके क्लीनिक में किसी भी मरीज के आने पर उन्हें सूचित कर दिया करती थी। जुकरबर्ग का परिवार भी अपने घर में एक-दूसरे से बात करने के लिए जुकनेट का प्रयोग करता था। वह जब हाई स्कूल में थे, तब उन्होंने सिनेप्स मीडिया प्लेयर नाम के एक म्यूजिक प्लेयर को बनाया, जो कृत्रिम बुद्धि के प्रोग्राम से प्रयोगकर्ता के सुनने की आदतों को सीख लेता था। ए.ओ.एल. और माइक्रोसॉफ्ट इस प्रोग्राम को खरीदना चाहते थे, लेकिन जुकरबर्ग ने उनके ऑफर को ठुकरा दिया।

हार्वर्ड यूनिवर्सिटी में उन्होंने एक अंडरग्रेजुएट छात्र के रूप में कोर्स मैच नाम का एक प्रोग्राम बनाया, जिसकी मदद से छात्र अन्य छात्रों द्वारा चुने गए कोर्स के आधार पर अपने क्लास को चुनने का फैसला कर सकते थे। जल्दी ही उन्होंने फेसमैस बनाया, जिसकी मदद से छात्र तसवीरों के बीच तुलना के बाद सबसे अच्छा दिखनेवाले व्यक्ति का चुनाव कर सकते थे।

ऐसे सफल प्रोग्राम बनानेवाले जुकरबर्ग ने अब उस प्रोग्राम को बनाने का सपना देखना शुरू किया, जिसके जरिए लोग एक-दूसरे से जुड़ने, मेल-जोल बढ़ाने और जानकारियों का लेन-देन मुफ्त में ही कर सकते थे। उनका विश्वास था कि लोग दोस्ती को बनाए रखना चाहते हैं और यह जानना चाहते हैं कि उनके दोस्त क्या कर रहे हैं। जुकरबर्ग ने अपने चार दोस्तों के साथ मिलकर, 4 फरवरी, 2004 को हार्वर्ड यूनिवर्सिटी की अपनी डॉरमिटरी से फेसबुक को लॉन्च किया। शुरुआत में, फेसबुक केवल हार्वर्ड के छात्रों के लिए था, लेकिन जुकरबर्ग ने इसका विस्तार अन्य शिक्षण संस्थानों तक करने का फैसला किया, जिनमें स्टेनफोर्ड, कोलंबिया, कॉरनेल और येल यूनिवर्सिटी शामिल थीं।

अपना पूरा समय फेसबुक को देने और उसके साथ अन्य प्रयोग करने के अलावा नए-नए फीचर जोड़ने के लिए, जुकरबर्ग ने हार्वर्ड में चल रही अपनी पढ़ाई बीच में ही छोड़ दी। जून 2004 में उन्होंने अपनी कंपनी कैलिफॉर्निया के

पालो एल्टो में शिफ्ट कर दी। दिसंबर 2004 तक एक मिलियन लोग फेसबुक का इस्तेमाल कर रहे थे। दिसंबर 2005 में उनकी संख्या बढ़कर 5.5 मिलियन तक पहुँच गई। मार्च 2014 तक की बात करें तो 1.28 बिलियन लोग फेसबुक इस्तेमाल कर रहे थे।

फेसबुक का वह सपना, जिसकी शुरुआत जुकरबर्ग ने हार्वर्ड के छात्रों को आपस में जोड़ने के लिए किया था, आज एक विशालकाय सोशल नेटवर्क का रूप ले चुका है। उन्होंने उस क्रांति को जन्म दिया, जिसके कारण आज दुनिया भर में करोड़ों लोग पल-पल एक-दूसरे से जुड़े रहने के साथ ही सूचनाओं की लेन-देन त्वरित गति से और मुफ्त में कर रहे हैं। 'टाइम' मैगजीन ने जुकरबर्ग को वर्ष 2010 के लिए 'पर्सन ऑफ द ईयर' घोषित करने के साथ ही विश्व के 100 सबसे धनी और सर्वाधिक प्रभावशाली व्यक्तियों में शामिल किया था।

जेफ बेजोस

(आमेजन डॉट कॉम के संस्थापक)

आमेजन डॉट काम के संस्थापक जेफ बेजोस का जन्म 12 फरवरी, 1964 को न्यू मेक्सिको के अलबुकर्क में हुआ था। बचपन से ही बेजोस की कंप्यूटरों और बिजली के उपकरणों में गहरी दिलचस्पी थी। इस दिलचस्पी के कारण ही बेजोस प्रिंस्टन यूनिवर्सिटी पहुँचे, जहाँ उन्होंने कंप्यूटर साइंस और इलेक्ट्रिकल इंजीनियरिंग की पढ़ाई की। 1986 में प्रिंस्टन से ग्रेजुएशन करने के बाद बेजोस ने वॉल स्ट्रीट से नौकरी की शुरुआत की। 1990 में उन्होंने न्यूयॉर्क सिटी के इनवेस्टमेंट फर्म डीई शॉ एंड कंपनी के साथ नई शुरुआत की, जहाँ वह महज 26 साल की उम्र में सीनियर वाइस प्रेसीडेंट बना दिए गए। डीई शॉ के साथ काम करने के दौरान, इंटरनेट से जुड़े अवसरों पर बेजोस के रिसर्च से यह बात सामने आई कि इंटरनेट प्रतिवर्ष 2300 प्रतिशत की रफ्तार से बढ़ रहा है। इंटरनेट की इस बेतहाशा रफ्तार से प्रभावित होकर बेजोस ने 20 उत्पादों की एक सूची तैयार की, जिन्हें सफलतापूर्वक ऑनलाइन बेचा जा सकता था।

बेजोस ने तय किया कि वह किताबों की ऑनलाइन बिक्री का प्रयास करेंगे, क्योंकि दुनिया भर में साहित्य की माँग है। साथ ही, बड़ी संख्या में छपी किताबों के लिए एक ऐसे स्रोत की आवश्यकता थी, जो कम कीमत पर पुस्तकें उपलब्ध करा सके। 1994 में बेजोस ने एक सफल ऑनलाइन बुक स्टोर लॉन्च करने के

सपने के साथ ही डीई शॉ की मोटी कमाई वाली नौकरी छोड़ दी और वॉशिंगटन के सिएटल में आकर बस गए। बेजोस ने अपने इस सपने का आधार अपने 'अफसोस को न्यूनतम करने के ढाँचे' की अवधारणा को बनाया, जिसके अंतर्गत वह चाहते थे कि 80 वर्ष की आयु तक वह अपने पछतावे को कम-से-कम कर सकें। बेजोस ने कहा, "मैं जानता था कि यदि मैं असफल हुआ तो अफसोस नहीं करूँगा, लेकिन मैं यह भी जानता था कि कभी प्रयास न करने का अफसोस मुझे जरूर होगा। मैं जानता था कि वह हर दिन मुझे सताएगा और इस कारण जब मैंने इस तरह से इसे देखा तो मेरे लिए फैसला करना आश्चर्यजनक रूप से आसान हो गया।" सिएटल में बेजोस ने अपने कर्मचारियों के साथ मिलकर अपने गैराज में एक दफ्तर खोला, जहाँ वह ऑनलाइन बुकस्टोर के लिए सॉफ्टवेयर तैयार करने में जुट गए। 16 जुलाई, 1995 को उन्होंने दक्षिण अमेरिका की जानी-मानी नदी के नाम पर आमेजन डॉट कॉम को लॉञ्च किया। पहले 30 दिनों में आमेजन ने अमेरिका और 45 अन्य देशों में किताबों की बिक्री की तथा पहले दो महीनों में, हर हफ्ते यह 20 हजार डॉलर की पुस्तकें बेच रहा था। दिसंबर 1995 तक इसकी बिक्री 510,000 डॉलर तक बढ़ गई, और 1997 में आमेजन का राजस्व 15 मिलियन डॉलर को पार कर गया।

1998 में बेजोस ने आमेजन के जरिए सी.डी., डी.वी.डी., एम.पी. 3 डाउनलोड, इलेक्ट्रॉनिक सामान, खिलौने, कपड़े और खुदरा व्यापारियों के साथ साझेदारी कर अन्य कई उत्पादों को बेचना शुरू किया। 2007 में आमेजन ने किंडल नाम का एक इलेक्ट्रॉनिक बुकरीडर लॉञ्च किया, जो ग्राहकों को पुस्तकें डाउनलोड करने और उन्हें अपने अनुसार पढ़ने की सुविधा देता है। सितंबर 2011 में आमेजन ने किंडल फायर नाम का एक टैबलेट लॉञ्च किया, जिसकी सहायता से ग्राहक शो देखने, वेब ब्राउज करने और गेम्स खेलने का आनंद उठा सकते थे। पहले ही दिन सारे किंडल फायर बिक गए। 2012 में आमेजन का राजस्व 61.09 बिलियन डॉलर था। सितंबर 2013 तक आमेजन के कर्मचारियों की संख्या एक लाख दस हजार थी। अपनी कल्पना, दूरदृष्टि और सपने से बेजोस ने ऑनलाइन शॉपिंग के साथ ही किताबों के उद्योग में एक क्रांति ला दी। 1999 में, 'टाइम' मैगजीन ने उन्हें 'मैन ऑफ द ईयर' घोषित किया। 2008 में यू.एस. न्यूज एंड वर्ल्ड रिपोर्ट ने उन्हें अमेरिकी के सर्वश्रेष्ठ लीडरों में से एक घोषित किया। 2014 में बेजोस की कुल संपत्ति 32.3 बिलियन डॉलर थी।

सर्गेई ब्रिन और लैरी पेज

(गूगल के सह-संस्थापक)

गूगल के सह-संस्थापक सर्गेई का जन्म 21 अगस्त, 1973 को रूस के मॉस्को में हुआ था। ब्रिन छह वर्ष के थे, जब उनका परिवार पलायन कर अमेरिका आ गया। उन्होंने कॉलेज पार्क स्थित यूनिवर्सिटी ऑफ मेरीलैंड से गणित और कंप्यूटर साइंस में अंडरग्रेजुएट की डिग्री प्राप्त की। ग्रेजुएशन के बाद वह स्टेनफॉर्ड यूनिवर्सिटी चले आए, जहाँ से उन्होंने कंप्यूटर साइंस में पी-एच.डी. की। स्टेनफॉर्ड में ब्रिन की दिलचस्पी विशेष रूप से डेटा माइनिंग में बढ़ी, जिसका अर्थ होता है अथाह सूचना के बीच से काम के आँकड़ों को निकालना।

गूगल के दूसरे सह-संस्थापक लैरी पेज का जन्म 26 मार्च, 1973 को मिशिगन के ईस्ट लानसिंग में हुआ था। कंप्यूटर इंजीनियरिंग में मिशिगन यूनिवर्सिटी से बैचलर डिग्री प्राप्त करने के बाद वह कंप्यूटर साइंस में पी-एच.डी. करने के लिए स्टेनफॉर्ड यूनिवर्सिटी चले आए।

ब्रिन और पेज की मुलाकात स्टेनफॉर्ड में 1995 में नए पी-एच.डी. छात्रों के ओरिएंटेशन के दौरान हुई। कुछ समय साथ बिताने के बाद वे 'आध्यात्मिक सोलमेट और करीबी दोस्त बन गए।' 1996 में उन्होंने वर्ल्ड वाइड वेब से सूचनाएँ निकालने की दिशा में काम शुरू किया और उनका सपना एक ऐसा सर्च इंजन बनाने का था, जो दुनिया भर की सूचनाओं को व्यवस्थित कर सभी के लिए उपलब्ध और उपयोगी बना दे।

ब्रिन और पेज ने अपने पहले सर्च इंजन का नाम 'बैकरब' रखा, क्योंकि उनका सिस्टम किसी वेबसाइट के महत्त्व का पता लगाने के लिए उससे जुड़े लिंक को चेकबैक करता था। बाद में उन्होंने अपने सर्च इंजन का नाम 'गूगल' रखा, जो 'गूगोल' (googol) शब्द की गलत स्पेलिंग है। गूगोल शब्द का अर्थ होता है, जिसके बाद सौ शून्य आते हैं। यह नाम इस कारण चुना गया, जिससे कि यह बताया जा सके कि उनका सर्च इंजन वेब पर उपलब्ध सूचना को एक बहुत बड़ी मात्रा में ढूँढ़कर ला सकता है। शुरुआत में गूगल स्टेनफॉर्ड यूनिवर्सिटी की वेबसाइट के तहत चलता था और उसके डोमेन नेम गूगल.स्टेफॉर्ड.ईडीयू और जेड.स्टेनफॉर्ड.ईडीयू थे। आगे चलकर ब्रिन और पेज ने अपने परिवार, दोस्तों और संकाय सदस्यों से पैसे जुटाकर कुछ सर्वर खरीदे और कैलिफॉर्निया के मैनलो पार्क स्थित एक दोस्त के गैराज से वेबसाइट को चलाना शुरू किया। सितंबर 1998 में

गूगल को एक कंपनी के रूप में शामिल किया गया। उसके बाद से ही यह विश्व का सबसे लोकप्रिय सर्च इंजन बन गया है, जिसे हर दिन सूचनाओं के लिए 200 मिलियन से भी अधिक बार इस्तेमाल किया जाता है।

वर्ष 2012 में गूगल का वार्षिक राजस्व 50 बिलियन डॉलर था। सितंबर 2013 तक की बात करें तो गूगल के 40 से भी अधिक देशों में 70 दफ्तर खुल गए थे। 'फोर्ब्स' मैगजीन के अनुसार, 2013 में ब्रिन विश्व के 21वें सबसे धनी व्यक्ति थे, जिनकी अपनी संपत्ति 24.4 बिलियन डॉलर थी और पेज विश्व के 20वें सबसे धनी व्यक्ति थे, जिनकी निजी संपत्ति 24.9 बिलियन डॉलर थी।

गूगल के कर्मचारियों को अनेक प्रकार की सुविधाएँ मिलती हैं, जिनमें दिन में तीन बार मुफ्त खाना, बच्चों की पैदाइश पर माता-पिता के लिए खाने की मुफ्त डिलिवरी, तथा वे जहाँ कहीं भी हों, उनके लिए चिकित्सा उपलब्ध कराई जाती है। इस कारण ही, 'फॉर्चून' मैगजीन ने 'गूगल' मैगजीन को काम करने के लिहाज से अमेरिका की नंबर वन कंपनी घोषित किया है।

जैक डोर्सी

(ट्विटर के सह-निर्माता)

लोगों के बीच संवाद के क्षेत्र में क्रांति लानेवाले ट्विटर का जन्म जैक डोर्सी के सपने के साकार होने के कारण ही हुआ। 20 नवंबर, 1976 को मिसौरी के सेंट लुई में जनमे डोर्सी की दिलचस्पी कंप्यूटरों और संचार के क्षेत्र में बचपन से ही बढ़ गई थी। विशेष रूप से वह टैक्सियों, डिलिवरी वैन, कूरियर और इमरजेंसी में भेजी जानेवाली गाड़ियों जैसी तमाम सेवाओं के संचालन को लेकर जिज्ञासु रहते थे, जिन्हें पल-पल संचार से जुड़े रहने की जरूरत पड़ती थी। डोर्सी जब महज पंद्रह वर्ष के ही थे, तब उन्होंने टैक्सियों को भेजने से जुड़ा एक ऐसा सॉफ्टवेयर विकसित किया था, जिसका प्रयोग आज भी कई टैक्सी कंपनियाँ करती हैं। न्यूयॉर्क यूनिवर्सिटी में कुछ सेमेस्टर तक कंप्यूटर साइंस की पढ़ाई करने के बाद डोर्सी बीच में ही कॉलेज छोड़ कैलिफॉर्निया के ऑकलैंड चले आए। वर्ष 2000 में उन्होंने एक कंपनी शुरू की, जो कूरियर, टैक्सी और आपात सेवा उपलब्ध करानेवाली कंपनियों और संस्थानों को ऑनलाइन डिस्पैच सॉफ्टवेयर बेचा करती थी। काम के दौरान उन्होंने यह देखा कि फील्ड में काम करनेवाले हजारों कर्मचारी पल-पल यह सूचना देते थे कि वह कहाँ हैं और क्या कर रहे हैं। इससे उनके मन में एक ऐसा

सरल साधन विकसित करने का विचार आया, जिसका इस्तेमाल आम लोग भी कर सकें। जल्दी डोर्सी एक ऐसे प्रोग्राम को लॉञ्च करने का सपना देखने लगे, जिसकी सहायता से लोग रीयल टाइम में अपने दोस्तों को बता सकें कि वे क्या कर रहे हैं।

डोर्सी ने ईवान विलियम्स और बिज स्टोन के साथ मिलकर 'ऑवियस' नाम की कंपनी शुरू की। ऑवियस का ही नाम बदलकर 'ट्विटर' कर दिया गया। दो हफ्ते के भीतर डोर्सी ने एक ऐसी वेबसाइट बनाई, जहाँ उपयोग करनेवाले छोटे मैसेज को तत्काल पोस्ट कर सकते थे जो 140 या उससे कम कैरेक्टर का होता था। उसे ट्विट नाम दिया गया। 21 मार्च, 1906 को डोर्सी ने पहला ट्विट किया—'जस्ट सेटिंग अप माइ ट्विटर' (अपने ट्विटर को तैयार कर रहा हूँ)।

शुरुआत में ट्विटर की आलोचना हुई, किंतु बहुत जल्द ही यह सोशल नेटवर्किंग के लिए दुनिया भर में एक शक्तिशाली साधन बन गया। 2008 में अपने चुनाव प्रचार के दौरान समर्थकों को पल-पल की जानकारी देने के लिए अमेरिकी राष्ट्रपति पद के उम्मीदवार बराक ओबामा और जॉन मैकेन ने ट्विटर का इस्तेमाल किया। इसी प्रकार, 2009 में जब ईरान की सरकार ने राष्ट्रपति चुनावों के बाद, टेक्स्ट मैसेज पर प्रतिबंध लगा दिया, तब ईरान में ट्विटर का प्रयोग करनेवालों ने वहाँ के राजनीतिक हलचल की जानकारी पूरी दुनिया को दी। 2014 तक ट्विटर का इस्तेमाल करनेवालों की संख्या 500 मिलियन से अधिक हो गई, जो हर दिन लगभग 340 मिलियन बार ट्विट कर रहे थे।

नवंबर 2013 के बाद जब ट्विटर ने अपना पहला आई.पी.ओ. निकाला, तब कारोबार के पहले ही दिन कंपनी के शेयर की कीमत 26 डॉलर से बढ़कर 250 डॉलर पर पहुँच गई। उसी दिन डोर्सी को 23.4 मिलियन शेयरों ने अरबपति बना दिया।

'टाइम' मैगजीन ने डोर्सी को दुनिया भर के 100 सर्वाधिक प्रभावशाली व्यक्तियों में से एक करार दिया। उसके साथ ही 2008 में उन्हें एम.आई.टी. टेक्नोलॉजी रिव्यू के 35 वर्ष से कम आयु के नए प्रयोगकर्ताओं में से एक बताया गया। 2012 में वॉल स्ट्रीट जर्नल ने उन्हें तकनीक के लिए 'इनोवेटर ऑफ द ईयर' अवार्ड से सम्मानित किया।

कुमार पल्लना

(हॉलीवुड एक्टर, जिन्होंने 77 की उम्र में अपने सपने को साकार किया)

फिल्म अभिनेता बनने का कुमार पल्लना का सपना 77 वर्ष की आयु में

पूरा हुआ और एक चरित्र अभिनेता के रूप में उनकी माँग स्टीवेन स्पीलबर्ग, वेस एंडरसन, डैनी डे विटो तथा अन्य निर्माताओं द्वारा की जाने लगी।

कुमार का जन्म 23 दिसंबर, 1918 को भारत में एक संपन्न परिवार में हुआ था। 1921 में भारत से ब्रिटिश औपनिवेशिक शासन को उखाड़ फेंकने का समर्थन करने के कारण ब्रिटिश सरकार ने उनके भाई को जेल में डाल दिया। इसका परिणाम यह हुआ कि उनके परिवार का कारोबार ठप पड़ गया। उनके परिवार को अपना घर छोड़ना पड़ा और कुमार अपने स्कूल की पढ़ाई जारी नहीं रख सके। आखिरकार, एक बॉलीवुड अभिनेता बनने का सपना लेकर कुमार बॉम्बे पहुँचे, लेकिन उनके लिए सिनेमा स्टूडियो के गेट को पार करना भी संभव नहीं हो सका।

अपनी आजीविका के लिए कुमार कलाबाज बन गए और मैजिक, जगलिंग, चुटकुले सुनाने, और तश्तरियों को नचाने का काम करने लगे। वे भारत और अफ्रीका में अपना 'वन मैन शो' करने लगे और 1946 में वे अमेरिका जाकर बस गए। अमेरिका में वे लास वेगास और अन्य शहरों में अपना हुनर दिखाने के साथ ही, लोकप्रिय टी.वी. शो में भी नजर आने लगे, जिनमें 'द एड सुलिवान शो', 'द मिकी माउस क्लब' और 'कैप्टन कंगारू' शामिल हैं। बीस वर्षों तक उद्यमी के रूप में काम करते हुए कुमार टेक्सास के डल्लास में योगा स्टूडियो खोल, एक सफल योगा इंस्ट्रक्टर के रूप में अपना जीवन आगे बढ़ाने लगे। 1992 में उनके पुत्र, दीपक पल्लना ने अपने पिता के योगा स्टूडियो के ग्राउंड फ्लोर पर 'कॉस्मिक कप' नाम का कैफे खोला। ग्राहकों को आकर्षित करने के लिए दीपक अपने पिता समेत अन्य मनोरंजन करने वालों को अपना हुनर दिखाने के लिए बुलाया करते थे। वेस एंडरसन, जो आगे चलकर हॉलीवुड के सफल निर्देशक बने और उनके दोस्त ओवेन विलसन, जो आगे चलकर सफल हॉलीवुड एक्टर बने, अकसर कॉस्मिक कप में आया करते थे तथा उन्होंने कुमार की परफॉर्मेंस को देखा। 1995 में जब एंडरसन और विलसन अपनी पहली फिल्म 'बोटल रॉकर्स' में काम कर रहे थे, तब उन्होंने कुमार को अपनी फिल्म में रोल दिया।

'बोटल रॉकर्स' के बाद कुमार एक व्यस्त एक्टर बन गए, जो एंडरसन, स्पीलबर्ग और अन्य बड़े निर्देशकों के साथ काम करने लगे। इन फिल्मों में उन्हें टॉम हैंक्स, कैथरीन जेटा जोन्स, मॉर्गन फ्रीमैन और जीन हैकमैन के साथ काम करने का मौका मिला। कुमार की फिल्मों में 'डूपलेक्स' (2003), 'रोमैंस एंड सिगरेट्स' (2005) तथा '10 आइटम्स ऑर लेस' (2006) जैसी फिल्में शामिल थीं। कुमार की मृत्यु 10 अक्तूबर, 2013 में चौरानवे वर्ष की उम्र में हुई।

वर्गीज कूरियन

(भारत में दुग्ध क्रांति के दूत)

वर्गीज कुरियन 'सफेद क्रांति' के जनक और 'मिल्कमैन ऑफ इंडिया' के रूप में कहीं ज्यादा मशहूर हैं। कुरियन का जन्म 26 नवंबर, 1921 में भारत के केरल में हुआ था। उन्होंने मद्रास के लॉयला कॉलेज से भौतिकी में स्नातक की डिग्री ली और फिर भारत के ही मद्रास स्थित कॉलेज ऑफ इंजीनियरिंग, गिंडी से मेकैनिकल इंजीनियरिंग में बैचलर डिग्री की पढ़ाई पूरी की। उन्होंने 1948 में मिशिगन स्टेट यूनिवर्सिटी से मेकैनिकल इंजीनियरिंग में मास्टर डिग्री हासिल की।

कुरियन का सपना था कि वह भारत को दूध की किल्लत वाले देश की बजाय दुनिया का सबसे बड़ा दूध उत्पादक बनाएँ। कुरियन का यह सपना 'ऑपरेशन फ्लड' नाम के एक अनोखे कार्यक्रम से पूरा हुआ, जिसे 1970 में लॉन्च किया गया था।

ग्रामीण दुग्ध-उत्पादकों की सहकारी समितियाँ ही 'ऑपरेशन फ्लड' का आधार थीं। इन सहकारी समितियों की ओर से ग्रामीण दुग्ध-उत्पादकों से सीधे दूध की खरीद की जाती थी और उसका प्रसंस्करण किए जाने के बाद उसकी आपूर्ति सीधे शहरी बाजारों तक की जाती थी, जिससे बिचौलियों और भ्रष्टाचार को दरकिनार कर दिया जाता था। सहकारी समितियाँ दुग्ध-उत्पादकों को आधुनिक प्रबंधन और प्रौद्योगिकी उपलब्ध कराती थीं। इस मॉडल से दुग्ध-उत्पादकों को अपने विकास में सहायता मिली और अपने संसाधनों का नियंत्रण भी उनके ही हाथों में आ गया। इसका नतीजा यह हुआ कि ऐसी सहकारी समितियों की भूमिका महिलाओं के सशक्तीकरण और ग्रामीण भारत के लाखों लोगों के गरीबी उन्मूलन से सामाजिक परिवर्तन के शक्तिशाली प्रतिनिधि बन गई।

'ऑपरेशन फ्लड' के कारण भारत का वार्षिक दुग्ध-उत्पादन 1968-69 में जहाँ 23.3 मिलियन टन था, वहीं 2006-07 में बढ़कर 110 मिलियन टन हो गया। 'ऑपरेशन फ्लड' ने भारत को दुनिया का सबसे बड़ा दुग्ध-उत्पादक बना दिया, जिसने अमेरिका को भी पीछे छोड़ दिया था। 'ऑपरेशन फ्लड' की कामयाबी के बाद इस मॉडल को अन्य वस्तुओं, जैसे फलों और सब्जियों पर भी लागू किया गया।

अपने असाधारण योगदानों के कारण कुरियन को अनेक सम्मानों और पुरस्कारों से सम्मानित किया गया, जिनमें कारनेगी फाउंडेशन का 'वाटलर शांति पुरस्कार', 'विश्व खाद्य पुरस्कार', 'पद्म विभूषण' (भारत का दूसरा सर्वोच्च नागरिक सम्मान) और सामुदायिक नेतृत्व के लिए 'रैमन मैग्साय सम्मान' शामिल हैं।

के.जे अलफोंस

(पूर्व भारतीय नौकरशाह)

के.जे. अलफॉन्स का जन्म 8 अगस्त, 1953 में भारत के केरल राज्य के कोट्टायम जिले के मणिमाला गाँव में हुआ था, जहाँ बिजली भी नहीं थी। उनके ही शब्दों में, वे मूर्खों में भी सबसे मूर्ख छात्र थे। उनके हाई स्कूल के हेडमास्टर ने उनके माता-पिता को सावधान कर दिया था कि अलफॉन्स, चूँकि बेहद खराब छात्र थे, इस कारण वह बोर्ड की परीक्षा पास नहीं कर सकेंगे और इस वजह से उन्हें पूरी तैयारी के बाद अगले वर्ष की परीक्षा देनी चाहिए। अलफॉन्स ने इस चेतावनी की परवाह नहीं की और परीक्षा में बैठे और बस किसी तरह पास हो गए! इस आश्चर्यजनक रूप से पास हो जाने की घटना से उनके जीवन में एक नया मोड़ आया। अलफॉन्स ने अपने जीवन पर विचार करना शुरू किया और स्वयं से पूछा, "क्या मैं ऐसा ही जीवन जीता रहूँगा, जिसमें सब मेरी खिल्ली उड़ाएँ या मुझे दुनिया को यह दिखा देना चाहिए कि मैं बुद्धिमान हूँ?" अलफॉन्स ने दूसरे विकल्प को चुना। उन्होंने यह सोचना शुरू कर दिया कि उनके अंदर किसी ऐसे व्यक्ति की क्षमता और बुद्धिमत्ता जन्मजात रूप से है, जो इस दुनिया में एक बड़ा अंतर ला सकता है। वह इस नतीजे पर पहुँचे कि इस अंतर को लाने का सबसे अच्छा रास्ता यह होगा कि वह भारतीय प्रशासनिक सेवा (आई.ए.एस.) में शामिल हों और फिर किसी भी कीमत पर आई.ए.एस. में शामिल होना ही उनका लक्ष्य बन गया।

एक बार उनका लक्ष्य स्पष्ट हो गया तो फिर अलफॉन्स ने उस प्रतियोगिता परीक्षा की तैयारी शुरू कर दी। जहाँ उनका मन पढ़ने में लगता ही नहीं था, वहीं अब उनके अंदर पढ़ने की जबरदस्त भूख पैदा हो गई। उन्होंने प्रतिदिन एक किताब और ऑक्सफोर्ड डिक्शनरी के पच्चीस पन्नों को पढ़ना अपनी आदत में शुमार कर लिया। जल्दी ही वे अपने क्लास में शीर्ष पर पहुँच गए और यूनिवर्सिटी के हर समारोह में उन्हें पुरस्कार मिलने लगे। वे तीन वर्षों तक भारत में सर्वश्रेष्ठ अंतर-विश्वविद्यालय डिबेटर रहे। अलफॉन्स ने दिल्ली स्थित भारत की विख्यात जवाहरलाल नेहरू यूनिवर्सिटी (जे.एन.यू.) से अर्थशास्त्र में डिस्टिंकशन के साथ स्नातकोत्तर उपाधि प्राप्त की।

अलफॉन्स प्रतिष्ठित आई.ए.एस. के 1979वें बैच के अधिकारी थे। उस वर्ष आई.ए.एस. के लिए होनेवाली प्रतियोगिता परीक्षा में पाँच लाख प्रतियोगियों ने हिस्सा लिया था, जिनमें अलफॉन्स ने आठवाँ स्थान प्राप्त किया।

आई.ए.एस. में आते ही अल्फॉन्स ने तय किया कि वह एक दमखम वाले सिविल सेवक बनेंगे। उन्होंने जिस जिम्मेदारी को सँभाला, उसमें एक उल्लेखनीय सुधार किया। उदाहरण के लिए, भारत स्थित दिल्ली विकास प्राधिकरण के कमिश्नर के रूप में, भारत की राजधानी दिल्ली में चौदह हजार तीन सौ अवैध इमारतों को धराशायी कर उन्होंने अपने साहस का परिचय दिया। इससे भारत सरकार को लाखों डॉलर की संपत्ति फिर से वापस मिल गई। एक नौकरशाह के रूप में इस साहसिक और निडर काररवाई के कारण ही 1994 में उनका नाम 'टाइम' पत्रिका के सौ यंग ग्लोबल लीडर्स की लिस्ट में शामिल किया गया था।

लोपेज लोमोंग

(5000 मीटर रेस में सूडानी अमेरिकी ओलंपिक फाइनलिस्ट)

लोपेज लोमोंग का जन्म 5 जनवरी, 1985 को दक्षिण सूडान के एक छोटे-से गाँव सिमटॉन्ग में हुआ था। उनका परिवार मिट्टी की एक झोंपड़ी में रहता था, जहाँ न बिजली थी, न पानी। सिमटॉन्ग में कोई स्कूल नहीं था और उनके माता-पिता भी निरक्षर किसान थे।

लोपेज जब महज छह वर्ष के थे, तब अनेक बच्चों के साथ जब वह चर्च में मौजूद थे, विद्रोही सैनिकों ने सारे बच्चों को अगवा कर लिया था। बच्चों को विद्रोहियों के कैंप में ले जाया गया, जहाँ उन्हें सैन्य ट्रेनिंग दी गई। जल्दी ही तीन बड़े लड़के कैंप से भागने में कामयाब रहे। वे अपने साथ लोमोंग को भी ले गए। सारे ही लड़के तीन दिनों तक दौड़ते रहे, उन्हें लगा कि वे अपने गाँव की तरफ जा रहे हैं, लेकिन वे केन्या की सीमा में जा घुसे। वहाँ मौजूद बॉर्डर पुलिस ने उन्हें नैरोबी के शरणार्थी कैंप में भेज दिया। लोमोंग अगले नौ वर्ष तक उसी कैंप में रहे। लगभग हर दिन वह कैंप के बाहरी दायरे का चक्कर लगाते हुए करीब अठारह मील की दूरी नंगे पाँव दौड़कर पूरी किया करते थे।

वर्ष 2000 की गरमियों में लोमोंग और उनके दोस्त एक ब्लैक एंड व्हाइट टी.वी. सेट पर ओलंपिक गेम्स का प्रसारण देखने के लिए पाँच मील तक पैदल चलकर गए। उस दिन के खेलों की हाईलाइट में उन्होंने अमेरिकी तेज धावक माइकल जॉनसन को चार सौ मीटर रेस का गोल्ड मेडल जीतते देखा। उस अविस्मरणीय घटना को याद करते हुए लोमोंग ने कहा, ''मैंने अपने मन में माइकल जॉनसन को बार-बार उस रेस में दौड़ते हुए देखा और मैंने ठान लिया कि एक दिन

मैं भी ओलंपिक की रेस में दौड़ूँगा। मैं भी अपने सीने पर उन्हीं तीन अक्षरों को लेकर दौड़ना चाहता था—USA।''

वर्ष 2001 में अमेरिका साढ़े तीन हजार से अधिक सूडान के गुमशुदा लड़कों को अपने यहाँ लेकर आया और लोमोंग उनमें शामिल थे। अमेरिका आने के बाद लोमोंग ने न्यूयॉर्क के टुली में हाई स्कूल की पढ़ाई की, साथ ही क्रॉस कंट्री और दौड़ की टीम स्पर्धाओं में राज्य स्तर पर हिस्सा लिया। नॉर्थ एरिजोना यूनिवर्सिटी में पढ़ाई करने के दौरान लोमोंग ने कई प्रतियोगिताओं में मेडल जीते। जुलाई 2007 में लोमोंग को अमेरिका की नागरिकता मिल गई।

लोमोंग का सपना तब साकार हुआ, जब उन्होंने 2008 बीजिंग ओलंपिक में अमेरिका का प्रतिनिधित्व किया। ओपनिंग सेरेमनी में वह अमेरिकी झंडे को लेकर चल रहे थे। यही नहीं, पंद्रह सौ मीटर की रेस में वह सेमी-फाइनल तक भी पहुँचे। लोमोंग ने 2012 लंदन ओलंपिक में भी अमेरिका का प्रतिनिधित्व किया और पाँच हजार मीटर की रेस के फाइनल में दसवें स्थान पर रहे।

साँगा ओकोका

(तंजानियाई उद्यमी)

साँगा ओकोका का जन्म 24 अगस्त, 1968 को अफ्रीका के तंजानिया में एक सुदूर गाँव में हुआ था। वह अपने माता-पिता की दस संतानों में से आठवीं संतान थे। बचपन से ही वह बहुत मेधावी, परिश्रमी और महत्त्वाकांक्षी थे। चूँकि उनके माता-पिता उनकी कॉलेज की पढ़ाई का खर्च नहीं उठा सकते थे, इस कारण हाई स्कूल की पढ़ाई पूरी करने के बाद साँगा नौकरी की तलाश में तंजानिया की राजधानी डार एस सलाम चले आए। वहाँ कुछ वर्षों तक उन्होंने प्राथमिक स्कूल के शिक्षक का काम किया और फिर शेरेटन होटल में एक वेटर की नौकरी कर ली। साँगा के मन में विदेश जाकर उच्च शिक्षा प्राप्त करने का सपना पल रहा था। किंतु एक यथार्थवादी होने के कारण वह जानते थे कि वह केवल सपने ही देख सकते हैं।

वर्ष 2000 में साँगा की मुलाकात शेरेटन में मेहमान के तौर पर ठहरे अमेरिका के गोविंद से हुई। कुछ दिनों तक उन्हें खाना-पीना परोसने के बाद, दोनों के बीच दोस्ती हो गई, और साँगा ने गोविंद के सामने अपने मन की बात जाहिर कर दी कि वह ब्रिटेन जाकर उच्च शिक्षा प्राप्त करना चाहते हैं। गोविंद ने साँगा को अमेरिकी विश्वविद्यालयों में आवेदन देने पर विचार करने की सलाह दी। चूँकि साँगा के

परिवार या मित्रों में से कोई भी अमेरिका में नहीं रह रहा था, इस कारण वह समझ नहीं पा रहे थे कि अपनी योजना को आगे कैसे बढ़ाएँ। गोविंद ने अपना बिजनेस कार्ड साँगा को दिया और यह कहा कि किसी भी मदद के लिए, वह जब चाहें उनसे संपर्क कर सकते हैं। कुछ समय तक एक-दूसरे के साथ इ-मेल का आदान-प्रदान करने के बाद गोविंद ने साँगा से अपना स्कूल सर्टिफिकेट भेजने को कहा। सर्टिफिकेट मिलने के बाद गोविंद ने वॉशिंगटन डीसी स्थित, स्ट्रेयर यूनिवर्सिटी से संपर्क किया और साँगा को स्ट्रेयर में दाखिले के लिए जरूरी फॉर्म और अन्य दस्तावेज साँगा को भेज दिए। आवेदन को पूरा कर दस्तावेज सहित साँगा ने डार एस सलाम स्थित अमेरिकी दूतावास में छात्र वीजा के लिए आवेदन किया। दूतावास ने बिना किसी दिक्कत उन्हें छात्र वीजा जारी कर दिया।

अमेरिका पहुँचने पर गोविंद ने डलेस एयरपोर्ट पर साँगा का स्वागत किया और स्ट्रेयर यूनिवर्सिटी के करीब ही एक घर में साँगा के रहने का इंतजाम करवा दिया। उच्च शिक्षा प्राप्त करने के अपने सपने को पूरा करने की प्रेरणा के साथ, साँगा ने पूरे दृढ़संकल्प के साथ कड़ी मेहनत शुरू कर दी। कुछ ही वर्षों के भीतर साँगा ने वित्तीय प्रबंधन में बैचलर डिग्री हासिल करने के साथ ही प्रोजेक्ट मैनेजमेंट में एम.बी.ए. भी कर लिया। आज साँगा एक सफल उद्यमी और वॉशिंगटन, डीसी में ई.डब्ल्यू.ए.ओ. कम्यूनिकेशंस नॉर्थ अमेरिका के प्रेसीडेंट भी हैं।

आप भी अपने सपनों को पूरा कर सकते हैं

- अपने जीवनकाल में आप जो हासिल करना चाहते हैं, उस पर मंथन करें।
- आप जितने भी सपनों को पूरा करना चाहते हैं, उन्हें लिख डालें।
- अपनी इच्छा और उनके महत्त्व के अनुसार अपने सपनों को क्रमवार सजा लें। यह निश्चित करें कि आप उन्हें एक निश्चित समय सीमा में पूरा करना चाहते हैं या अपने जीवनकाल में।
- यदि आपको लगता है कि कुछ कार्य आपके सपनों को पूरा करने में मदद कर सकते हैं तो उन कार्यों को भी करने के लिए तैयार रहिए, फिर चाहे वह आपको पसंद न भी हों।
- प्रत्येक सप्ताह अपने सपनों की सूची और अपनी कार्य-योजना को कम-से-कम दो-चार बार अवश्य पढ़ें।

□

2

सफल लोग लक्ष्य निर्धारित करते हैं

"हममें से अधिकांश के साथ बड़ा खतरा यह नहीं होता कि हमारा लक्ष्य बहुत ऊँचा होता है और हम उसे हासिल नहीं कर पाते, बल्कि यह होता है कि वह बहुत औसत होता है और हम उसे पा लेते हैं।"

—माइकल एंजेलो

"यदि आप खुश रहना चाहते हैं, तो ऐसे लक्ष्य निर्धारित कीजिए, जिनका आपके विचारों पर नियंत्रण हो, जो आपकी ऊर्जा को उन्मुक्त कर देता हो और जो आपकी आशाओं के लिए एक प्रेरणा बन जाता हो।"

—एंड्रयू कारनेगी

इस पर कोई बहस नहीं हो सकती कि हममें से कोई भी तब तक किसी यात्रा पर नहीं निकलता, जब तक कि उसे यह मालूम न हो कि उसे जाना कहाँ है। यह बात काफी हद तक आपके जीवन की यात्रा पर भी लागू होती है। फिर भी ऐसा क्यों होता है कि कुछ ही लोग अपने जीवन में लक्ष्य निर्धारित करते हैं ? दूसरी तरफ, सफल लोग यह जानते हैं कि एक सफल जीवन की तलाश में निकलने से पहले उनके लिए लक्ष्य निर्धारित करना कितना महत्त्वपूर्ण है। अर्ल नाइटेंगल ने वाक्पटुता के साथ कहा भी था, लक्ष्यों के साथ चलनेवाले लोग सफल हो जाते हैं, क्योंकि वे जानते हैं कि वे कहाँ जा रहे हैं।

इस अध्याय में राष्ट्रपति जॉन एफ. केनेडी, ब्रुस ली, जिम केरी, डॉ. नॉरमन बोरलॉग तथा ऐसी ही जिन हस्तियों की चर्चा की गई है, उनके द्वारा अविश्वसनीय लक्ष्य को प्राप्त करने की उपलब्धि वास्तव में प्रेरणादायी है। मुझे विश्वास है कि उनकी सफलता की कहानियाँ आपको भी अपने लक्ष्य निर्धारित करेंगे और उन्हें प्राप्त करने के लिए प्रेरित करेंगी।

लक्ष्य निर्धारित करनेवालों के सामान्य लक्षण

- वे अपनी इच्छाओं और लक्ष्यों की एक सूची बनाते हैं। वे उन सारी इच्छाओं को एक सूची के रूप में लिख लेते हैं, जिन्हें वे पूरा करना चाहते हैं। उनमें से कुछ तो ऐसी सूची बनाते हैं, जिनमें सौ से अधिक इच्छाएँ होती हैं।
- वे SMART लक्ष्य को लिखित रूप देते हैं। सफल लोग SMART लक्ष्यों को लिखते हैं—S—specific (विशिष्ट), measurable (मापने योग्य), achievable (प्राप्त करने योग्य), realistic (वास्तविक), और time bound (समयबद्ध) लक्ष्य। लक्ष्यों की पहचान हो जाने के बाद, वे उन लक्ष्यों को अल्प-अवधि के लक्ष्य (एक वर्ष तक के), मध्यम अवधि (तीन वर्ष तक के), और लंबी अवधि (तीन वर्ष से अधिक) के लक्ष्यों के रूप में वर्गीकृत कर देते हैं। वे उन लक्ष्यों के महत्त्व के अनुसार उनकी प्राथमिकता तय करते हैं।
- वे कल्पनाशील होते हैं। वे मन-ही-मन प्रत्येक लक्ष्य को इस प्रकार देखते हैं मानो उन्होंने उसे प्राप्त कर लिया है और फिर वे उस लक्ष्य को प्राप्त करने के आनंद का अनुभव करते हैं। कल्पना में देखने की यह प्रक्रिया उनकी प्रेरणा को प्रबल बनाती है, जिससे वे उस लक्ष्य को वास्तविक रूप में प्राप्त करने के लिए परिश्रम करना शुरू कर देते हैं। उदाहरण के लिए, गोल्फ के ख्यातिप्राप्त खिलाड़ी जैक निकोलस ने यह माना है कि वे कल्पनाशीलता का प्रयोग करते हैं। उनके ही शब्दों में कहें तो "मैं एक भी शॉट नहीं लगाता, यहाँ तक कि प्रैक्टिस में भी नहीं, जब तक कि मेरे दिमाग में उसकी एक बिल्कुल साफ और सटीक तसवीर नहीं बन जाती। यह तसवीर किसी रंगीन फिल्म के जैसी होती है।"
- वे हर दिन के लिए एक यह करना है जैसी विस्तृत लिस्ट बनाते हैं। हर दिन की समाप्ति पर, अपने ऑफिस से निकलने से पहले या बिस्तर पर जाने से पहले, वे अगले दिन किए जानेवाले कार्यों की एक सूची बनाते हैं, ताकि जब वे सोकर उठें तो उनके दिमाग में यह बात बिल्कुल साफ हो कि अपने कार्यों को तेजी से और बेहतर तरीके से कैसे निपटाना है। हर सुबह वे अपने काम की सूची को देखते हैं और सबसे बड़ी प्राथमिकता वाले काम को पूरा कर ही दम लेते हैं। पहले कार्य को पूरा करने के बाद

वे दूसरे पर और इसी तरह अगले काम पर बढ़ जाते हैं। यदि कुछ कार्य ऐसे रह जाते हैं, जो उस दिन पूरा नहीं हो पाते, तो वे उसे अगले दिन की लिस्ट में शामिल कर लेते हैं।

- महत्त्वपूर्ण क्षेत्रों में वे अपने कौशल में लगातार सुधार करते रहते हैं। उनमें से अधिकांश लोग अपने जीवन के महत्त्वपूर्ण क्षेत्रों के संबंध में कम-से-कम हर दिन एक घंटे तक अध्ययन करते हैं।
- वे अपनी क्षमताओं पर ध्यान केंद्रित करते हैं। वे अपनी क्षमता को पहचानते हैं और उन्हें और ठोस करने पर अपना ध्यान लगाते हैं।

सफल लक्ष्य निर्धारकों के उदाहरण—

राष्ट्रपति जॉन एफ. केनेडी

(अमेरिका के 35वें राष्ट्रपति)

जॉन फिजराल्ड केनेडी (29 मई, 1917—22 नवंबर, 1963) जनवरी 1961 से लेकर नवंबर 1963 में हत्या किए जाने तक अमेरिका के पैंतीसवें राष्ट्रपति के पद पर आसीन थे। राष्ट्रपति बनने के पाँच महीने बाद 25 मई, 1961 को राष्ट्रपति केनेडी ने अमेरिकी कांग्रेस को संबोधित करते हुए कहा था कि अमेरिका को "उस लक्ष्य की प्राप्ति के लिए संकल्प कर लेना चाहिए कि इस दशक की समाप्ति से पहले हम इनसान को चाँद पर उतारें और फिर उसे धरती तक सुरक्षित वापस ले आएँ।" केनेडी ने अमेरिका के लोगों का आह्वान किया कि वे अंतरिक्ष की यात्रा से जुड़ी इस उपलब्धि को प्राप्त करने के लिए पूरे प्रयास करें, क्योंकि "कई मायने में यह धरती के भविष्य की कुंजी साबित हो सकता है।"

उस वक्त के राजनीतिक़ हालात कुछ ऐसे थे, जिनके कारण केनेडी को यह फैसला लेना पड़ा था। पहला यह कि केनेडी पर इस बात का भारी दबाव था कि वह अमेरिका को " 'अंतरिक्ष की रेस' में सोवियत संघ के बराबर ला खड़ा करें और फिर उसे पछाड़ दें। दूसरा, अप्रैल 1961 में बे ऑफ पिग्स में क्यूबा पर विफल सैन्य आक्रमण ने भी केनेडी को भारी दबाव में ला दिया था। तीसरा, केनेडी एक ऐसे कार्यक्रम की घोषणा के लिए बेताब थे, जिसमें अमेरिका के लिए उस लक्ष्य को सोवियत संघ से पहले हासिल करने की पूरी संभावना थी।"

केनेडी के लक्ष्य को 1969 तक हकीकत में बदल दिया गया, लेकिन उस

चुनौतीपूर्ण फैसले के बाद जबरदस्त मानवीय प्रयास और वित्तीय प्रतिबद्धता की आवश्यकता थी। इस उद्देश्य से ही मर्करी, जेमिनी और अपोलो अभियानों को तैयार किया गया था। उस ऊँचे लक्ष्य को केनेडी की घोषणा के आठ वर्ष बाद, उस दशक की समाप्ति से ठीक पहले, तब प्राप्त किया गया जब अपोलो 11 के कमांडर नील आर्मस्ट्रॉन्ग ने चंद्रमा की सतह पर 20 जुलाई, 1969 को अपना पहला कदम रख दिया।

ब्रुस ली

(चीनी अमेरिकी मार्शल आर्टिस्ट, एक्टर और निर्देशक)

ब्रुस ली का जन्म ली जन फैन के रूप में 27 नवंबर, 1940 को कैलिफॉर्निया के सैन फ्रांसिस्को में हुआ था। 1940 के दशक की शुरुआत में ली अपने माता-पिता के साथ हांगकांग चले आए और अठारह वर्ष की आयु तक वहीं पले-बढ़े। हांगकांग में एक बाल कलाकार के रूप में उन्होंने करीब बीस फिल्मों में काम किया। उच्च शिक्षा प्राप्त करने के लिए 1958 में वह एक बार फिर से अमेरिका लौटे। स्नातक की पढ़ाई पूरी करने के बाद उन्होंने यूनिवर्सिटी ऑफ वॉशिंगटन में दर्शनशास्त्र के अध्ययन के लिए दाखिला लिया। कॉलेज की पढ़ाई के दौरान ही ली के मन में हॉलीवुड की फिल्मों का अभिनेता बनने की इच्छा जगी। उन्होंने अपने दोस्तों से कहा, ''तुम सब देखते रहना। मैं दुनिया का सबसे बड़ा चीनी स्टार बनकर दिखाऊँगा।''

अभिनय के प्रति ली के मन में इतनी जबरदस्त लगन थी और उनका ध्यान अपने लक्ष्य पर इस प्रकार केंद्रित था कि 9 जनवरी, 1970 को उन्होंने अपने को संबोधित करते हुए एक चिट्ठी लिखी। उस चिट्ठी में उन्होंने लिखा, ''1980 तक मैं अमेरिका में पूर्वी देश का सबसे जाना-माना मूवी स्टार बन जाऊँगा तथा 10 मिलियन डॉलर की क़माई कर चुका हूँगा...और इस दौलत के बदले, मैं जब भी कैमरे के सामने आऊँगा तो हर बार अपनी बेहतरीन अदाकारी दिखाऊँगा और शांति तथा सुकून से जिऊँगा।'' इस चिट्ठी को न्यूयॉर्क सिटी के प्लैनेट हॉलीवुड में प्रदर्शित किया गया है।

1970 से 1973 के बीच, पाँच फिल्मों में अपने बेजोड़ अभिनय की बदौलत ली दुनिया भर में मशहूर हो गए—'द बिग बॉस' (1972), 'फिस्ट ऑफ फ्यूरी' (1972), 'रिटर्न ऑफ द ड्रैगन' (1972), 'द गेम ऑफ डेथ' (1973), तथा

'एंटर द ड्रैगन', जिसे 20 जुलाई, 1973 को हुई ली की मृत्यु के एक महीने बाद रिलीज किया गया। ली की आयु तब महज बत्तीस वर्ष की थी।

जिम केरी

(कैनेडियन अमेरिकन एक्टर, कॉमेडियन और निर्माता)

हॉलीवुड की कई फिल्मों में हास्यप्रधान और नाटकीयता से भरपूर भूमिकाओं से अपनी पहचान बनानेवाले जिम केरी का जन्म, कनाडा के ओनटारियो स्थित न्यूमार्केट में 17 जनवरी, 1962 को हुआ था। संगीतकार पिता की नौकरी छिन जाने के बाद उनके परिवार को भारी मुसीबत का सामना करना पड़ा और उन्हें अपना जीवन एक वैन में बिताना पड़ा था। केरी के स्कूल की पढ़ाई तब छूट गई, जब वह केवल 15 वर्ष के थे और परिवार की मदद के लिए उन्हें एक फैक्टरी में दरबान की नौकरी करनी पड़ी। बाद में उनका परिवार ओनटारियो के स्कारबोरो चला आया, जहाँ उन्हें फिर से अपनी स्कूली पढ़ाई को आगे बढ़ाने का मौका मिला। हालाँकि उनकी पढ़ाई पूरी नहीं हो सकी, क्योंकि उन्हें पूरा-पूरा दिन अपने परिवार की मदद के लिए काम करना पड़ता था। 1979 में केरी ने अपनी आजीविका के लिए स्टैंड-अप कॉमेडियन बड्डी हैकेट और रोडनी डेंजरफील्ड के लिए शुरुआती एक्ट करने काम शुरू किया। 1982 में वह हॉलीवुड चले आए, जहाँ फिल्मों तथा टेलीविजन के कार्यक्रमों में उन्हें कुछ छोटे-मोटे रोल मिलने लगे।

केरी लक्ष्य निर्धारित करने और कल्पनाशीलता की तकनीक का प्रयोग करने में विश्वास रखते थे। 1997 में ओपरा विनफ्रे को दिए एक इंटरव्यू में केरी ने बताया कि 1990 में जब वह हॉलीवुड में किसी बड़ी भूमिका के लिए संघर्ष कर रहे थे, तब उन्होंने अपने नाम से 10 मिलियन डॉलर का एक चेक काटा था। चेक में टिप्पणी के लिए निर्धारित स्थान पर उन्होंने लिखा, 'अभिनय की सेवाओं के बदले' और चेक पर तारीख लिखी '1995 का शुक्रिया'। उन्होंने उस चेक को अपने पर्स में रख लिया और तीन वर्ष बाद 1993 में उन्हें 'डंब एंड डमर' में अपने रोल की एवज में 10 मिलियन डॉलर का चेक मिला। 1994 में केरी ने वह चेक अपने पिता के ताबूत पर एक श्रद्धांजलि के तौर पर रखा था।

इसके बाद हॉलीवुड में केरी का प्रदर्शन शानदार रहा। उन्होंने दो गोल्ड ग्लोब पुरस्कारों पर कब्जा जमाया है तथा चार के लिए नामित किए जा चुके हैं। 'डंब एंड डमर' को जबरदस्त कामयाबी मिली और उस फिल्म ने दुनिया भर में 270 मिलियन डॉलर की कमाई की। 'एस वेंचुरा : व्हेन नेचर कॉल्स' ने उनकी भूमिका

की बदौलत दुनिया भर में शानदार प्रदर्शन किया और 212 मिलियन डॉलर की कमाई की। 1996 में आई उनकी फिल्म 'द केबल गाय' ने करीब 102 मिलियन डॉलर जुटाए, जबकि केरी को उनकी भूमिका के लिए 20 मिलियन डॉलर मिले।

डॉ. नॉरमैन बोरलॉग

(हरित क्रांति से 'करोड़ों जीवन बचानेवाले इनसान')

'हरित क्रांति के जनक' कहे जानेवाले डॉ. नॉरमैन बोरलॉग का जन्म आयोवा के एक फार्म में 25 मार्च, 1914 को हुआ था। बोरलॉग ने 1942 में मिनेसोटा यूनिवर्सिटी से प्लांट पैथोलॉजी (वनस्पति रोग विज्ञान) और जेनेटिक्स में पी-एच.डी. की। बोरलॉग का लक्ष्य गेहूँ की एक ऐसी किस्म विकसित करना था, जिससे दुनिया भर में भूख, अकाल और कष्ट को दूर किया जा सके। तीस वर्षों से भी अधिक समय तक बोरलॉग मेक्सिको, भारत, पाकिस्तान तथा अन्य कई देशों के वैज्ञानिकों के साथ मिलकर गेहूँ की नई नस्लों को विकसित करने और फसल प्रबंधन पद्धति में सुधार के लिए काम करते रहे। 'हरित क्रांति' के नाम से मशहूर इन प्रयासों ने दुनिया भर में कृषि उत्पादन के क्षेत्र की दशा और दिशा बदल दी।

ऐसा माना जाता है कि बोरलॉग ने अपने कार्यों से हरित क्रांति लाकर दुनिया भर में किसी भी अन्य इनसान की तुलना में सबसे अधिक लोगों की जान बचाई। पूरी लगन और धुन के साथ काम करते हुए बोरलॉग ने अपने जीवनकाल में, "कृषि शोध की विभिन्न धाराओं को एक साथ लाकर व्यावहारिक तकनीक में बदला तथा राजनीतिक नेतृत्व को इस बात के लिए सहमत किया कि वे इन उपलब्धियों को फलीभूत करने में अपना योगदान दें।"

दुनिया भर के भूखे लोगों का पेट भरने की दिशा में अपने महत्त्वपूर्ण योगदान के लिए 1970 में बोरलॉग को 'नोबेल शांति पुरस्कार' से सम्मानित किया गया। 'नोबेल शांति पुरस्कार' के अलावा बोरलॉग को 'कांग्रेशनल गोल्ड मेडल' और 'पद्म विभूषण' (भारत का दूसरा सर्वोच्च नागरिक सम्मान) समेत अन्य कई पुरस्कार भी मिले। अमेरिकी लेखक और पत्रकार ग्रेग ईस्टरब्रुक के अनुसार, "अपने ही वतन में गुमनाम रहनेवाले नॉरमैन बोरलॉग को दुनिया भर में इस युग के महान् अमेरिकियों में से एक माना जाता है।"

बोरलॉग की मृत्यु लिम्फोमा नाम की बीमारी से 12 सितंबर, 2009 को पंचानबे वर्ष की आयु में हो गई।

जॉन गोडार्ड

(मानवविज्ञानी, साहसी और 'विश्व के महानतम लक्ष्य प्राप्तकर्ता')

साहसी और खोजी जॉन गोडार्ड जब पंद्रह वर्ष के थे, तब वह अपने घर के किचन की टेबल पर बैठ गए और उन 127 लक्ष्यों की लिस्ट बनाई, जिन्हें वह हासिल करना चाहते थे। उन्होंने इस लंबी लिस्ट को 'माइ लाइफ लिस्ट' नाम दिया। गोडार्ड ने यह लिस्ट इस कारण बनाई, क्योंकि वह बुजुर्गों को यह अफसोस जताते हुए सुनते थे कि वे ऐसे काम नहीं कर सके, जो करना चाहते थे। इसलिए उन्होंने तय किया कि वह साहस और रोमांच से भरा जीवन जिएँगे, ताकि उन्हें कोई मलाल न रह जाए।

गोडार्ड का जन्म यूटा के साल्ट लेक सिटी में 29 जुलाई, 1924 को हुआ था, और जब वह छोटे ही थे, तब उनका परिवार वहाँ से लॉस एंजिल्स चला आया। द्वितीय विश्वयुद्ध के दौरान अमेरिकी आर्मी एयर फोर्स (यू.एस.ए.एफ.) में सेवा करने के बाद गोडार्ड ने अपनी लिस्ट में से चुन-चुनकर एक के बाद एक लक्ष्य का पीछा करना शुरू कर दिया। उस सूची में से उन्होंने जिन प्रमुख लक्ष्यों को हासिल किया, वे इस प्रकार हैं—

वह मानव इतिहास के पहले व्यक्ति थे, जिन्होंने 4,160 मील की लंबाई के साथ विश्व की सबसे लंबी नील नदी को तथा विश्व की सबसे गहरी कॉन्गो नदी की 2,920 मील की एक छोर से दूसरे छोर तक की दूरी कयाक यानी कश्ती से तय की। उन्होंने विश्व के बारह सबसे ऊँचे पर्वतों पर भी चढ़ाई की, जिनमें टर्की का माउंट अराफात, न्यूजीलैंड का माउंट कुक, मेक्सिको का माउंट पोपोकेटेपेटल और तंजानिया का माउंट किलिमंजारो शामिल हैं।

उनकी कुछ अन्य उपलब्धियों में बाँसुरी और वायलिन वादन, पैराशूट जंपिंग, वाटर और स्नो स्कीइंग तथा पाँच मिनट में एक मील की दौड़ पूरी करना शामिल हैं। अपने हैरतअंगेज कारनामों के दौरान गोडार्ड पर कभी भयंकर दरियाई घोड़ों और मगरमच्छों ने हमला किया, जहरीले साँपों ने काटा, हाथियों और गैंडों ने खदेड़ा, मिस्र की नदी में लूट-पाट करनेवाले बदमाशों ने गोली चलाई तथा आदिवासियों की भीड़ ने पत्थरों से मारा। इतना ही नहीं, वह विमान हादसे से भी जीवित बचकर निकले तो एक बार भूकंप में फँस गए और दो बार डूबते-डूबते बचे।

अनेक रुकावटों और चुनौतियों के बावजूद गोडार्ड ने 17 मई, 2013 को सत्तासी वर्ष की आयु में अंतिम साँस ली, लेकिन उससे पहले वे अपने 127 में से

120 लक्ष्यों को पूरा कर चुके थे। ऐसे लक्ष्य, जिन्हें वे पूरा नहीं कर सके, उनमें माउंट एवरेस्ट पर विजय पाना और चंद्रमा पर कदम रखना शामिल थे।

गोडार्ड अपने साहसी अभियानों को कैमरे में कैद कर लेते थे और दुनिया भर में लोगों को उन्हें इस उद्देश्य से दिखाते थे, ताकि वे भी अपने लक्ष्य निर्धारित करें और उन्हें हासिल कर सकें। उन्होंने दो पुस्तकें भी लिखीं, 'द सरवाइवर' और 'कयाक्स डाउन द नाइल'। जीवन में उनका आदर्श वाक्य था, "टू डेयर इज टू डू टू फियर इस टू फेल" (हिम्मत किसी काम को करने में है, भय से तो विफलता ही मिलती है)।

फ्लोरेंस चाडविक

(दोनों तरफ से इंग्लिश चैनल को तैरकर पार करनेवाली पहली महिला)

फ्लोरेंस चाडविक एक अमेरिकी तैराक थीं, जिनका लक्ष्य था कि वह तेईस मील की चौड़ाई वाले इंग्लिश चैनल को दोनों तरफ से तैरकर पार करें। 9 नवंबर, 1918 को जनमी चाडविक, कैलिफॉर्निया के एक पुलिस अधिकारी की बेटी थीं। वह जब महज छह वर्ष की थीं, तभी से तैराकी प्रतियोगिताओं में भाग लेना शुरू कर दिया था। चाडविक को इंग्लिश चैनल तैरकर पार करने की प्रेरणा गर्टरूड एडरले से मिली, जो 1926 में इंग्लिश चैनल को तैरकर पार करनेवाली पहली महिला थी। चाडविक ने तय किया कि वह एडरले के रिकॉर्ड को तोड़ेंगी और चैनल को दोनों तरफ से—यानी फ्रांस से इंग्लैंड की तरफ और फिर इंग्लैंड से फ्रांस की तरफ तैरकर पार करनेवाली पहली महिला बनेंगी।

अपने लक्ष्य को पूरा करने के लिए चाडविक ने फारस की खाड़ी में उफान भरे समंदर में तैरने का अभ्यास करना शुरू किया। उस दौरान वह सऊदी अरब में अरबियन अमेरिकन ऑयल कंपनी के लिए काम कर रही थीं। वह काम के दिनों में दफ्तर जाने से पहले और बाद में तैराकी करती थीं, जबकि सप्ताहांत और छुट्टी के दिनों में हर दिन दस घंटे तक अभ्यास करती थीं। जून 1950 में चाडविक ने अपनी नौकरी से इस्तीफा दे दिया और चैनल में तैराकी का अभ्यास करने के लिए फ्रांस चली आईं।

दो वर्षों तक जबरदस्त अभ्यास के बाद 8 अगस्त, 1950 को चाडविक ने फ्रांस के कैप ग्रिस-नेज से इंग्लैंड के डोवर तक की दूरी को तेरह घंटे और बीस मिनट में पार कर एक नया विश्व रिकॉर्ड बनाया। उन्होंने गर्टरूड एडरले के चौदह घंटे, उनतालीस मिनट और चौबीस सेकंड के कीर्तिमान को ध्वस्त किया। 11 सितंबर,

1950 को चाडविक ने इंग्लैंड के डोवर से फ्रांस के सांगयाट की तरफ तैरना शुरू किया और सोलह घंटे बाईस मिनट में उस दूरी को पार कर एक विश्व रिकॉर्ड बना दिया। इस उपलब्धि को हासिल कर चाडविक इंग्लिश चैनल को दोनों दिशाओं से पार करनेवाली पहली महिला बन गईं।

चाडविक ने इंग्लैंड से फ्रांस की दिशा में इंग्लिश चैनल को दो बार और तैरकर पार किया तथा दोनों ही बार वर्ल्ड रिकॉर्ड बनाया। 4 सितंबर, 1953 को उन्होंने चौदह घंटे और बयालीस मिनट का पुरुषों और महिलाओं के वर्ग का एक नया विश्व रिकॉर्ड बनाया। अपने ही रिकॉर्ड को उन्होंने 12 अक्तूबर, 1955 को ध्वस्त किया, जब इंग्लिश चैनल को तेरह घंटे पचपन मिनट में तैरकर पार कर लिया। चाडविक कैलिफॉर्निया चैनल के इक्कीस मील की दूरी को भी पार करनेवाली पहली महिला थीं। उन्होंने सितंबर 1952 में कैटालिना द्वीप से कैलिफॉर्निया तट पर स्थित पालोस वर्डे तक तैराकी की। कैलिफॉर्निया चैनल को तेरह घंटे, सैंतालीस मिनट और पचपन सेकंड में पार कर चाडविक ने सत्ताईस साल पुराने रिकॉर्ड को दो घंटे से भी अधिक के फासले से ध्वस्त कर दिया।

15 मार्च, 1995 को छिहत्तर वर्ष की आयु में चाडविक की मृत्यु लेकिमिया (एक प्रकार का पांडु रोग) की बीमारी से कैलिफॉर्निया के सैन डिएगो में हो गई।

मुस्तफा कमाल अतातुर्क

(तुर्की गणराज्य के संस्थापक और पहले राष्ट्रपति)

19 मई, 1881 को जनमे तुर्की गणराज्य के संस्थापक और पहले राष्ट्रपति, मुस्तफा कमाल अतातुर्क एक करिश्माई नेता और एक महान् व्यक्ति थे। उन्होंने तुर्की के राष्ट्रवादी मुक्ति संग्राम का नेतृत्व किया और पुराने ओटोमन वंश का समापन कर 1923 में तुर्की गणराज्य की स्थापना की।

राष्ट्रपति अतातुर्क का लक्ष्य तुर्की को एक आधुनिक देश बनाना था। इस लक्ष्य की प्राप्ति के लिए उन्होंने अनेक राजनीतिक, आर्थिक तथा सांस्कृतिक सुधारों की शुरुआत की, जिससे कि पुराने पड़ चुके ओटोमन साम्राज्य को एक आधुनिक, धर्मनिरपेक्ष, लोकतांत्रिक देश बनाया जा सके, जहाँ कानून का राज हो। उनके साथ ही अन्य बुद्धिजीवियों ने उस देश को आधुनिक बनाने के लिए तमाम तत्कालीन उपायों पर विचार किया तथा पश्चिमी देशों की सरकारों द्वारा लागू की गई अधिकांश प्रणालियों को एक मॉडल के रूप में अपनाया। साथ ही, अपने देश

की जरूरतों के मुताबिक सुधारों को भी लागू किया। वे मानव अधिकारों और ज्ञान को बढ़ावा देना चाहते थे, विशेष रूप से उन गरीब और उपेक्षित लोगों के लिए जो ग्रामीण इलाकों में रहते थे।

जनवरी 1923 से लेकर 1938 में अपनी मृत्यु तक, तुर्की के राष्ट्रपति पद पर पंद्रह वर्षों तक रहने के दौरान, अतातुर्क ने राजनीतिक, सामाजिक, कानूनी, आर्थिक तथा सांस्कृतिक क्षेत्रों में आमूल-चूल परिवर्तन करनेवाले व्यापक सुधारों को तेजी और प्रभावी ढंग से लागू किया। इनमें अरबी अक्षरों की जगह लैटिन अक्षरों का प्रयोग, ग्रेगोरियन कैलेंडर की शुरुआत के साथ ही समकालीन जीवनशैली, आधुनिक समाज और एक पूर्णतया स्वतंत्र धर्मनिरपेक्ष देश को बढ़ावा देना भी शामिल था। अतातुर्क ने देश का औद्योगिकीकरण भी कर दिया। सरकारी फैक्टरियाँ लगाईं और रेलवे का जाल बिछा दिया। यही नहीं, उसने ऐसे कानून पारित कराए जो पुरुषों और महिलाओं को समान अधिकार देते थे। उदाहरण के लिए, उन्होंने महिलाओं के नकाब पहननेवाले कानून को समाप्त कर दिया तथा महिलाओं को वोट देने का अधिकार दिया। उन्होंने संसदीय और सहभागी लोकतंत्र की प्रक्रिया की भी शुरुआत की।

इन असाधारण और नए प्रशासनिक उपायों से अतातुर्क अपने देश के प्रति उसके नागरिकों के मन में गर्व की भावना को फिर से जगाने और तुर्की को आधुनिक जगत् के साथ जोड़ने में सफल हुए। अतातुर्क की तुर्की राष्ट्रीय संप्रभुता की इच्छा, जैसा कि अतातुर्क ने कहा था, 'द स्टेट ऑफ द पीपुल' के प्रति समर्पित थी। 1933 में अतातुर्क ने कहा, ''मैं इस विश्व के प्रति खुले दिल से देखता हूँ, जिसमें निश्छल और दोस्ती की भावना है।''

अतातुर्क को एक ऐसे महान् नेता के रूप में देखा जाता था, जो मानवता के सिद्धांतों और मानवता की एकता की दृष्टि का समर्थन करते थे। विंस्टन चर्चिल, फ्रैंकलिन डी. रूजवेल्ट, जवाहरलाल नेहरू, चार्ल्ड डी. गॉल और जॉन एफ केनेडी जैसे दुनिया भर के राजनेताओं ने उनके प्रति अपनी शानदार श्रद्धांजलि अर्पित की है।

अतातुर्क की मृत्यु 10 नवंबर, 1938 को सत्तावन वर्ष की आयु में हो गई।

ली कुआन यू

(सिंगापुर के पहले प्रधानमंत्री)

ली कुआन यू (जन्म : 16 सितंबर, 1923)को आधुनिक सिंगापुर का जनक कहा जाता है। वह उस देश के पहले प्रधानमंत्री थे, जिन्होंने जून 1959 से नवंबर

1990 तक, तीन दशकों तक शासन किया। सिंगापुर के पास प्राकृतिक संसाधन पर्याप्त नहीं थे, लेकिन ली जब प्रधानमंत्री बने तो उनका लक्ष्य सिंगापुर को वित्तीय और औद्योगिक पावरहाउस बनाना था।

1965 में जब सिंगापुर मलेशिया से अलग होकर एक स्वतंत्र देश बना, तब ली ने सिंगापुर पर पूरी सख्ती, अनुशासन और दृढ़ता के साथ शासन किया। उन्होंने धार्मिक सहिष्णुता और नस्लीय सद्भाव को बनाए रखा तथा अर्थव्यवस्था को विकसित करने पर अपना ध्यान केंद्रित किया। सिंगापुर की आबादी बहुत कम थी, इलाका सीमित था और उसके पास प्राकृतिक संसाधन नहीं थे, फिर भी ली ने यह माना कि सिंगापुर के पास एकमात्र संसाधन उसके लोग और काम के प्रति उनका समर्पण है।

प्रधानमंत्री के तौर पर अपने पहले कार्यकाल में ली ने एक पंचवर्षीय योजना शुरू की। उस योजना का जोर शहरों को नया जीवन देने, लोगों के लिए नए घर बनाने, महिलाओं को ज्यादा अधिकार देने, शैक्षणिक सुधार तथा औद्योगिकीकरण पर था। उन्होंने सिंगापुर को तैयार उत्पादों के एक प्रमुख निर्यातक देश में बदलने और प्रत्यक्ष विदेशी निवेश आकर्षित करनेवाली योजना भी शुरू की। अपने करिश्माई और प्रेरणादायी नेतृत्व से ली ने देश को पूरी कुशलता से चलाया और समस्त देशवासियों के लिए जीवन का एक उच्च स्तर तथा उनकी समृद्धि सुनिश्चित की। 1980 के दशक तक सिंगापुर की प्रति व्यक्ति आमदनी पूरे पूर्वी एशिया में जापान के बाद दूसरे नंबर पर थी।

एक दक्ष प्रशासक के रूप में ली सिंगापुर को एक अपेक्षाकृत अज्ञात देश से एशियाई टाइगर बनाने में कामयाब रहे। ली की कामयाबी इतनी प्रभावी और शानदार थी कि दुनिया भर के कई नेताओं ने उनकी जबरदस्त सराहना की। पूर्व अमेरिकी राष्ट्रपति जॉर्ज एच.डब्ल्यू. बुश ने कहा, ''ली, दुनिया भर के नेताओं में से एक ऐसे सबसे तेज और प्रभावी नेता हैं, जिनसे मैं मिला हूँ।'' इसी प्रकार, पूर्व अमेरिकी राष्ट्रपति बिल क्लिंटन ने ली को एक असाधारण और महान् राजनेता कहा।

छिन्ना पिल्लै

(महिला सशक्तीकरण की समर्थक)

छिन्ना पिल्लै ने अपना जीवन भारत के तमिलनाडु राज्य के मदुरै के करीब एक छोटे-से गाँव की एक अनपढ़ लड़की के रूप में शुरू किया था। बचपन से लेकर अगले चालीस साल तक उन्होंने धान के खेतों में एक मजदूर के तौर पर काम

किया। किंतु इन मुश्किलों के बावजूद पिल्लै भारत की महिलाओं को राजनीतिज्ञों, सरकारी अफसरों, जमींदारों और साहूकारों के खिलाफ सशक्त करने में पूरी तरह सफल रहीं। एक वयस्क के रूप में पिल्लै का मूलमंत्र 'सादा जीवन उच्च विचार' और उनका लक्ष्य अपने समुदाय की गरीब और अशिक्षित महिलाओं के जीवन में सुधार लाना है।

अपने लक्ष्य को हासिल करने के लिए पिल्लै ने दस लोगों के एक समूह के प्रत्येक सदस्य से दस रुपए प्रति माह इकट्ठा करना शुरू किया, ताकि बारी-बारी से समूह के प्रत्येक सदस्य को कर्ज दिया जा सके। इस प्रक्रिया के कारण उस समूह के सदस्यों के सामने साहूकारों के जाल में फँसने की नौबत नहीं आती थी। बारी-बारी से मिलनेवाले पैसे की मदद से सदस्य कोई छोटा धंधा या कर्ज की छोटी जरूरतों को पूरा कर सकते थे। समय के साथ-साथ कर्ज देनेवाले छोटे समूह की सदस्यता बढ़ती चली गई। 2013 की बात करें तो भारत के नौ राज्यों में फैले कालनजीयम (तमिल भाषा में, जिसका अर्थ 'समृद्धि' होता है) नाम के इस समूह की सदस्यता चार लाख की संख्या को पार कर गई है।

पिल्लै ने अपनी नई बैंकिंग प्रणाली से गरीब महिलाओं को यह सिखाया कि वे कैसे स्वतंत्र, आत्मनिर्भर और आर्थिक रूप से मजबूत हो सकती हैं। अपने समुदाय के बीच बैंकिंग प्रणाली से जुड़ी जबरदस्त उपलब्धि की वजह से पिल्लै को भारत की महिलाओं का रोल मॉडल माना जाता है।

माइक्रो क्रेडिट की अपनी अवधारणा के अलावा पिल्लै ने सामुदायिक समस्याओं का हल भी सुझाया है और महिलाओं के अधिकारों की लड़ाई लड़ी है। उदाहरण के लिए, जब उनके गाँव के शक्तिशाली जमींदारों ने मछलियों के धंधे में एकाधिकार जमाया तो उन्होंने इसका विरोध पुरजोर तरीके से किया। स्थानीय प्रशासकों की मदद से मछलियों के उत्पादन का जरिया उनके गाँव की महिलाओं की आमदनी का एक और अच्छा स्रोत बन गया। भारतीय महिलाओं के प्रति अपने उल्लेखनीय योगदान के लिए पिल्लै को 'माता जीजाबाई स्त्री शक्ति' पुरस्कार दिया गया। पुरस्कार देने के समारोह में, भारत के तत्कालीन प्रधानमंत्री अटल विहारी वाजपेयी ने पिल्लै के पैर छुए और सामाजिक क्षेत्र में शानदार कार्य के लिए अपना आदर और आभार जताया।

आप भी अपने लक्ष्य तय कर सकते हैं

• जीवन में आप जो कुछ चाहते हैं, उन्हें याद कीजिए और फिर लिख

लीजिए। उदाहरण के लिए—आप अपने व्यक्तित्व या व्यवहार में परिवर्तन करना चाहते होंगे, या फिर अपने आत्मविश्वास को बढ़ाना, वजन कम करना, जबरदस्त पढ़ाकू बनना, उपन्यासकार बनना, वाद्य यंत्रों को बजाना या नई भाषाओं को सीखना चाहते होंगे।

- अपने लक्ष्यों को स्मार्ट (SMART) लक्ष्यों के अनुसार लिख लीजिए। S—specific (विशिष्ट), M—measurable (मापने योग्य), A—achievable (प्राप्त करने योग्य), R—realistic (वास्तविक) और T—time bound (समयबद्ध) लक्ष्य। उन्हें सकारात्मक आत्म-कथन के रूप में होना चाहिए।
- अपने लक्ष्यों को इस प्रकार लिखें जैसे आप कह रहे हों कि मैं ये करूँगा और वह वर्तमान काल में होना चाहिए।
- अपने लक्ष्यों की कल्पना एकदम स्पष्ट रूप में कीजिए, ताकि आपके लिए यह महसूस करना आसान हो जाए कि उन लक्ष्यों को प्राप्त कर आपको कैसा लगेगा। ल्यू टाइस ने अपनी किताब 'स्माल टॉक' में कहा भी है, "आप अपने लक्ष्य की कल्पना इतनी करीब से करें कि आप अपने आपको उसमें देख सकें।"
- अपने लक्ष्य के पूरा हो जाने के बाद आपको क्या-क्या फायदे होंगे, इस बारे में सोचिए और उन्हें लिख दीजिए।
- प्रत्येक लक्ष्य को प्राप्त करने के लिए कार्य-योजना तैयार करें। आगे चलकर अपने रास्ते में आनेवाली अड़चनों और रुकावटों की पहचान करें और उन्हें लिख लें। अब इन रुकावटों को दूर करने के उपायों पर विचार कीजिए और उन्हें भी लिख लीजिए। अतिरिक्त कौशल, ज्ञान और उन संसाधनों की पहचान कीजिए, जिनकी आपको जरूरत पड़ेगी। उन लोगों की लिस्ट भी बना लीजिए, जिनकी मदद आपको लेनी पड़ सकती हैं।
- अपने मजबूत पक्ष की पहचान करें और उसे और भी मजबूत करने पर ध्यान केंद्रित करें। अपनी क्षमता को और बेहतर करने के लिए थोड़ा और समय, एकाग्रता, ऊर्जा और संसाधन लगाएँ।
- हर दिन क्या करना है, इसकी एक सूची बनाएँ। हर दिन के आखिर में या तो दफ्तर छोड़ने से पहले या फिर सोने से पहले, उन कार्यों की लिस्ट बना लें कि अगले दिन क्या करना है। अगली सुबह उस लिस्ट को देखें

और सबसे पहली प्राथमिकता वाले कार्य को तब तक कीजिए, जब तक कि वह पूरा न हो जाए। उस कार्य के पूरा होने के बाद, अगले कार्य की ओर बढ़ें और फिर उसके बाद के कार्य की तरफ। अगर कुछ काम उस दिन पूरा न हो पाएँ, तो उन्हें अगले दिन की लिस्ट में डाल दें।

- अपने लक्ष्यों को गुप्त रखें। उन पर केवल उन लोगों से ही चर्चा करें, जिन पर आपको पूरा भरोसा है और जो लक्ष्य की प्राप्ति में आपका हौसला बढ़ाएँगे।
- अपने लक्ष्यों को प्राप्त करने की दिशा में होनेवाली प्रगति की समीक्षा हर हफ्ते दो-चार बार अवश्य करें। यह पता लगाएँ कि आप अपने लक्ष्यों को पूरा करने के करीब हैं या नहीं, और आवश्यकता पड़ने पर सुधार के कदम उठाएँ।

□

3

सफल लोग समर्पित होते हैं

''अगर मैं एक महीने तक अभ्यास न करूँ तो दर्शकों को समझने में देर नहीं लगेगी। अगर मैं एक हफ्ते तक अभ्यास न करूँ, तो मेरी बीवी पकड़ लेगी। अगर मैंने एक दिन अभ्यास नहीं किया तो मैं अपनी कमी को समझ जाऊँगा।''

—फ्रिट्ज क्रिएस्टर

''समर्पण : उन कामों करने की इच्छा को जो दूसरे नहीं करेंगे, ताकि उन चीजों को हासिल कर सकें, जिन्हें दूसरे नहीं कर सकेंगे।''

—डॉ. क्रेफ्लो डॉलर

सफल लोग अपने लक्ष्यों को प्राप्त करने के लिए पूरे मन से समर्पित रहते हैं। उनकी लगन और समर्पण के कारण उनके अंदर उन लक्ष्यों को हासिल करने की एक ऐसी आग होती है जो उन्हें दृढ़प्रतिज्ञ बनाती है। उनके अंदर एक गहरा संकल्प और कभी विचलित न होनेवाला समर्पण होता है। वे यह भी जानते हैं कि अपने लक्ष्यों को प्राप्त करने के लिए उनका समर्पित बने रहना अत्यंत महत्त्वपूर्ण है। अपनी लगन के कारण ही वे उन लोगों को पीछे छोड़ देते हैं, जिनके पास अधिक कुशलता होती है; लेकिन समर्पण में कमी होती है। उनमें एक जोश भी दिखता है, जो सफलता के लिए एक आवश्यक तत्त्व होता है।

अपने चुने गए कार्य के प्रति पूर्ण समर्पण के कारण ही सफल लोग शारीरिक कष्ट, विफलताओं, अस्वीकृत और अपमानित किए जाने की स्थिति का सामना करने के लिए तैयार रहते हैं। फ्लोरेंस नाइटेंगल, मदर टेरेसा, महात्मा गांधी, डॉ. मार्टिन लूथर किंग जूनियर तथा अन्य सफल लोगों का जीवन यह दिखाता है

कि वे अपनी प्रतिबद्धता को पूर्ण करने के लिए कितने ही कष्ट झेल सकते हैं और त्याग कर सकते हैं।

समर्पित लोगों के कुछ सामान्य गुण

- **वे दृढ़संकल्प और समर्पित होते हैं।** उनके अंदर अपने लक्ष्यों की पूर्ति के लिए गहरी प्रतिबद्धता और कभी न डिगनेवाला समर्पण होता है। उच्च स्तर का प्रदर्शन लगातार करने के लिए वे अपना ध्यान पूरी तरह अपने लक्ष्यों पर केंद्रित रखते हैं। वे जानते हैं कि अपने लक्ष्यों की प्राप्ति के प्रति समर्पित रहना और अपने सपनों को पूरा करना महत्त्वपूर्ण है। उन लक्ष्यों के प्रति उनकी लगन उन्हें समर्पित, प्रतिबद्ध, सकारात्मक और प्रभावी बनाती है।
- **वे सारे आवश्यक कदम उठाते हैं।** एक बार वे अपना लक्ष्य तय कर लेते हैं, तो फिर जो भी आवश्यक कदम होते हैं, उन्हें वे उठाते हैं। उनके अंदर अपना प्रदर्शन एक स्तर पर लगातार बनाए रखने और फैसलों के प्रति समर्पित रहने के लिए एक आत्म-अनुशासन होता है।
- **वे विफलताओं और झटकों से नहीं घबराते।** उनके अंदर की आग किसी ईंधन के समान उन्हें इतनी ऊर्जा और गतिशीलता प्रदान करती है कि वे विफलताओं, पराजय और झटकों के बावजूद अपने लक्ष्य की ओर बढ़ते रहें।
- **वे अपने कौशल को बढ़ाते हैं।** व्यक्तिगत उत्कृष्टता और अपनी क्षमता का सही उपयोग करने के लिए वे जीवन भर सीखने में जुटे रहते हैं। वे अपने मौजूदा कौशल को बेहतर बनाते हैं और निरंतर नए कौशल प्राप्त करते हैं। निरंतर सीखने की प्रक्रिया में, वे प्रतिदिन कम-से-कम एक घंटे का समय अपने क्षेत्र से जुड़े विषयों या बिंदुओं के अध्ययन पर लगाते हैं। वे जिन चीजों के प्रति लगाव रखते हैं, उनके विषय में अपने आपको शिक्षित करते हैं। यही नहीं, प्रेरणा प्राप्त करने के लिए वे उस विषय के प्रति लगाव रखनेवाले लोगों से भी जुड़ते हैं। वे अपने क्षेत्र के आदर्श लोगों के गुणों को अपनाते हैं और उनकी ही तरह अपना सर्वश्रेष्ठ प्रदर्शन करना चाहते हैं।
- **वे उत्साही होते हैं।** उनके अंदर उत्साह होता है, जो सफलता का एक महत्त्वपूर्ण तत्त्व है। उनका उत्साह दूसरों को भी उत्साहित कर देता है,

और जैसा कि शिव खेड़ा ने अपनी किताब 'यू कैन विन' में लिखा है, "उनके उत्साह से आत्मविश्वास बढ़ता है, मनोबल ऊँचा होता है, स्वामिभक्ति बढ़ती है और वह अनमोल होता है।" अपने समर्पण के कारण वे उस काम को अधिक समय देते हैं, जो उन्हें करना अच्छा लगता है और जिसके कारण वे कम समय में अधिक काम कर लेते हैं।

- **वे कीमत चुकाने के लिए तैयार रहते हैं।** चाहे कितना ही समय क्यों न लगे या रास्ते में कैसी भी रुकावटें क्यों न हों, वे अपने लक्ष्य की पूर्ति के लिए हर संभव कीमत चुकाने के लिए तैयार रहते हैं।
- **वे भय को पराजित करते हैं।** अपने चुने गए लक्ष्य के प्रति प्रबल प्रतिबद्धता के कारण वे विफलता, अस्वीकृति, अपमान और किसी अज्ञात विषय को लेकर पैदा होनेवाले भय को पार कर लेते हैं। चूँकि वे आत्म-अनुशासन की सहायता से इस प्रकार की आशंकाओं पर विजय पा लेते हैं, इसलिए उनमें अपनी इच्छाओं और लक्ष्यों को प्राप्त करने का आत्मविश्वास बढ़ जाता है।

प्रतिबद्धता रखनेवाले सफल लोगों के उदाहरण—

फ्लोरेंस नाइटेंगल

(अंग्रेज समाजसुधारक और आधुनिक नर्सिंग की संस्थापिका)

आधुनिक नर्सिंग की संस्थापिका, समाजसुधारक और सांख्यिकीविद् नाइटेंगल का जन्म 12 मई, 1820 को इटली के फ्लोरेंस में हुआ था। अपने शहर के नाम पर अपना नाम पानेवाली नाइटेंगल का संबंध ब्रिटेन के एक धनी, उच्चवर्गीय और सुसंबद्ध परिवार से था। उन्हें अपनी शुरुआती पारंपरिक शिक्षा अपने पिता से मिली। उन्होंने जर्मन, फ्रेंच और इतालवी भाषा की शिक्षा ग्रहण की।

बचपन में ही नाइटेंगल परोपकार के कार्यों और अपने पड़ोस के गाँव में गरीब और बीमार लोगों की सेवा में जुट गईं। सोलह वर्ष की आयु में उन्हें यह एहसास हुआ कि उन्हें नर्सिंग का पेशा अपनाना चाहिए और उन्होंने मरीजों की देखभाल के प्रति अपने आपको समर्पित कर दिया। उन्होंने जब अपने माता-पिता को बताया कि वह एक नर्स बनना चाहती हैं, तो उन्होंने उसका विरोध किया; क्योंकि उच्च वर्गों में उन दिनों नर्सिंग को निचले दर्जे का और तुच्छ काम समझा जाता था। हालाँकि

अपने माता-पिता के विरोध के बावजूद नाइटेंगल ने तय कर लिया कि वह नर्सिंग को ही अपनाएँगी। 1851 में उन्होंने जर्मनी के कैसरबर्ग स्थित लुथेरन अस्पताल में नर्सिंग की एक छात्रा के रूप में दाखिला लिया। ट्रेनिंग के बाद वह अपने घर लौटीं और लंदन, एडिनबर्ग तथा डब्लिन के अस्पतालों में जाना शुरू किया। 1853 में वह बीमार भद्र स्त्रियों के अस्पताल की सुपरिंटेंडेंट बन गईं।

मार्च 1854 में क्रीमिया युद्ध शुरू हो गया। ओटोमन साम्राज्य पर रूसी कब्जे के विरुद्ध ब्रिटिश साम्राज्य ने युद्ध छेड़ रखा था। 1854 तक सैन्य अस्पतालों में अठारह हजार से अधिक सैनिक भर्ती हो चुके थे। पर्याप्त चिकित्सा सुविधाओं की कमी के कारण युद्ध में लड़ते हुए घायल होनेवाले ब्रिटिश सैनिकों की देखरेख में कमी और उनके कष्ट की खबरों से ब्रिटेन में लोग भड़क गए। रक्षा मंत्री सिडनी हरबर्ट ने नाइटेंगल से कहा कि वह नर्सों के एक कोर का गठन करें, जो बीमार और घायल सैनिकों की देखरेख कर सके। उन्होंने फौरन चौंतीस नर्सों की एक टीम को इकट्ठा किया और कुछ ही दिनों के भीतर उनके साथ जहाज से क्रीमिया रवाना हो गईं।

कॉन्सटैंटिनोपल के स्कूटारी में ब्रिटिश बेस अस्पताल की हालत देखकर नाइटेंगल और उनकी नर्सों की टीम हैरान रह गई। वहाँ न साबुन थे, न तौलिए, कपड़े या पानी रखने के ही बरतन। घायल सैनिक अपनी वर्दी में ही गंदगी के बीच पड़े थे और उनके चारों तरफ चूहे और कीड़े घूम रहे थे। अधिकांश सैनिकों की मौत युद्ध में घायल होने की बजाय टायफायड और हैजा जैसे संक्रामक रोगों के कारण हो रही थी।

अस्पताल के हालात को देखकर हतप्रभ और व्यथित होने के बाद नाइटेंगल और उनकी टीम ने अपना काम शुरू कर दिया। नाइटेंगल ने रगड़कर सफाई करनेवाले ब्रश का इंतजाम किया और कम बीमार मरीजों से कहा कि वे अस्पताल के अंदरूनी इलाकों को रगड़कर साफ करें। उनका पूरा दिन घायल सैनिकों की देखरेख में बीतने लगा। रात को वह हॉल के गलियारों से लैंप लेकर घूमती थीं। उनकी करुणा को देखकर सैनिकों को काफी सुकून मिलता था और इस कारण ही उन्हें 'लेडी विद द लैंप' कहा जाने लगा। उनके अथक प्रयासों का ही परिणाम था कि उस अस्पताल की मृत्यु दर 42 प्रतिशत से घटकर 2 प्रतिशत पर आ गई। अस्पताल में साफ-सफाई में सुधार के साथ ही, मरीजों की सेवा के स्तर में भी जबरदस्त सुधार आया। नाइटेंगल ने अस्पताल में एक 'निःशक्तों का किचन' बनाया, जहाँ उन मरीजों के लिए पोषक भोजन तैयार किया जाता था, जिन्हें विशेष आहार

लेने की सलाह दी गई थी। उन्होंने एक लाउंड्री भी शुरू की, जिसकी सहायता से मरीजों को साफ-सुथरे कपड़े और चादर दिए जाते थे, साथ ही एक क्लासरूम और एक लाइब्रेरी की भी स्थापना की।

नाइटेंगल 1856 में इंग्लैंड लौट गईं। 1860 में उन्होंने लंदन के सेंट थॉमस अस्पताल में नर्सों के लिए नाइटेंगल ट्रेनिंग स्कूल की स्थापना की। उन्होंने अस्पतालों के लिए नोट्स भी प्रकाशित किए, जिनमें इस पर जोर दिया गया कि कैसे नागरिक अस्पतालों का संचालन कुशलता से किया जाए। स्कूटारी में काम करने के दौरान नाइटेंगल क्रीमियन बुखार की शिकार हो गई थीं, जिससे वह कभी पूरी तरह ठीक नहीं हो सकीं। अड़तीस वर्ष की आयु आते-आते वह शय्याग्रस्त हो गईं और उनका जीवन बिस्तर पर ही बीता। इसके बावजूद, उन्होंने स्वास्थ्य सेवा में सुधार और मरीजों के कष्ट को दूर करने की दिशा में अपना काम पूरे समर्पण के साथ जारी रखा। नाइटेंगल की मृत्यु 13 अगस्त, 1920 को नब्बे वर्ष की आयु में हो गई।

मदर टेरेसा

(मिशनरीज ऑफ चैरिटी की संस्थापिका)

मदर टेरेसा का जन्म अग्नेसे गोंकशे बोजशियु के नाम से 26 अगस्त, 1910 को मेसेडोनिया गणराज्य के उस्कुब (उस समय उस्कुब को अस्किएब कहा जाता था, और वह ओटोमन साम्राज्य में स्थित था) में हुआ था। उनके माता-पिता अल्बानियाई मूल के थे। बचपन में अग्नेसे मिशनरियों के जीवन और भारत में उनके द्वारा की जा रही सेवा से अत्यंत प्रभावित थीं। बाहर वर्ष की आयु में उन्हें यह एहसास हुआ कि उन्हें एक धार्मिक व्यक्ति के रूप में अपना जीवन बिताना चाहिए तथा एक मिशनरी बनकर ईसा मसीह के प्रेम के संदेश का प्रचार-प्रसार करना चाहिए। अठारह वर्ष की आयु में अग्नेसे ने उस्कुब स्थित अपना घर छोड़ दिया और सिस्टर्स ऑफ लॉरेटो की सदस्य बन गईं, जो आयरिश समुदाय की ननों का एक समुदाय था, जो भारत में मिशनरी कार्य कर रहा था। आयरलैंड में लगभग एक वर्ष तक अंग्रेजी सीखने के बाद, वह 1929 में भारत पहुँचीं और हिमालय की वादियों में बसे दार्जिलिंग में प्रशिक्षण प्राप्त करना शुरू किया। अग्नेसे ने एक नन के तौर पर अपनी पहली शपथ 24 मई, 1931 को ली। उस समय अग्नेसे ने अपने लिए टेरेसा नाम का चुनाव किया।

मदर टेरेसा ने 1931 से 1948 तक भारत के कलकत्ता स्थित सेंट मेरी हाई

स्कूल में पढ़ाने का काम किया। इस दौरान, कलकत्ता में भयंकर गरीबी और लोगों के कष्ट को देखकर उनका मन बहुत व्यथित हुआ। मन में मची इस हलचल के कारण उन्होंने अपने वरिष्ठों से यह अनुमति माँगी कि वह कॉन्वेंट स्कूल को छोड़कर अपने आपको कलकत्ता की गंदी बस्तियों में रहनेवाले गरीबों में भी गरीब लोगों की सेवा के प्रति समर्पित कर सकें।

1948 में मदर टेरेसा ने अपना मिशनरी काम शुरू किया। वह एक भारतीय नागरिक बन गईं तथा बिहार के पटना स्थित होली फैमिली अस्पताल में बेसिक मेडिकल ट्रेनिंग प्राप्त की। इसके बाद कलकत्ता लौटकर उन्होंने वहाँ के स्लम में काम करना शुरू कर दिया। वहाँ उन्होंने बच्चों के लिए खुले आसमान के नीचे चलनेवाले एक स्कूल की शुरुआत की। जल्दी ही अनेक स्वयंसेवी उनके साथ जुड़ गए और आर्थिक मदद भी मिलने लगी। इन सबकी मदद से उन्होंने भूखे-नंगे लोगों की देखभाल का काम शुरू कर दिया।

अक्तूबर 1950 में मदर टेरेसा को वेटिकन ने उनकी अपनी संस्था मिशनरीज ऑफ चैरिटी शुरू करने की अनुमति दे दी। मिशनरीज और चैरिटी का लक्ष्य, उनके ही शब्दों में, ''भूखे, नंगे, बेघर, अपंग, अंधे, भिखारियों तथा उन सारे लोगों की सेवा करना था, जो समाज में उपेक्षित, दुत्कारे और ठुकराए गए महसूस करते हैं। ऐसे लोग जो समाज पर बोझ बन गए हैं और हर कोई उन्हें धिक्कारता रहता है।''

इसकी शुरुआत हालाँकि एक छोटे से संगठन के रूप में हुई, जिसमें केवल तेरह सदस्य थे, लेकिन 1997 तक मिशनरीज ऑफ चैरिटी का विस्तार इतना हो चुका था कि चार हजार से अधिक सिस्टर्स अनाथालय तथा एड्स पीड़ितों के लिए आश्रम चलाने के साथ ही दुनिया भर में प्राकृतिक आपदाओं से बेघर हुए शरणार्थियों को राहत पहुँचाने के काम में जुटी थीं। 2007 तक मिशनरीज और चैरिटी के दुनिया भर में लगभग चार सौ पचास ब्रदर्स और पाँच हजार सिस्टर्स थीं, जो छह सौ मिशनों, स्कूलों तथा एक सौ बीस देशों में राहत शिविरों की जिम्मेदारी सँभाल रहे थे।

मदर टेरेसा के काम की प्रशंसा दुनिया भर में की गई तथा उन्हें कई पुरस्कार और सम्मान दिए गए। 1979 में ''उन्हें दुनिया से गरीबी और दुःख को दूर करने के लिए, जो शांति के लिए खतरा भी हैं, उनके संघर्ष को देखते हुए 'नोबेल पुरस्कार' से सम्मानित किया गया।'' उन्हें कुछ अन्य पुरस्कार भी मिले, जिनमें पोप जॉन XXIII 'शांति पुरस्कार' (1971), भारत का सर्वोच्च नागरिक सम्मान, 'भारतरत्न'

(1980) तथा 'बालजन पुरस्कार' (1978) शामिल हैं।

मदर टेरेसा की मृत्यु 5 सितंबर, 1997 को सत्तासी वर्ष की उम्र में हुई।

महात्मा गांधी

(भारतीय स्वतंत्रता संग्राम के नेता)

महात्मा के नाम से आमतौर पर जाने जानेवाले मोहनदास करमचंद गांधी का जन्म 2 अक्तूबर, 1869 को गुजरात के पोरबंदर में हुआ था। अहिंसा को लेकर गांधी की प्रतिबद्धता ही थी, जिसने उसे ब्रिटिश उपनिवेशवाद के खिलाफ भारत की लड़ाई में एक शक्तिशाली साधन बनाया।

1893 में लंदन के इनर टेंपल लॉ कॉलेज से कानून की पढ़ाई पूरी करने के बाद गांधीजी दक्षिण अफ्रीका चले गए, जहाँ उन्होंने बीस वर्ष बिताए। उस दौरान, वे भारतीयों के खिलाफ भेदभाव को देखकर हैरान रह गए। प्रिटोरिया से रेल यात्रा के दौरान, जब उन्होंने एक गोरे यात्री के लिए अपनी सीट खाली करने से इनकार कर दिया, तो गोरे रेल अधिकारी ने उनकी पिटाई कर दी और उन्हें फर्स्ट क्लास बोगी से बाहर फेंक दिया। यह कड़वा अनुभव उनके जीवन में एक निर्णायक मोड़ साबित हुआ, और जल्द ही उन्होंने सत्याग्रह की अवधारणा को विकसित किया—(सत्य और दृढ़ता) या शांति से विरोध, जो अन्याय के विरुद्ध संघर्ष का एक अहिंसक तरीका है।

1914 में वे भारत लौटे और भारत के स्वतंत्रता संग्राम में शामिल हो गए। 1919 में उन्होंने उस रॉलेट ऐक्ट के विरोध में अहिंसक आंदोलन छेड़ दिया, जिसमें क्रांतिकारी क्रियाकलापों के दमन के लिए ब्रिटिश अधिकारियों को आपातकालीन शक्तियाँ देने का प्रावधान था। हिंसा भड़कने और पंजाब के अमृतसर में एक जनसभा में शामिल चार सौ से अधिक लोगों को अंग्रेज सैनिकों द्वारा गोलियों से भून दिए जाने के बाद उन्होंने इस आंदोलन को बीच में ही बंद कर दिया।

1919 से 1922 के 'सविनय अवज्ञा आंदोलन' के बाद, उन्हें दो साल तक राज-द्रोह के आरोप में जेल में बंद कर दिया गया। 1924 में जब भारत में हिंदू-मुसलिम दंगे भड़के, तब वे जेल की कोठरी में इक्कीस दिन लंबे उपवास पर बैठ गए। 1930 में उन्होंने एक नया 'सविनय अवज्ञा आंदोलन' शुरू किया, जिसे 'नमक सत्याग्रह' के नाम से जाना जाता है। यह आंदोलन अंग्रेजों द्वारा नमक पर टैक्स

लगाए जाने के विरोध में था। इस टैक्स का प्रभाव गरीब भारतीयों पर पड़ रहा था। इस आंदोलन से नमक पर सरकार के एकाधिकार का विरोध करने के लिए उन्होंने अपने समर्थकों के साथ साबरमती आश्रम से अरब सागर के तट तक लगभग दो सौ मील की पदयात्रा की थी तथा प्रतीकात्मक रूप से नमक इकट्ठा किया। 'नमक सत्याग्रह' ने जल्द ही राष्ट्रीय आंदोलन का रूप ले लिया, और हजारों लोग खुले पड़े नमक को इकट्ठा करने के लिए समुद्र तट की ओर बढ़ चले। उस समय भारतीयों द्वारा बनाया गया नमक ही देश भर में बिकता था। ब्रिटिश सरकार ने इस आंदोलन को कुचलने के लिए बड़े पैमाने पर गिरफ्तारियाँ कीं, जिसमें बिना सुनवाई गांधीजी को जेल में डाला जाना भी शामिल था। अंग्रेजों को जब यह एहसास हुआ कि वे इस आंदोलन को रोक नहीं सकते, तो हारकर ब्रिटिश वायसराय लॉर्ड इरविन ने भारतीयों को सीमित मात्रा में नमक बनाने का अधिकार दे दिया। गांधी ने इस फैसले को भारत की स्वतंत्रता की दिशा में पहली जीत माना।

1942 में उन्होंने अंग्रेजों के खिलाफ 'भारत छोड़ो' आंदोलन शुरू किया तथा सारे भारतवासियों का आह्वान किया कि वे आवश्यकता पड़े तो देश की स्वतंत्रता के लिए अपने प्राण भी न्योछावर कर दें। एक बार फिर ब्रिटिश सरकार ने दमन की कारवाई शुरू की और उन्हें दो वर्षों के लिए जेल में डाल दिया गया। देश भर में हिंदू-मुसलिम दंगों के कारण गृहयुद्ध की स्थिति को देखते हुए अंग्रेजों ने 15 अगस्त, 1947 को भारत की स्वतंत्रता का ऐलान कर दिया और एक मुसलिम देश के रूप में पाकिस्तान का निर्माण किया।

स्वतंत्र भारत में हिंदुओं और मुसलमानों के बीच देश भर में हो रही हिंसा को रोकने के लिए गांधीजी एक बार फिर 13 जनवरी, 1948 को उपवास पर बैठ गए। हिंदू और मुसलमान नेताओं को जब यह एहसास हुआ कि कमजोर और बूढ़े हो चुके गांधीजी का शरीर उपवास को झेल नहीं पाएगा, तब उन्होंने साथ मिलकर देश में जारी हिंसा को रोकने और शांति की स्थापना के लिए काम करने का फैसला किया। इस आश्वासन के बाद, उन्होंने पाँच दिनों बाद अपना उपवास तोड़ दिया। दुर्भाग्य से इस उपवास की समाप्ति के बारह दिनों बाद ही 30 जनवरी, 1948 को अठहत्तर साल के गांधीजी को एक युवा हिंदू उन्मादी, नाथूराम गोडसे, ने गोली मार दी (इससे पहले गांधी की हत्या के पाँच प्रयास विफल हो गए थे)।

डॉ. मार्टिन लूथर किंग जूनियर

(अफ्रीकी अमेरिकी नागरिक अधिकार आंदोलन के नेता)

बपतिस्मा करानेवाले और नागरिक अधिकार कार्यकर्ता, डॉ. मार्टिन लूथर किंग जूनियर का जन्म माइकल किंग जूनियर के रूप में 15 जनवरी, 1929 को जॉर्जिया के अटलांटा में हुआ था। उन्होंने जर्मन प्रोटेस्टेंट धार्मिक नेता मार्टिन लूथर से प्रभावित होकर उनके सम्मान में अपना नाम मार्टिन लूथर किंग जूनियर रख लिया। 1948 में मोरहाउस कॉलेज से समाजशास्त्र में डिग्री तथा 1951 में क्रोजर थियोलॉजिकल सेमिनरी से दिव्यता में स्नातक की डिग्री प्राप्त करने के बाद, किंग ने 1955 में छब्बीस वर्ष की आयु में बोस्टन यूनिवर्सिटी से धर्मशास्त्र में पी-एच.डी. की। 1954 में किंग अल्बामा के मोंटगोमरी स्थित डेक्सटर एवेन्यू बैप्टिस्ट चर्च में एक पादरी बन गए। अगले बारह वर्षों तक, यानी दिसंबर 1955 से लेकर 4 अप्रैल, 1968 को अपनी हत्या किए जाने तक, किंग अमेरिका में अफ्रीकी अमेरिकियों की समानता के लिए संघर्ष करते रहे। नागरिक अधिकारों के लिए आंदोलन चलाने के दौरान वह अपने ईसाई मत तथा महात्मा गांधी समेत अहिंसा का समर्थन करनेवाले अन्य महान् लागों से प्रभावित थे। किंग ने ही पहले अहिंसक मॉन्टगोमरी बस बायकॉट का नेतृत्व किया था। यह आंदोलन मॉन्टगोमरी की एक बस में 1 दिसंबर, 1955 को एक गोरे यात्री के लिए सीट खाली न करनेवाली एक अश्वेत महिला पार्क्स की गिरफ्तारी के विरुद्ध था। 382 दिनों तक मॉन्टगोमरी की बसों का अफ्रीकी अमेरिकियों द्वारा बहिष्कार किए जाने के बाद नवंबर 1956 में अमेरिका के सुप्रीम कोर्ट ने फैसला सुनाया कि परिवहन के साधनों में नस्लीय भेदभाव असंवैधानिक है। जनवरी 1957 में किंग ने चर्च के सदस्यों और नागरिक अधिकार कार्यकर्ताओं के साथ मिलकर, दक्षिणी ईसाई नेतृत्व सम्मेलन (SCLC) का गठन किया, जिसका उद्देश्य काले लोगों के चर्च को एकजुट करना तथा नागरिक अधिकारों में सुधार को बढ़ावा देने के लिए अहिंसक विरोध आयोजित करना था। इस संगठन का मूलमंत्र था—'किसी व्यक्ति के सिर का एक बाल भी बाँका न हो।' 1963 को किंग ने नागरिक अधिकार समूहों के एक गठबंधन का नेतृत्व किया। इसका उद्देश्य 'अमेरिका के सबसे भेदभावपूर्ण शहर' जॉर्जिया के बर्मिंघम में नस्लीय भेदभाव और अनुचित नीतियों के विरोध में धरना, प्रदर्शन और बहिष्कार का आयोजन करना था। इन अहिंसक अभियानों को कुचलने के लिए पुलिस ने बर्बरता के तरीके अपनाए तथा 12 अप्रैल, 1963

को किंग को गिरफ्तार कर लिया गया। 'बर्मिंघम जेल से लिखे पत्र' में किंग ने उस समय जो कुछ लिखा वह 'सविनय अवज्ञा' के समर्थन में नागरिक अधिकारों का घोषणा-पत्र बन गया। 28 अगस्त, 1963 को किंग तथा अनेक नागरिक अधिकार संगठनों और धार्मिक समूहों ने मिलकर 'नौकरी और स्वतंत्रता के लिए वॉशिंगटन में मार्च' का आयोजन किया। इस रैली में लगभग ढाई लाख लोगों ने हिस्सा लिया। इसने अमेरिका में अफ्रीकी अमेरिकियों के साथ हो रहे अन्याय को जाहिर कर दिया। इसी रैली में किंग ने अपने लोकप्रिय 'आई हैव अ ड्रीम' (मेरा एक सपना है) विषय पर भाषण दिया था। 'वॉशिंगटन चलो' की रैली को 1964 में नागरिक अधिकार कानून पारित किए जाने की दिशा में अत्यंत महत्त्वपूर्ण माना जाता है। इस कानून ने शिक्षा, परिवहन या सार्वजनिक आवासों में अफ्रीकी अमेरिकियों के साथ किसी भी प्रकार के भेदभाव को अवैध करार दे दिया। अगस्त 1965 में अमेरिकी कांग्रेस ने मताधिकार कानून पास किया, जिसने सभी अफ्रीकी अमेरिकियों को वोट देने का अधिकार दिया। यह कानून भी किंग द्वारा अलबामा में सेलमा से मॉन्टगोमरी तक मताधिकार की माँग के तहत निकाले गए मार्च का ही परिणाम था। 1964 में किंग पैंतीस वर्ष की आयु में 'नोबेल शांति पुरस्कार' पानेवाले सबसे युवा व्यक्ति बन गए। उसी वर्ष 'टाइम' मैगजीन ने किंग को 'मैन ऑफ द ईयर' घोषित किया। 4 अप्रैल, 1968 को महज उनतालीस वर्ष की आयु में किंग की हत्या कर दी गई। उस वक्त वह टेनेसी के मेंफिस में एक होटल की बालकनी में खड़े थे, जहाँ उन्हें सफाई कर्मचारियों की हड़ताल के समर्थन में हो रहे मार्च का नेतृत्व करना था।

प्रिंसेस डायना

(प्रिंसेस ऑफ वेल्स)

वेल्स की राजकुमारी डायना का जन्म 1 जुलाई, 1961 को हुआ था। वह महारानी एलिजाबेथ द्वितीय के बेटे प्रिंस चार्ल्ड की पहली पत्नी थीं। जरूरतमंत लोगों के प्रति करुणा रखने के कारण वह 'लोगों की राजकुमारी' के नाम से लोकप्रिय थीं। डायना के परोपकारी कार्यों का फायदा दुनिया भर के लोगों को हुआ। उन्होंने अपनी मोहक छवि, करिश्मा, मुसकान और सहजता से करोड़ों लोगों का दिल जीत लिया था।

डायना जरूरतमंद और विशेष रूप से बीमार, विकलांगों और बदनसीबों की

मदद के प्रति समर्पित थीं। उनके ही शब्दों में, ''समाज के सबसे कमजोर लोगों की मदद करने से अधिक खुशी मुझे किसी और काम से नहीं मिलती। यह मेरे जीवन का लक्ष्य और एक महत्त्वपूर्ण अंग है—एक प्रकार की नियति है। जो कोई मुसीबत में है, वह मुझे पुकार सकता है। वे चाहे कहीं भी हों, मैं उनके पास दौड़ी चली आऊँगी।''

डायना बीमार बच्चों से मिलने अस्पतालों में जाती थीं, विशेष रूप से उन बच्चों से जो एड्स से पीड़ित थे। वह पहली मशहूर हस्ती थीं जो एड्स पीड़ितों से खुलकर मिलती थीं, उन्हें छूती थीं और हाथ मिलाती थीं। ऐसे लोगों के साथ उनकी तसवीरों ने एड्स के प्रति लोगों में जागरूकता पैदा करने के साथ ही पीड़ितों के प्रति सहानुभूति पैदा की। ऐसी कोशिशों से एड्स पीड़ितों को लेकर समाज की धारणा बदली और इस प्रकार की भ्रांति भी समाप्त हुई कि छूने से एड्स फैलता है।

डायना दुनिया के किसी भी अस्पताल में बिना पूर्व सूचना के अचानक पहुँच जाती थीं और लंबे समय से बीमार लोगों से मिलती थीं। उन्हें लगता था कि उनकी मौजूदगी में मरीजों को सुकून मिलता था और वे अपने कष्ट भूल जाते थे। वह ड्रग एडिक्ट, बेखबरों, भिखारियों और बुजुर्गों की देखरेख करनेवाली परोपकारी संस्थाओं और संगठनों के साथ भी काम करती थीं। इसके साथ ही, डायना परोपकार के अनेक कामों में जुड़ी थीं। वह जानवरों की सुरक्षा के अभियान को भी बढ़ावा देती थीं।

1996 में डायना ने बारूदी सुरंगों और बेकसूर बच्चों पर उनके घातक प्रभाव के विरोध में एक अभियान की शुरुआत की। उन्होंने बारूदी सुरंगों पर प्रतिबंध लगाने की हिमायत की, क्योंकि जंग खत्म हो जाने के बाद भी, जमीन में दबी बारूदी सुरंग उन बच्चों के लिए घातक साबित होती हैं, जो अनजाने में उससे खेलने लग जाते हैं या उनके पास पहुँच जाते हैं। बारूदी सुरंगों के खिलाफ अपने अभियान के सिलसिले में उन्होंने कई देशों का दौरा किया। ऐसा माना जाता है कि 1997 में डायना के प्रभाव के कारण ही ओटावा में एक संधि हुई, जिसने बारूदी सुरंगों पर प्रतिबंध लगा दिया। इस विषय को उठाने के लिए ही, डायना को उनकी मौत के कुछ ही महीनों बाद 31 अगस्त, 1997 में 'नोबेल शांति पुरस्कार' दिया गया। 1999 में 'टाइम' मैगजीन ने डायना को 20वीं सदी की 100 सबसे प्रभावशाली हस्तियों में शामिल किया।

राष्ट्रपति बराक ओबामा

(अमेरिका के चौवालीसवें राष्ट्रपति)

अमेरिका के चौवालीसवें राष्ट्रपति और उस पद तक पहुँचनेवाले पहले अफ्रीकी अमेरिकी, बराक ओबामा का जन्म 4 अगस्त, 1961 को हवाई के होनोलुलु में हुआ था। 1983 में कोलंबिया यूनिवर्सिटी से राजनीति शास्त्र में स्नातक की डिग्री पानेवाले ओबामा शिकागो में कम्यूनिटी ऑर्गेनाइजर का काम करते थे। 1991 में उन्होंने हार्वर्ड लॉ स्कूल से कानून की डिग्री हासिल की, और फिर 1992 से 2004 तक शिकागो यूनिवर्सिटी के लॉ स्कूल में संवैधानिक कानून के शिक्षक की भूमिका निभाई। 1997 से 2004 के बीच इलिनोइस सीनेट में तीन टर्म पूरा करने के बाद, जनवरी 2005 में वह एक अमेरिकी सिनेटर बने। ओबामा ने अमेरिकी राष्ट्रपति के रूप में अपना कार्यकाल पहली बार 20 जनवरी, 2009 को शुरू किया।

ओबामा हमेशा से ही अमेरिकी स्वास्थ्य सेवा प्रणाली में सुधार करना चाहते थे। वह इस बात को लेकर परेशान रहते थे कि लाखों अमेरिकियों को पहले से मौजूद शर्तों के कारण स्वास्थ्य सेवा के लाभ से वंचित कर दिया जाता था। बीमार पड़ने पर लोगों को स्वास्थ्य बीमा योजना का लाभ नहीं मिलता था, तथा बीमा कंपनी द्वारा जीवनकाल को लेकर तय की गई सीमा के कारण वे स्वास्थ्य बीमा के दायरे से बाहर कर दिए जाते थे। ओबामा इस बात को लेकर भी उतने ही पेरशान थे कि 62 प्रतिशत लोगों के लिए अपने बजट के अंदर स्वास्थ्य बीमा कराना मुश्किल या असंभव हो गया था। यही नहीं, 62 फीसदी मामलों में लोगों के दिवालिया होने का कारण उनका स्वास्थ्य था। पूरे मन से अमेरिका के सामान्य लोगों की भलाई को लेकर चिंता करनेवाले ओबामा अमेरिकी स्वास्थ्य सेवा प्रणाली में असमानता और भेदभाव से दुःखी थे। अपने देश में इस हताश कर देनेवाली स्थिति को दुरुस्त करने के लिए, ओबामा ने 2008 के अपने राष्ट्रपति चुनावों के अभियान में स्वास्थ्य सेवा में सुधार को चोटी की प्राथमिकता दी। उन्होंने बीमा के दायरे से बाहर लोगों को बीमा दिलाने, प्रीमियम बढ़ाने की सीमा तय करने, तथा बीमा का लाभ नौकरी छोड़ने या बदलने पर भी उठाते रहने की सुविधा दिलाने के प्रति प्रतिबद्धता जाहिर की। राष्ट्रपति बनने के बाद ओबामा ने 23 मार्च, 2010 को रोगी संरक्षण और सस्ती देखभाल अधिनियम (ए.सी.ए.) पर हस्ताक्षर कर उसे कानून का रूप दिया। ए.सी.ए. की प्रमुख विशेषताएँ इस प्रकार हैं—

- बीमा कंपनियाँ पूर्वनिर्धारित शर्तों के कारण अब अमेरिकियों को स्वास्थ्य

सुविधा देने के मामले में भेदभाव नहीं कर सकेंगी।

- स्वास्थ्य बीमा कंपनियाँ अब मनमाने ढंग से किसी व्यक्ति को इस कारण स्वास्थ्य बीमा देने से इनकार नहीं कर सकतीं कि वह बीमार हो गया।
- स्वास्थ्य योजनाओं के लिए अस्पताल में भर्ती कराने की सुविधा, मानसिक स्वास्थ्य सेवा और दवाओं का नुस्खा लिखने जैसी महत्त्वपूर्ण बातों को शामिल करना अनिवार्य हो गया।
- बीमा कंपनियाँ अब स्वास्थ्य लाभ की अनिवार्य योजनाओं पर वार्षिक या जीवनकाल से जुड़ी सीमा नहीं लगा सकती हैं।
- बीमा कंपनियाँ महिलाओं से महिला होने के कारण अधिक प्रीमियम नहीं वसूल सकती थीं।
- युवा वयस्क अब छब्बीस वर्ष की आयु तक अपने माता-पिता की स्वास्थ्य बीमा योजना का लाभ उठा सकते हैं। इस परिवर्तन से 3.1 मिलियन युवा वयस्कों को स्वास्थ्य बीमा कवरेज मिल रही है।

ए.सी.ए. के जरिए ओबामा ने ग्राहकों के अधिकार को सशक्त करने, सस्ती स्वास्थ्य बीमा योजना मुहैया कराने, और सभी अमेरिकियों को स्वास्थ्य सुविधा का लाभ देने के अपने वादे को पूरा किया।

हिलेरी रोढम क्लिंटन

(पूर्व विदेश मंत्री, सिनेटर, और अमेरिका के पूर्व राष्ट्रपति की पत्नी)

हिलेरी डायने रोढम क्लिंटन ने राष्ट्रपति बराक ओबामा के प्रशासन में विदेश मंत्री की भूमिका निभाई है। इससे पहले उन्होंने अमेरिकी सीनेट में न्यूयॉर्क का प्रतिनिधित्व किया, तथा उससे भी पहले, पूर्व राष्ट्रपति बिल क्लिंटन की पत्नी होने के नाते, 1993 से 2001 तक वह प्रथम महिला थीं। महिलाओं के अधिकारों और बच्चों से जुड़े मामलों को अपने ठोस समर्थन और प्रतिबद्धता के कारण उनकी काफी प्रशंसा की जाती है।

हिलेरी का जन्म 26 अक्तूबर, 1947 को इलिनोइस के शिकागो में हुआ था। उन्होंने वेलेस्ली कॉलेज से राजनीति शास्त्र में बी.ए. की डिग्री हासिल की और 1973 में येल लॉ स्कूल से उन्हें जुरिस डॉक्टर की डिग्री प्राप्त करने का सम्मान मिला।

बारह वर्षों तक अरकंसास की प्रथम महिला के रूप में हिलेरी अरकंसास शैक्षिक मानक समिति की अध्यक्ष रहीं, अरकंसास एडवोकेट्स फॉर चिल्ड्रेन एंड

फैमिली तथा अरकंसास चिल्ड्रेन हॉस्पिटल अरकंसास लीगल सर्विसेज और चिल्ड्रेन डिफेंस फंड के बोर्ड की सदस्य रहीं। 1985 में उन्होंने स्कूल से पहले के युवाओं के लिए अरकंसास होम इंस्ट्रक्शन प्रोग्राम की शुरुआत की, जिसकी मदद से माता-पिता स्कूल से पहले अपने बच्चों को तैयार करने के साथ ही उनकी पढ़ाई-लिखाई में सहायक होते हैं। 1983 में उन्हें अरकंसास 'वूमैन ऑफ द ईयर' और 1984 में 'मदर ऑफ द ईयर' घोषित किया गया।

अमेरिका की प्रथम महिला के रूप में हिलेरी ने स्टेट चिल्ड्रेन हेल्थ इंश्योरेंस प्रोग्राम की शुरुआत में महत्त्वपूर्ण भूमिका निभाई। यह संघीय स्तर पर किया गया एक ऐसा प्रयास था, जिसके जरिए उन बच्चों को सरकार की ओर से सहायता दी जाती थी, जिनके माता-पिता उन्हें स्वास्थ्य सेवा नहीं दिला पाते थे। इस कार्यक्रम ने जब कानून का रूप लिया तो हिलेरी ने जरूरतमंद बच्चों को इसमें शामिल करने का अभियान भी चलाया। उन्होंने गोद लेने और सुरक्षित परिवार अधिनियम और फोस्टर केयर स्वतंत्रता अधिनियम की भी पुरजोर वकालत की। स्वास्थ्य बीमा के दायरे में विस्तार की भी उन्होंने जमकर हिमायत की, जिससे यह सुनिश्चित किया जा सके कि बच्चों का टीकाकरण सही तरीके से हो तथा स्वास्थ्य समस्याओं को लेकर सार्वजनिक जागरूकता पैदा हो।

सितंबर 1995 में बीजिंग में आयोजित महिलाओं पर चौथे विश्व सम्मेलन में दिए भाषण में क्लिंटन ने चीनी जनवादी गणराज्य समेत दुनिया भर में महिलाओं के शोषण के तौर-तरीकों के खिलाफ आवाज उठाई। हिलेरी ने कहा, "अब यह स्वीकार नहीं किया जा सकता कि महिला अधिकारों की चर्चा मानवाधिकारों से अलग की जाए।" उन्होंने यह भी कहा, "यदि इस सम्मेलन से एक संदेश गूँजेगा तो वह यह होगा कि मानवाधिकार महिला अधिकार और महिला अधिकार हमेशा-हमेशा के लिए मानवाधिकार माने जाएँगे।"

विदेश मंत्री के रूप में अपने कार्यकाल के दौरान हिलेरी ने अपने पद का इस्तेमाल महिला अधिकारों और मानवाधिकारों पर होनेवाली चर्चा में अमेरिकी प्रयासों को केंद्र में रखने के लिए किया। इस दौरान उन्होंने विशेष रूप से, विकासशील देशों में खाना बनानेवाले स्टोव को अपनाने पर जोर दिया, जिससे पर्यावरण को स्वच्छ रखने और भोजन को अच्छी तरह तैयार करने के साथ ही महिलाओं को धुएँ के नुकसान से बचाया जा सके।

विदेश मंत्रालय को छोड़ने के बाद हिलेरी ने पूर्व राष्ट्रपति बिल क्लिंटन के साथ बिल-हिलेरी एंड चेल्सी फाउंडेशन के लिए काम करना शुरू किया, जहाँ

वह कई नए प्रयोग कर रही हैं। उदाहरण के लिए, टू स्मॉल टु फेल का उद्‌देश्य माता-पिता और प्रतिष्ठानों की सहायता करना है, ताकि वे जन्म से लेकर पाँच वर्ष तक के बच्चों के स्वास्थ्य में सुधार और अन्य सुविधाओं का खयाल रख सकें, जिससे कि अमेरिका के अधिक से अधिक बच्चों को इक्कीसवीं सदी में सफलता प्राप्त करने के लिए तैयार किया जाए।

बोनो

(आयरिश रॉक बैंड यू2 के प्रमुख गायक)

पॉल डेविड हेसन के रूप में 10 मई, 1960 को आयरलैंड के डब्लिन में जनमे बोनो 1976 से ही यू2 रॉक बैंड के मुख्य गायक रहे हैं। उनके संगीत ने दुनिया भर में लाखों संगीत-प्रेमियों को उनका दीवाना बना दिया है। इसके साथ ही राजनेताओं, बड़ी हस्तियों, संगीत-प्रेमियों और सामान्य लोगों द्वारा बोनो का सम्मान एक मानवतावादी के रूप में किया जाता है।

इसके साथ ही बोनो अपने जीवन में विकासशील देशों के बढ़ते कर्ज को समाप्त करने, एच.आई.वी. और एड्स को मिटाने तथा अफ्रीका से भयंकर गरीबी को दूर करने के प्रति पूर्णतया प्रतिबद्ध हैं। इन लक्ष्यों की प्राप्ति के लिए, वर्ष 1999 के बाद से ही उन्होंने दुनिया भर के अनेक राजनेताओं, राष्ट्रपतियों और प्रधानमंत्रियों से मुलाकात की है। उन्होंने कलाकारों और अभिनेताओं को भी इस मुहिम के साथ जोड़ा तथा इसके लिए दुनिया के अलग-अलग देशों का सफर किया। बोनो के सामाजिक अभियानों की शुरुआत 1985 में हुई, जब उन्होंने अपनी पत्नी अली के साथ इथियोपिया के भोजन करानेवाले शिविर का दौरा किया। दोनों ने वहाँ कई हफ्ते तक अकाल राहत की एक परियोजना पर काम किया। वहाँ जो कुछ भी उन्होंने देखा, उसे देखकर सन्न रह गए तथा उनके अंदर गरीबों की सहायता के महत्त्वपूर्ण कार्य के प्रति समर्पण का भाव जगा। 2002 में बोनो अफ्रीका से गरीबी और एच.आई.वी. तथा एड्स को जड़ से मिटाने के उद्‌देश्य से डाटा (डेट (कर्ज) एड्स ट्रेड अफ्रीका) नाम के एक संगठन के सह-संस्थापक बने, जो इन मुद्‌दों को लेकर सरकार पर दबाव बना सकती थी। 2004 में उन्होंने गरीबी मिटाने के लिए वन (ONE) नाम के एक संगठन की (अमेरिका में) स्थापना की। 2005 में मेक पोवर्टी हिस्टरी मूवमेंट (ब्रिटेन में) की भी शुरुआत की। इस समय, वन के तीन मिलियन से भी अधिक सदस्य हैं, जो नेताओं पर निर्धनतम देशों की मदद उचित नीतियों से करने का दबाव बनाते

हैं। इन प्रयासों के कारण तथा इनके साथ-साथ अफ्रीका के जमीनी साझीदारों और नेताओं की मदद से इन नीतियों के प्रभावी परिणाम देखने को मिले हैं। उदाहरण के लिए, मलेरिया के कारण होनेवाली मृत्यु की दर आठ लक्षित देशों में 50 प्रतिशत से भी कम हो गई है, पचास मिलियन बच्चे स्कूलों में पढ़ रहे हैं, 5.4 मिलियन जीवनों की रक्षा टीकाकरण से की जा सकी है, तथा आठ मिलियन लोगों को जीवन-रक्षक एंटीरेट्रोवायरल (विशेष रूप से एच.आई.वी. के लिए) दिया जा रहा है। 2006 में बोनो और बॉबी श्राइवर ने मिलकर रेड (RED) की स्थापना की, जो निजी क्षेत्र के सहयोग से एड्स से बचाव की मुहिम चला रहा है। रेड के साझीदार रेड ब्रांड वाले अपने उत्पादों, सेवाओं तथा कार्यक्रमों से होनेवाले मुनाफे का हिस्सा एड्स, तपेदिक और मलेरिया से लड़ रहे ग्लोबल फंड को देते हैं। छह वर्षों में रेड ने 200 मिलियन डॉलर से अधिक का दान किया है, जिससे एच.आई.वी. तथा एड्स कार्यक्रमों को माँ से बच्चे में फैलनेवाले एच.आई.वी. के संक्रमण को रोकने में मदद मिलती है। बोनो को उनकी प्रतिबद्धता, लगन और गरीबों के प्रति समर्पण के कारण अनेक सम्मान तथा पुरस्कारों से नवाजा गया है। तीन बार उन्हें 'नोबेल शांति पुरस्कार' के लिए नामित किया जा चुका है। 2007 में उन्हें ब्रिटिश 'नाइटहुड' की उपाधि दी गई तथा फ्रांस के नागरिक सम्मान 'फ्रेंच लेजियन ऑफ ऑनर' से सम्मानित किया गया। 2005 में बोनो को 'टाइम' मैगजीन का 'पर्सन ऑफ द ईयर' घोषित किया गया। उन्हें दुनिया के अनेक चोटी के विश्वविद्यालयों ने विभिन्न मानद उपाधियाँ भी दी हैं।

डॉ. वी.पी. गंगाधरन

(कैंसर रोग विशेषज्ञ)

भारत के केरल राज्य के ख्यातिप्राप्त कैंसर रोग विशेषज्ञ डॉ. वी.पी. गंगाधरन कैंसर रोगियों का इलाज दया, समर्पण, सहानुभूति और एक सकारात्मक दृष्टिकोण से करने के लिए जाने जाते हैं। वैसे तो केरल में पेशेवर कौशल रखनेवाले कैंसर रोग विशेषज्ञों की कमी नहीं, लेकिन इन अद्वितीय गुणों के कारण वह इन सबसे अलग दिखते हैं। कैंसर के मरीज सामान्य तौर पर डिप्रेशन और निराशा में डूबे रहते हैं। ऐसे में डॉ. गंगाधरन की करुणामय सोच एक बार फिर उन्हें अपना आत्मविश्वास हासिल करने तथा उनमें से अधिकांश को बीमारी से उबरकर फिर से सामान्य जीवन जीने के काबिल बनाती है।

डॉ. गंगाधरन कम और मीठा बोलनेवाले हैं तथा उनमें असीम धैर्य है। उनके

अच्छे व्यवहार के कारण लोग बहुत सहज और सुरक्षित महसूस करते हैं। वह मरीजों को कभी झूठी दिलासा नहीं देते, विशेष रूप से इस कारण क्योंकि जिस बीमारी का इलाज वह करते हैं, उसने सदियों से मानवता की अनदेखी की है और उसे हैरान-परेशान किया है। अपने मरीजों के प्रति करुणा और धैर्य के कारण उन्हें पर्याप्त सम्मान मिलता है।

एक कैंसर रोग विशेषज्ञ के रूप में डॉ. गंगाधरन को प्रैक्टिस करते हुए तीन दशक से ज्यादा हो चुके हैं, और इस दौरान उन्होंने कैंसर के हजारों मरीजों का इलाज किया है। उनके मरीज उनके संबंध में 'डॉक्टरों की एक दुर्लभ जाति' तथा 'महानतम व्यक्ति, जिनसे [वे] कभी मिले हैं'—जैसे शब्दों का प्रयोग करते हैं। वह आज भी कैंसर के मरीजों के प्रति ईमानदारी, समर्पण और प्रतिबद्धता के साथ कार्य कर रहे हैं।

कर्नल केशवन उन्नी नायर

(पत्रकार)

कर्नल उन्नी नायर (भारत के केरल राज्य के छोटे-से गाँव पर्ली में 22 अप्रैल, 1911 को जनमे) एक असाधारण पत्रकार थे, जो चुनौतियों, खतरों और मुश्किलों के बावजूद सच्ची खबर देने के प्रति समर्पित थे। भारत के पहले प्रधानमंत्री जवाहरलाल नेहरू के अनुसार, "कर्नल नायर एक विशेष प्रकार और आज के जमाने में कुछ हद तक असाधारण व्यक्ति थे, जो ऊर्जा और उत्साह से लबरेज रहते थे, अपने काम को लेकर जोश में रहते थे और जहाँ कहीं भी जाते वहाँ ताजगी भर देते थे। इन सारे गुणों के साथ ही उन्होंने साहस को एक नई ऊँचाई दी, जो सामान्य रूप से देखने को नहीं मिलता।"

कर्नल नायर का मानना था कि एक पत्रकार को कभी अपने दफ्तर में नहीं बैठना चाहिए, बल्कि उसे अपनी आँखों-देखी खबर लिखनी चाहिए। इस निडर रवैए के कारण ही अकसर उनका सामना खतरनाक परिस्थितियों से होता था। अपने पेशे को लेकर कर्नल नायर का समर्पण तथा खबरों को सूँघने की उनकी क्षमता ने नए क्षितिज का निर्माण किया और अपनी जवानी में ही उनकी अच्छी-खासी पहचान बन गई। द्वितीय विश्वयुद्ध छिड़ने के बाद वह मराठा लाइट इनफैंट्री में भर्ती हुए तथा उन्हें बर्मा (आज के म्याँमार) भेज दिया गया। इस दौरान वह अपने सामने घटनेवाली घटनाओं पर खबरें भेजने के लिए सैनिक टुकड़ियों के साथ घने जंगलों

से होकर लंबी दूरी पैदल ही तय करते थे। कई बार जब सैनिक पीछे हट रहे होते थे और दुश्मन लगभग दरवाजे पर खड़ा हो जाता था, तब भी कर्नल नायर को इन सारी बातों से बेपरवाह अपने टाइप राइटर पर धुआँधार उँगलियाँ चलाते देखा जाता था। वे हर हाल में अपनी खबर भेजने में जुटे रहते थे। बर्मा में उन्होंने लड़ाई लड़नेवाले सैनिकों के साथ बिना किसी ट्रेनिंग दो बार पैराशूट से जंप भी किया। इसके साथ ही उनके अन्य कई साहसिक कार्यों को उनके वरिष्ठ अधिकारियों ने देखा और ब्रिटिश सरकार द्वारा उन्हें 'ऑडर ऑफ द ब्रिटिश एम्पायर' की उपाधि दी गई।

युद्ध के कारण ही कर्नल नायर पश्चिमी रेगिस्तान पहुँचे और फिर वहाँ से 8वीं भारतीय डिवीजन के साथ इटली गए, जहाँ उन्होंने पीछे रहनेवाला छोटा-मोटा काम करने से इनकार कर दिया। एक बार फिर उन्हें उनके साहस और हर हाल में सैनिकों की सहायता करने के लिए तैयार रहने के साथ ही आँखों-देखी खबरें भेजने के प्रति प्रतिबद्धता के लिए जाना गया। 1947 में भारत-पाकिस्तान बँटवारे के दौरान जब देश हिंदू-मुसलिम दंगे की आग में झुलस रहा था, तब एक बार फिर कर्नल नायर ने सेना के पत्रकार के रूप में गहराई से रिपोर्टिंग की तथा उस फिजूल के खून-खराबे की सच्चाई और संवेदनशीलता के साथ खबर दीं जिसके वह गवाह हुआ करते थे।

द्वितीय विश्वयुद्ध की समाप्ति के बाद कर्नल नायर को वॉशिंगटन, डीसी स्थित भारतीय दूतावास में जनसंपर्क अधिकारी के रूप में तैनात किया गया। इस कार्यकाल के दौरान उन्होंने संयुक्त राष्ट्र संघ का पर्यवेक्षक बनकर कोरिया जाने की इच्छा जताई। हालाँकि 12 अगस्त, 1950 को वेगवन सीमा पर अपने दो सहयोगियों के साथ गए कर्नल नायर की जीप बारूदी सुरंग से टकरा गई और एक जबरदस्त धमाका हुआ। जीप में सवार सभी लोगों की मौके पर ही मौत हो गई।

महज उनतीस वर्ष की आयु में कर्नल नायर की असामयिक लेकिन वीरतापूर्ण मृत्यु की खबर दुनिया के लगभग हर अखबार में प्रमुखता से छपी। 13 अगस्त, 1950 को काले बॉर्डर के साथ छपे 'गजट ऑफ इंडिया' ने लिखा, ''पर्यवेक्षण के लिए निकले कर्नल नायर की मृत्यु एक बारूदी सुरंग विस्फोट में हो गई। सरकार के लिए कोरिया के हालात को समझने में वहाँ [कोरिया] से भेजे गए उनके डिस्पैच अमूल्य साबित हुए।'' 13 अगस्त, 1950 को उन्हें कोरिया के देगू शहर में दफना दिया गया, जहाँ कोरिया की सरकार ने एक स्मारक का निर्माण किया। आज उसे राष्ट्रीय स्मारक के रूप में सहेजकर रखा गया है, जो शिक्षा, प्रगति तथा भारत के साथ गहरे संबंध का एक प्रतीक है।

प्रो. सी.एस. वेंकटरमण

(अंकों का सिद्धांत देनेवाले विशिष्ट भारतीय गणितज्ञ)

'सी.एस.वी.' के नाम से कहीं अधिक लोकप्रिय प्रो. सी.एस. वेंकटरमण, भारत में उच्चस्तरीय गणित के क्षेत्र में चार दशकों से भी अधिक समय तक अपना वरदहस्त रखने के लिए जाने जाते हैं। 14 सितंबर, 1918 को केरल में जनमे, सी.एस.वी. को अंकों के सिद्धांत में विशिष्टता प्राप्त थी तथा अंकगणित की पद्धतियों से जुड़ा सिद्धांत उनका सबल पक्ष था। उन्होंने शोध-पत्रों की एक उल्लेखनीय शृंखला में इस सिद्धांत का प्रतिपादन किया, जो शीघ्र ही लोकप्रिय हो गया। इसके लिए उन्हें मद्रास विश्वविद्यालय द्वारा 1952 में पी-एच.डी. की उपाधि भी दी गई।

अंकों के सिद्धांत को लेकर अपने शोध के प्रति प्रतिबद्धता के अलावा, वह केरल के त्रिशूर स्थित श्री केरला वर्मा कॉलेज में अपने छात्रों को गणित की शिक्षा देने का कार्य भी पूरी लगन से करते थे। एक शिक्षक के रूप में हर कोई सी.एस.वी. के मूल विचारों और व्यावहारिक सुझावों से प्रभावित हो जाता था। विशेष रूप से उन्हें निचले स्तर के छात्रों को पढ़ाना अच्छा लगता था। वह इस बात का खयाल रखते थे कि छात्रों को उचित प्रोत्साहन मिले। साथ ही, किसी नई अवधारणा के बारे में बताते हुए उनमें दैनिक जीवन से उदाहरणों को चुनने का एक अनोखा कौशल था। उनके छात्र उन्हें एक प्रेरणादायी शिक्षक मानते थे, तथा कहते थे कि उनके अंदर गणित के किसी प्रश्न को हल करने के दस ठोस और अनोखे तरीके हुआ करते थे—एक सामने की बेंच सामने की बेंच वालों के लिए (जो सबसे कठिन होता था), दूसरा दूसरी बेंच वालों के लिए (जो थोड़ा सरल होता था), तथा इसी प्रकार सबसे आखिरी बेंच (सबसे सरल और आसान तरीका) पर बैठनेवालों के लिए।

गणित की शिक्षा देने के प्रति उनका समर्पण इतना जबरदस्त था कि उन्होंने कई बार मोटे वेतन वाले ऐसे प्रस्तावों को ठुकरा दिया, जिनमें शिक्षण शामिल नहीं था। उदाहरण के लिए, उन्होंने अपने कॉलेज के प्राध्यापक पद का प्रस्ताव ठुकरा दिया; क्योंकि उसमें उनकी जिम्मेदारी अनेक प्रशासनिक कार्यों की देखरेख करना था। ऐसे में उन्हें गणित पढ़ाने का अवसर नहीं मिल पाता।

पूरे भारतवर्ष के गणितज्ञ सी.एस.वी. को अच्छी तरह जानते थे और उन्हें गणित के क्षेत्र का एक 'बौद्धिक महामानव' मानते थे। उनके पेशेवर और शिक्षण क्षेत्र से जुड़ी उपलब्धियों के कारण ही उनका नाम 1986 में अंतरराष्ट्रीय गणितज्ञ संघ के तत्त्वावधान में प्रकाशित वर्ल्ड डायरेक्ट्री ऑफ मैथेमैटिक्स में शामिल किया

गया। रामानुजन मैथेमेटिकल सोसाइट ने सी.एस.वी. के सम्मान में एक वार्षिक प्रतिभा व्याख्यान का आयोजन शुरू किया है। सी.एस.वी. की मृत्यु 16 मार्च, 1994 को पचहत्तर वर्ष की आयु में हुई।

डॉ. जॉय चेरियन

(अमेरिका के समान रोजगार अवसर आयोग के पूर्व आयुक्त)

डॉ. जॉय चेरियन अमेरिकी समान रोजगार अवसर आयोग (EEOC) के पहले एशियाई अमेरिकी आयुक्त थे। 1987 में पूर्व राष्ट्रपति रोनाल्ड रीगन ने उन्हें इस पद पर नियुक्त किया था। अमेरिकी सीनेट में लगातार दो बार चुने जाने के बाद उन्होंने छह वर्षों (1987-93) तक EEOC में अपनी जिम्मेदारी निभाई। अपने कार्यकाल के दौरान उन्होंने बहुराष्ट्रीय कंपनियों से जुड़े अंतरराष्ट्रीय रोजगार से संबंधित कानून में नए-नए कार्यों के लिए ख्याति प्राप्त की।

भारत के केरल राज्य में 18 मई, 1942 को जनमे जॉय ने केरल विश्वविद्यालय से बी.एस-सी. और एल.एल.बी. की डिग्री तथा अमेरिका के कैथोलिक विश्वविद्यालय से एम.ए. और पी-एच.डी. की, साथ ही जॉर्ज वॉशिंगटन यूनिवर्सिटी से तुलनात्मक कानून में मास्टर डिग्री प्राप्त की। 'इनवेस्टमेंट कॉण्ट्रैक्ट्स एंड आर्बिट्रेशन' (1975) नाम की उनकी पहली किताब अमेरिका तथा अन्य देशों में लॉ से जुड़ी लाइब्रेरी में रेफरेंस बुक के रूप में प्रयोग की जाती है। उनकी दूसरी किताब 'आवर रिले रेस' (1997), उनके सार्वजनिक और सामुदायिक कार्यों के बारे में बताती है। दुनिया भर में विभिन्न विषयों पर जॉय के शोध-पत्र, लेख तथा भाषण छप चुके हैं।

पिछले चार दशकों से जॉय अमेरिका में एशियाई अमेरिकी समुदाय के एक प्रभावशाली नेता बने हुए हैं। एक सामुदायिक नेता के रूप में उनकी प्रतिबद्धता "अमेरिका में सभी व्यक्तियों और संस्थानों को स्वैच्छिक कार्यों, सामाजिक कार्यक्रमों तथा सामुदायिक गतिविधियों में शामिल कर उन्हें शिक्षित और प्रोत्साहित करना है, जिससे कि वे सार्वजनिक भलाई में वृद्धि के प्रति प्रेरित हों।"

उन्हें जब यह पता लगा कि अमेरिका में रहनेवाले भारतीयों और उनके परिवारों को प्रभावित करनेवाले राजनीतिक और नागरिक विषयों से संबंधित एक भी निष्पक्ष राजनीतिक शैक्षिक समूह नहीं है, तो 1982 में जॉय ने राजनीतिक शिक्षा के लिए भारतीय-अमेरिकी फोरम (IAFPE) की स्थापना की, जिसकी सहायता से भारतीय अमेरिकी समुदाय अमेरिकी सरकार के कार्यकारी तथा विधायी शाखाओं

से प्रभावी ढंग से बातचीत कर सके। 2001 में जॉय ने नागरिक जिम्मेदारी के लिए अमेरिकियों के संघ (AACR) का गठन किया। यह एक व्यापक शैक्षणिक संघ है, जिसका उद्देश्य अमेरिकी निगमों तथा गैर-लाभकारी समूहों के साथ ही सभी प्रकार के अमेरिकी संस्थानों को साथ लाना है, जिससे कि वे नागरिकों से मेलजोल के अपने अतीत और वर्तमान के अनुभवों और सफलताओं तथा विफलताओं को साझा कर सकें।

जॉय आज भी परदे के पीछे रहकर दूसरी पीढ़ी के राजनीतिक कार्यकर्ताओं को बढ़ावा और प्रोत्साहन देने में जुटे हैं। साथ ही पुरानी तथा नई पीढ़ी के सामुदायिक नेताओं की सोच को अपने विचार देकर विस्तार दे रहे हैं। दिन-रात उनके दिल और दिमाग में यही बात रहती है कि किस प्रकार किसी समुदाय की सहायता सफलता और पहचान के नए स्तरों को प्राप्त करने में नए-नए तरीकों से की जाए। सामुदायिक कार्यकर्ता, डॉ. वेद चौधरी के अनुसार, ''डॉ. चेरियन के पास महान् और दूरदर्शी विचारों की भरमार है। उन्होंने लोगों का हौसला बढ़ाया, उन्हें शामिल किया और वे जितना सोच भी नहीं सकते थे उतना करने के लिए प्रोत्साहित किया।''

डॉ. जूली हू

(जांबिया में मुफ्त नेत्र सर्जरी करनेवाली एशियाई अमेरिकी नेत्र रोग विशेषज्ञ)

डॉ. जूली हू एक नेत्र रोग विशेषज्ञ हैं, जिन्होंने जांबिया के लुसाका नेत्र अस्पताल में मोतियाबिंद तथा अन्य प्रकार के हजारों मुफ्त ऑपेशन किए हैं। कैलिफॉर्निया के मेडिकल स्कूल में पढ़ने के दौरान डॉ. हू का सपना था कि वह अफ्रीका के गरीब लोगों की सेवा करें। उनके अधिकांश सहपाठियों ने मेडिकल की पढ़ाई पूरी करने के बाद मोटी कमाई वाले कॅरियर को चुना, लेकिन डॉ. हू ने तय किया कि वह अपने कौशल और अपनी शिक्षा का इस्तेमाल अफ्रीका के उपेक्षित इलाकों में करेंगी। वह जब देखती हैं कि ऐसे गरीब जांबियाई लोग जो देख नहीं सकते, वे उनके द्वारा की गई सर्जरी के बाद जब देखने लग जाते हैं, तो उन्हें बहुत खुशी होती है। डॉ. हू अपने काम के बदले कोई पैसा नहीं लेती हैं। चंदे के रूप में उन्हें प्राप्त होनेवाला पैसा केवल उपकरणों और ऑपरेशन के लिए आवश्यक दवा आदि पर ही खर्च किया जाता है। उन्हें केवल इस बात से संतुष्टि मिल जाती है कि वह गरीब लोगों के जीवन में एक बड़ा बदलाव ला रही हैं।

डॉ. जे.आर. शंकरन

(एच.आई.वी. और एड्स रोगियों के उपचार के प्रति समर्पित चिकित्सक)

डॉ. जे.आर. शंकरन का जन्म भारत के तमिलनाडु राज्य में 20 नवंबर, 1932 को हुआ था। वह एक असाधारण चिकित्सक हैं, जो अपने समय से बहुत आगे की सोच रखते हैं। भारत जैसे देश में जहाँ आज भी एच.आई.वी. पीड़ित मरीजों से हाथ मिलाने से लोग दूर भागते हैं, वहाँ डॉ. शंकरन उन खास चिकित्सकों में से एक हैं, जिन्हें एच.आई.वी. और एड्स मरीजों की देखरेख के प्रशिक्षण प्राप्त है। डॉ. शंकरन ने दुनिया के विभिन्न संस्थानों में एच.आई.वी. और एड्स मरीजों की देखरेख का प्रशिक्षण प्राप्त करने के साथ ही अनेक राष्ट्रीय तथा अंतरराष्ट्रीय सम्मेलनों में अपने शोध-पत्र भी पेश किए हैं। पिछले चौबीस वर्षों से भी अधिक की अवधि के दौरान डॉ. शंकरन ने एच.आई.वी. और एड्स से पीड़ित हजारों लोगों का इलाज किया है। डॉ. शंकरन ने जिस प्रकार सरकारी और गैर-सरकारी एजेंसियों के जरिए एच.आई.वी. और एड्स से पीड़ित लोगों की देखभाल की और उनके लिए दवा का इंतजाम किया, वह अद्‌भुत है। बयासी वर्ष की आयु में भी डॉ. शंकरन एच.आई.वी. और एड्स से पीड़ित लोगों को सम्मान दिलाने में जुटे हैं। एच.आई.वी. और एड्स के मरीजों के प्रति उनके समर्पण के लिए एच.आई.वी. मेडिसिन एकेडमी ने डॉ. शंकरन को 'लाइफटाइम एचीवमेंट' अवार्ड से सम्मानित किया।

चिकित्सक के रूप में अपने साठ साल के कॅरियर के दौरान डॉ. शंकरन ने 30 प्रतिशत से भी ज्यादा ऐसे लोगों का इलाज किया है, जो गरीबी रेखा से नीचे हैं। वह नई और क्रांति लानेवाली रिसर्च से भी जुड़े रहे हैं। डॉ. शंकरन ने अपने पहले केंद्रीय शोध सेल की शुरुआत, मद्रास मेडिकल कॉलेज एंड हॉस्पिटल में की, जहाँ उन्होंने तीव्र और क्रोनिक हेपेटाइटिस, हेपेटोसेलुलर कार्सिनोमा और अग्न्याशय के रोग पर मौलिक शोध किया। केंद्रीय शोध सेल अब एक विशाल रिसर्च केंद्र बन चुका है, जो चेन्नई के राजीव गांधी गवर्मेंट जनरल हॉस्पिटल में स्थित है। क्लीनिकल मेडिसिन में बेजोड़ शोध करनेवाले डॉ. शंकरन ने चिकित्सा के इतिहास के क्षेत्र में भी महत्त्वपूर्ण योगदान किया है। उन्होंने बीते युगों की यूनानी, मिस्र और भारतीय चिकित्सा पद्धति पर कई किताबों में अध्यायों की रचना की है।

एच.आई.वी. और एड्स मरीजों के इलाज के प्रति अपनी प्रतिबद्धता के साथ ही, डॉ. शंकरन शिक्षण के प्रति भी समर्पित हैं। चेन्नई के स्टेनली मेडिकल कॉलेज और मद्रास मेडिकल कॉलेज के अनगिनत छात्र उनके चिकित्सकीय क्षमताओं, शिक्षण कौशल तथा छात्र समुदायों तक अपने ज्ञान का प्रसार करने की इच्छा का

लाभ उठा चुके हैं। लंबे समय तक पढ़ाते रहने के साथ ही शिक्षण से उनका एक लगाव है। इसके लिए उन्हें कई सम्मान भी मिले हैं, जिनमें आंतरिक चिकित्सा में प्रख्यात शिक्षण के लिए 'लाइफटाइम अचीवमेंट' पुरस्कार और भारत में शिक्षण के क्षेत्र में पेशेवर उत्कृष्टता के लिए 'डॉ. बी.सी. रॉय' पुरस्कार शामिल हैं।

के. राधाकृष्णन

(भारतीय राज्य केरल के त्रिशूर कॉरपोरेशन के पूर्व मेयर)

बचपन से ही के. राधाकृष्णन दूसरे बच्चों से अलग मिजाज के थे—वह न केवल संप्रदायवाद के विरोधी तथा उन्मुक्त सोच रखनेवाले थे, बल्कि साहसी और निडर भी थे। उनकी दयालुता छोटे-छोटे जीव-जंतुओं और पौधों के लिए भी थी। उनके अंदर उन लोगों के साथ भी अच्छी तरह संवाद करने की काबिलीयत थी, जो अलग सोच रखते थे। बड़े होकर भी राधाकृष्ण के उसूलों और समर्पण पर सादगी भरे पालन-पोषण का प्रभाव था।

राधाकृष्णन कल्पनाशील होने के साथ ही कोमल हृदय के और सदैव दूसरों की मदद के लिए तत्पर रहनेवाले व्यक्ति थे। वह सदा ही गरीबों और वंचितों के लिए काम करते रहे। कॉलेज में पढ़ाई के दौरान भी, उनकी इच्छा लोगों की मदद करने की ही थी। कॉलेज की पढ़ाई पूरी करने के बाद वह त्रिशूर कॉरपोरेशन में पार्षद चुने गए। इस पद पर रहते हुए उन्होंने अपने क्षेत्र के लोगों की सहायता की। त्रिशूर निगम के मेयर पद पर रहते हुए उनका प्रदर्शन शानदार रहा। उन्होंने पूरी ईमानदारी और समर्पण के साथ नागरिकों की सेवा की।

एक कर्मठ और ईमानदार राजनेता के रूप में राधाकृष्णन ने त्रिशूर की करीब तीन हजार वेश्याओं की हालत में सुधार के लिए काम किया। वह बेघर बच्चों के लिए त्रिशूर में अनाथालय तथा एच.आई.वी. और एड्स के प्रति जागरूकता पैदा करने के अभियान भी चलाते थे। मेयर के रूप में अपना कार्यकाल पूरा हो जाने के बाद राधाकृष्णन ने केरल की पहाड़ियों के बीच बसे अट्टापड़ी गाँव के आदिवासियों की सुध ली। वह वहाँ पहुँचे और उनके साथ रहना शुरू कर दिया। उनकी जरूरतों को जाना और उनके जीवन स्तर तथा शिक्षा में सुधार के लिए हर संभव प्रयास किए। फिलहाल, राधाकृष्णन एक अभियान चला रहे हैं, जिसका नाम है—दस लाख पेड़ की छाया। इसके तहत त्रिशूर के स्थानीय स्कूल के बच्चे दस लाख पेड़ लगा रहे हैं।

आप भी कर्मठ बन सकते हैं

- अपने लक्ष्यों को प्राप्त करने के फायदों के विषय में सोचें। इस प्रकार की कल्पनाशीलता आपको अपने लक्ष्य के प्रति कर्मठ, उत्साही और लगनशील बनाएगी।
- सदैव जोश में और प्रसन्न रहें। इस प्रभावी गुण से आप सारी बाधाओं और चुनौतियों को पार कर लेंगे तथा अपने उद्देश्य के प्रति समर्पित रहेंगे।
- अपने कार्यों और व्यवहार को लेकर एक लगाव रखें।
- प्रेरित लोगों के साथ रहें। उनके जोश और सकारात्मक रवैए से आप भी प्रेरित और कर्मठ होंगे।
- सकारात्मक शपथ लें, जैसे यह कहें कि आप पूरी तरह कर्मठ हैं और अपने लक्ष्यों को किसी भी कीमत पर हासिल करेंगे।
- नए विचारों के लिए पढ़ते और सीखते रहें, जिससे आप कर्मठ और प्रेरित बने रहेंगे।
- अपनी तरक्की पर गौर करें और देखें कि आपको प्रतिबद्ध बने रहने के लिए अपने कार्यों में किसी बदलाव की जरूरत तो नहीं।

□

4

सफल लोग : स्व-अनुशासित होते हैं

"सफलता की पहली शर्त यह है कि आप अपनी शारीरिक और मानसिक ऊर्जा को एक समस्या की ओर बिना थके लगातार लगाए रखें।"

—थॉमस एडिसन

"अनुशासन वह क्षमता है, जिससे आप वही करते हैं, जो करना चाहिए, चाहे आपका मन हो या न हो, जब करना चाहिए तब आप उसे अवश्य करते हैं।"

—एलबर्ट हबार्ड

सफल लोग भी इससे सहमत होंगे कि आत्म-अनुशासन एक महत्त्वपूर्ण गुण है, जो उन्हें अपने लक्ष्यों को प्राप्त करने के काबिल बनाता है। इस महान् गुण ने उनमें से अनेक व्यक्तियों के जीवन का कायापलट कर दिया है तथा अकादमिक, कारोबार, साहित्य, खेल तथा अन्य सभी क्षेत्रों में उन्हें भारी सफलता दिलाई है। वे यह भी जानते हैं कि जहाँ अनुशासन की कमी विफलताओं, दुःखों, हताशा और अपेक्षा से कम उपलब्धि का कारण बनती है, वहीं आत्म-अनुशासन जीवन के किसी भी क्षेत्र में अवसरों के रास्ते खोल देता है। आत्म--अनुशासन के बेहिसाब फायदों को ध्यान में रखते हुए, सफल लोग इसे अपने दैनिक जीवन का अभिन्न अंग बना लेते हैं।

इस अध्याय में आप अर्नाल्ड श्वार्जनेगर, वारेन बफेट, डेविड बेकहम, विल डुरांट, ब्रायन ट्रेसी और अन्य लोगों में आत्म-अनुशासन के उच्च स्तर को देखकर प्रभावित होंगे। आप देखेंगे कि आत्म-अनुशासन के लगातार पालन से ही वे अपने लक्ष्यों को प्राप्त कर सके और उन्हें सफलता भी मिली।

आत्म-अनुशासित लोगों के सामान्य लक्षण

- वे स्वत: प्रेरित रहते हैं और उन्हें उनका काम याद दिलाने या बताने की आवश्यकता नहीं पड़ती है। वे अपने हर दिन की रूटीन और योजनाएँ स्वयं बनाते हैं तथा निरंतर उनका पालन करते हैं।
- उनमें संयम होता है, जो उन्हें अपने विचारों, व्यवहारों, कार्यों, वाणी पर नियंत्रण रखने में सहायक होता है। वे अपनी भावनाओं, इच्छाओं तथा कार्यों को काबू में रखते हैं एवं अवांछित आकर्षणों, लोभ या इच्छाओं के आगे समर्पण नहीं करते। वे वही काम करते हैं, जो उनके दूरगामी लक्ष्यों और उद्देश्यों के उपयुक्त और सुसंगत होता है।
- वे सुव्यवस्थित होते हैं। चूँकि उन्हें इस बात का पूरा ज्ञान होता है कि अव्यवस्थित होने से समय और ऊर्जा बरबाद होती है, इसलिए वे सभी कार्यों और दैनिक गतिविधियों के मामले में व्यवस्थित होते हैं। उनके हर दिन का रूटीन सुव्यवस्थित होता है। उदाहरण के लिए, वे पहले से ही अपने दिन और रात की योजना बना लेते हैं तथा अगले दिन करनेवाले कार्यों की सूची तैयार करते हैं। वे अपने कार्यों को एक क्रम में सजाते हैं और उन्हें पूरी लगन से करने पर अपना ध्यान लगाते हैं। उनके लिए व्यवस्थित होने का मतलब अपने घर और काम की जगह को साफ-सुथरा रखने के साथ ही अपने कार्यक्रम तथा वित्तीय स्थिति को व्यवस्थित रखना होता है।
- वे टालमटोल से बचते हैं। वे अपने काम की आवश्यक सभी चीजों को तैयार और उपलब्ध रखते हैं। वे देरी से बचने के लिए हर संभव तरीका अपनाते हैं, उनमें से एक है—'अभी निपटाओ' का तरीका, जिसके अंतर्गत वे किसी काम को जल्द-से-जल्द पूरा करते हैं। दूसरा है—'अभी खत्म करो' का तरीका, जिसमें वे किसी काम को कल पर डालने की बजाय उसी समय खत्म कर देते हैं। तीसरा है—अरुचिकर, कठिन या जटिल कार्यों को पहले करो और फिर अधिक आनंददायक और सरल कार्यों को बाद में पूरा करो।
- उनमें 'नहीं' कहने की क्षमता होती है, तब जब परिस्थिति की माँग होती है, और जब अपने साथ-साथ दूसरों से भी ऐसा कहने की आवश्यकता होती है।

- वे बहानेबाजी नहीं करते। अपने लक्ष्यों को प्राप्त करने के लिए, आत्म-अनुशासित लोग जब भी आवश्यकता पड़ती है, तब बिना किसी बहानेबाजी के उस काम को पूरा करते हैं।
- वे ठंडे दिल-दिमाग और सूझबूझ वाले होते हैं। विशेषकर जब उन्हें समस्याओं का हल निकालना होता है और जब वे संकट से जूझ रहे होते हैं।
- वे अपना ध्यान महत्त्वपूर्ण विषयों की ओर केंद्रित रखते हैं और छोटी-मोटी बातों पर अपना ध्यान भटकने नहीं देते।
- वे गलतियों से सीखते हैं। वे इस कहावत पर विश्वास करते हैं कि ''आप जब हारें, तो उससे मिले सबक को याद रखें।'' वे अपनी गलतियों, विफलताओं, पराजयों और झटकों से सीखते हैं। उनके लिए विफलता सफलता के राह की सीढ़ी होती है, और वे हार को विनम्रता से स्वीकार कर आगे बढ़ जाते हैं।
- उनमें समय के बेहतर प्रबंधन का कौशल होता है। समय का सोच-विचार कर इस्तेमाल करने से उन्हें अपने आत्म-अनुशासन को सुदृढ़ करने में सहायता मिलती है। वे अपने विकल्पों, कार्यों और व्यवहार को इस प्रकार संचालित करते हैं कि वे हर दिन अधिक फलप्रद और कारगर बन सकें।
- वे अपनी सेहत का खयाल रखते हैं। वे सेहतमंद भोजन करते हैं और शारीरिक तंदुरुस्ती तथा स्वस्थ रहने के लिए नियमित रूप से व्यायाम भी करते हैं।

विल डुरांट और एरियल डुरांट

('द स्टोरी ऑफ सिविलाइजेशन' किताब के लिए मशहूर अमेरिकी लेखक)

अमेरिकी दर्शनशास्त्री, इतिहासकार और लेखक विल डुरांट का जन्म 5 नवंबर, 1885 को मेसाचुसेट्स में हुआ था। डुरांट ने 1907 में सेंट पीटर्स कॉलेज से स्नातक की डिग्री प्राप्त की और कुछ ही समय बाद सेटन हॉल यूनिवर्सिटी में लैटिन, फ्रेंच, अंग्रेजी और ज्यामिति की शिक्षा देने लगे।

एरियल डुरांट का जन्म 10 मई, 1898 को रूसी साम्राज्य (अब यूक्रेन का ख्मेल्नाइत्स्की) के प्रोस्कुरोव में छाया कॉफमैन के रूप में हुआ था। छाया का परिवार 1901 में अमेरिका आकर बस गया था। अपने भावी पति विल से उनकी

मुलाकात तब हुई, जब वह एक शिक्षक थे और छाया न्यूयॉर्क सिटी के फेरर मॉडर्न स्कूल की एक छात्रा थीं।

विल डुरांट ने 1913 में शिक्षक के पद से इस्तीफा दे दिया और प्रेसबिटेरियन चर्च में व्याख्यान देने का काम शुरू कर दिया। इन व्याख्यानों में इस्तेमाल की गई जानकारी आगे चलकर 'द स्टोरी ऑफ सिविलाइजेशन' में शामिल की गई। लेखन में विल के कॅरियर की शुरुआत 1917 में हुई, जब 'फिलॉसफी एंड द सोशल प्रॉब्लम' का प्रकाशन हुआ। यह किताब उस दौरान लिखी गई, जब वह कोलंबिया यूनिवर्सिटी में पी-एच.डी. के छात्र थे।

अपनी दूसरी किताब 'द स्टोरी ऑफ फिलॉसफी' से डुरांट ने कार्यकर्ताओं को ध्यान में रखते हुए शिक्षाप्रद पर्चों की एक शृंखला की शुरुआत की। इस किताब को जबरदस्त लोकप्रियता मिली और 1926 में इसे फिर से प्रकाशित किया गया तथा यह बेस्ट सेलर साबित हुई। इसकी बीस लाख से भी अधिक प्रतियाँ बिकीं और इसका अनुवाद अनेक भाषाओं में किया गया। इस किताब से मिली रॉयल्टी ने उनके जीवन में वित्तीय स्थिरता ला दी, जिसके बाद डुरांट दंपती कई बार विश्व का दौरा कर सके।

इन यात्राओं से विभिन्न सभ्यताओं पर गहरी जानकारी जुटाने के कारण डुरांट दंपती ने करीब चार दशकों (1935-75) के दौरान 'द स्टोरी ऑफ सिविलाइजेशन' सीरीज के ग्यारह खंड लिख डाले। इस किताब को इतिहास के संबंध में लिखी गई सबसे सफल सीरीज माना जाता है तथा उल्लेखनीय लेखन-शैली के साथ ही रोमन और पुनर्जागरण से जुड़ी कहावतों के कारण इसकी एक विशिष्ट पहचान बनी। यह स्पष्ट है कि आत्म-अनुशासन, समर्पण और लगन के बिना डुरांट दंपती इस प्रसिद्ध रचना के काम में चार दशकों तक नहीं जुटे रह सकते थे।

'रूसो एंड रिवॉल्यूशन' (1967) नाम के 'द स्टोरी ऑफ सिविलाइजेशन' के दसवें खंड के लिए डुरांट दंपती को साहित्य के 'पुलित्जर पुरस्कार' से नवाजा गया। 1977 में उन्हें प्रेसीडेंट फोर्ड की ओर से 'प्रेसीडेंट मेडल फॉर फ्रीडम' का वह पुरस्कार भी मिला, जिसे अमेरिका सरकार द्वारा दिए जानेवाले दो सर्वोच्च नागरिक पुरस्कारों में से एक माना जाता है।

विल और एरियल डुरांट की मृत्यु 1981 में एक-दूसरे की मौत के दो हफ्ते (एरियल, 25 अक्तूबर और विल, 7 नवंबर) के भीतर हो गई।

अर्नोल्ड श्वार्जनेगर

(हॉलीवुड एक्टर)

हॉलीवुड एक्टर अर्नोल्ड श्वार्जनेगर (ऑस्ट्रिया के थाल में 30 जुलाई, 1947 को जन्म) एक अत्यधिक सफल व्यक्ति हैं, क्योंकि वह सपने देखते हैं, लक्ष्य निर्धारित करते हैं, कठोर परिश्रमी और पूरी तरह अनुशासित हैं। दस वर्ष की उम्र में ही अर्नोल्ड ने अमेरिका जाकर बसने का सपना देखना शुरू कर दिया था और वह जानते थे कि बॉडी बिल्डिंग से उनका सपना पूरा हो सकता है। उन्होंने कहा था, ''मैं एक बॉडी बिल्डिंग चैंपियन बनना चाहता था और उसकी मदद से अमेरिका आना चाहता था, फिल्मों में आना चाहता था और लाखों डॉलर कमाना चाहता था। इसलिए मैंने बेशक और अधिक प्रेरणा के लिए शक्तिशाली लोगों और बॉडी बिल्डिंग पर पुस्तकें और मैगजीन पढ़ी।''

अर्नोल्ड दुनिया का सबसे महान् बॉडी बिल्डर बनना चाहते थे। वह अच्छी तरह जानते थे कि वह अपने सपनों को सिर्फ और सिर्फ कठिन परिश्रम से ही सच कर सकते थे। उन्होंने कहा भी था, ''जी-तोड़ मेहनत करो। आप इस कारण विफल नहीं होना चाहते कि आपने खूब मेहनत नहीं की। मैं कभी कोई प्रतियोगिता या चुनाव इस कारण नहीं हारना चाहता था कि मैंने पूरी मेहनत नहीं की। मैं हमेशा से मानता रहा हूँ कि कोई कसर नहीं छोड़ूँगा।''

अर्नोल्ड का यह भी मानना है कि कठिन परिश्रम के साथ ही व्यक्ति में आत्म-अनुशासन भी होना चाहिए। उदाहरण के लिए बॉडी बिल्डिंग चैंपियन बनने के लिए, उन्होंने बिना थके अत्यंत अनुशासित जीवन पद्धति को अपनाया। उन्होंने कहा था, ''मैं हमेशा से नंबर वन बनना चाहता था। मैंने इस बात को बहुत गंभीरता से लिया। अपने कॅरियर में...मैं केवल एक बॉडी बिल्डिंग चैंपियन ही नहीं बनना चाहता था। मैं अब तक का सर्वश्रेष्ठ बॉडी बिल्डर बनना चाहता था।'' इस मकसद से वह एकदम सुबह जिम पहुँच जाते थे और कम-से-कम पाँच घंटे तक लगातार व्यायाम करते थे। बीस वर्ष की आयु में वह सबसे युवा मिस्टर यूनिवर्स बने तथा इस खिताब को उन्होंने पाँच बार जीता। तेईस वर्ष की उम्र में वह सबसे युवा मिस्टर ओलिंपिया बने, और सात बार इस खिताब पर कब्जा जमाया। इन उल्लेखनीय उपलब्धियों के साथ ही अर्नोल्ड ने दुनिया भर में बॉडी बिल्डिंग के प्रति लोगों की अभिरुचि बढ़ाई और एक दर्शक वर्ग

को तैयार किया। यही नहीं, उन्होंने अपने आपको उस खेल की एक हस्ती भी बना लिया।

1968 में अमेरिका आकर बसने के बाद अर्नोल्ड एक बेहतरीन हॉलीवुड एक्टर बनने के लिए जी-जान से जुट गए। एक्टिंग सीखने के क्लास के साथ ही उन्होंने अंग्रेजी सीखने, उच्चारण में सुधार करने और संवाद बोलने के क्लास शुरू कर दिए। यूनिवर्सिटी ऑफ विस्कॉन्सिन-सुपीरियर से उन्होंने पत्राचार के माध्यम से बी.ए. की डिग्री हासिल की। साथ ही फिटनेस और बिजनेस एडमिनिस्ट्रेशन में इंटरनेशनल मार्केटिंग की उच्च डिग्री भी प्राप्त की।

अपने अनुशासन, समर्पण, कठोर परिश्रम, लगन और निरंतरता के कारण अर्नोल्ड ने जल्दी ही हॉलीवुड में अपनी मौजूदगी दर्ज करा दी। कुछ छोटे-छोटे किरदार निभाने के बाद, उन्होंने स्टे हंगरी में अपने प्रदर्शन के लिए 1976 का बेस्ट न्यूकमर का 'ग्लोडन ग्लोब' पुरस्कार जीता। उन्हें एक बड़ा ब्रेक 1982 में मिला, जब उनकी फिल्म 'कॉनन द बारबेरियन' बॉक्स ऑफिस पर जबरदस्त हिट साबित हुई। आगे चलकर जिम कैमरन के विज्ञान पर आधारित रोमांच से भरपूर फिल्मों 'द टर्मिनेटर' (1984), 'टर्मिनेटर 2 : जजमेंट डे' (1991) और 'टर्मिनेटर 3 : राइज ऑफ मशींस' (2003) में मुख्य किरदार की भूमिका निभाकर अपना नाम सिनेमा इतिहास के पन्नों में सुनहरे अक्षरों से लिख दिया।

हॉलीवुड में अपने कॅरियर की शुरुआत से पहले अर्नोल्ड ने अपने आपको एक सफल व्यवसायी भी साबित किया था। उन दिनों वह एक जबरदस्त लक्ष्य निर्धारक थे तथा अपने लक्ष्यों को साल की शुरुआत में इंडेक्स कार्ड पर लिख लिया करते थे। उन लक्ष्यों को प्राप्त करने और सफल होने की दिशा में वह पूरे तन-मन से असाधारण अनुशासन के साथ भिड़ जाते थे। तीस वर्ष की आयु से पहले ही वह अपने मेल-ऑर्डर तथा रीयल एस्टेट में निवेश के कारोबार से एक करोड़पति बन गए।

2003 में अर्नोल्ड ने अपने प्रण और दृढ़संकल्प का परिचय दिया, जब उन्होंने कैलिफॉर्निया के गवर्नर पद का चुनाव लड़ने का फैसला किया और आसानी से उस चुनाव को जीतकर राज्य के अड़तीसवें गवर्नर बन गए। 2003 से 2010 तक उन्होंने गवर्नर के पद पर काम किया, और इस दौरान अर्नोल्ड ने अपने नेतृत्व में नए-नए प्रयोग के साथ ही लोगों की असाधारण सेवा की।

वारेन बफेट

(अमेरिकी कारोबारी, निवेशक और परोपकारी)

बीसवीं सदी के सबसे सफल निवेशी माने जानेवाले वारेन बफेट का जन्म 30 अगस्त, 1930 में नेब्रास्का के ओमाहा में हुआ था। बफेट ने पैसे बनाने में अपनी दिलचस्पी तभी जाहिर कर दी थी, जब वह एक बच्चे थे। 'फोर्ब्स' मैगजीन को दिए एक इंटरव्यू में बफेट ने कहा, ''सच बताऊँ, तो मैं लकी था कि मैंने बहुत जल्द शुरुआत की। मेरे पिता निवेश के कारोबार में थे, इसलिए मैं हर शनिवार को उनके दफ्तर चला जाया करता था। सात वर्ष या उसके आसपास की उम्र में मैंने उन किताबों को पढ़ना शुरू किया, जो वहाँ रखी रहती थीं। मैंने बहुत पहले तय कर लिया था कि मुझे क्या करना है। मुझे इसका जबरदस्त फायदा मिला।''

एक बच्चे के तौर पर बफेट ने चुइंग गम, कोका-कोला, और घर-घर जाकर पत्रिका बेचने का काम किया। वह जब हाई स्कूल में थे, तब उन्होंने अखबार, स्टैंप और गोल्फ की गेंद बेचकर पैसे कमाए। इसके साथ ही अपने पिता के कारोबार में निवेश किया और एक फॉर्म खरीदा। बीस वर्ष की आयु में जब वह कोलंबिया यूनिवर्सिटी में स्नातकोत्तर के छात्र थे, तब बफेट ने 9,800 डॉलर (लगभग 94,000 डॉलर मुद्रास्फीति के कारण समायोजित किया गया) बनाए।

बफेट अपने निजी और पेशेवर जीवन में एकदम अनुशासित रहते हैं। बेहिसाब दौलत के बावजूद वह एक अनुशासित और कंजूसी वाला जीवन बिताते हैं। मिसाल के तौर पर, वह ओमाहा के पाँच बेडरूम के प्लास्टर वाले मकान में रहते हैं, जिसे उन्होंने 1957 में 31,500 डॉलर में खरीदा था। दिसंबर 2006 में ऐसा बताया गया कि बफेट कभी सेलफोन नहीं रखते और अपनी कार खुद चलाते हैं। वह हर दिन पाँच अखबार भी पढ़ते हैं। बफेट ने निवेश की रणनीतियों में भी अनुशासन का परिचय दिया है।

2008 में 'फोर्ब्स' पत्रिका ने बफेट को दुनिया का सबसे अमीर आदमी घोषित किया था, जिनकी अनुमानित संपत्ति लगभग 62 बिलियन डॉलर बताई गई थी। 2009 में चैरिटी को कई बिलियन डॉलर दान करने क बाद उन्हें दुनिया का दूसरा सबसे अमीर आदमी बताया गया। उनकी संपत्ति 37 बिलियन डॉलर की थी। सितंबर 2014 में बफेट की कुल संपत्ति 67.6 बिलियन डॉलर की थी।

2011 में राष्ट्रपति बराक ओबामा ने बफेट को स्वतंत्रता का 'प्रेसीडेंट मेडल' दिया। 2012 में 'टाइम' मैगजीन ने बफेट को दुनिया सबसे प्रभावशाली लोगों में

से एक घोषित किया। बफेट ने शपथ ली है कि वह अपनी 99 फीसदी कमाई परोपकारी कार्यों के लिए दान कर देंगे और इसके लिए उन्होंने बिल और मेलिंडा गेस्ट फाउंडेशन को चुना है।

डेविड बेकहम

(ब्रिटिश फुटबॉल खिलाड़ी)

ब्रिटेन में फुटबॉल के मसीहा बन चुके डेविड बेकहम का जन्म 2 मई, 1975 को इंग्लैंड के लिटनस्टोन में हुआ था। 1998 से 2009 तक वह इंग्लैंड की राष्ट्रीय टीम के कप्तान रहे। बेकहम के पेशेवर कॅरियर की शुरुआत मैनचेस्टर यूनाइटेड से हुई, जहाँ उन्होंने सत्रह साल की उम्र में 1992 में अपना पहला मैच खेला। 1992 से 2003 तक उन्होंने मैनचेस्टर यूनाटेड के लिए करीब चार सौ मैचे खेले और पचासी गोल किए।

बेकहम को उनके प्रशंसनीय अनुशासन और उसूलों के लिए एक आदर्श माना जाता है। बचपन से ही बेकहम अति उत्साही, अनुशासित, समर्पित और परिश्रमी थे। जब वह छोटे बच्चे थे तब, जब भी उनके टीचर उनसे पूछते कि वह बड़े होकर क्या बनना चाहते हैं, तो वह कहते कि वह एक फुटबॉल खिलाड़ी बनना चाहते हैं। उन्हें पता था कि वह क्या चाहते हैं और उन्होंने अपने लक्ष्य को हासिल करने के लिए हर संभव प्रयास किए।

उदाहरण के लिए बड़े होने के दौरान, रोजाना की ट्रेनिंग के बाद, बेकहम कई घंटे तक अपनी खास फ्री किक, पासिंग और कॉर्नर किक की प्रैक्टिस करते थे। इस हुनर के चलते ही वह एकदम सटीक गोल दागने के लिए मशहूर हुए। 1986 से 2013 तक मैनचेस्टर यूनाइटेड के मैनेजर, सर एलेक्स फर्गुसन ने लिखा, ''बेकहम ब्रिटेन में फुटबॉल के बेहतरीन स्ट्राइकर हैं, लेकिन ऐसा ईश्वर के दिए हुनर की वजह से नहीं बल्कि बिना थके उस जबरदस्त अभ्यास की वजह है, जिसके बारे में कम हुनर वाले अनेक खिलाड़ी सोच भी नहीं सकते।''

मई 2013 में बेकहम ने कहा, ''मैं बस इतना चाहता हूँ कि लोग मुझे परिश्रमी फुटबॉलर के रूप में देखें। किसी ऐसे खिलाड़ी के रूप में, जिसे इस खेल से गहरा लगाव है। कोई ऐसा, जो जब भी मैदान पर उतरता है, अपना सबकुछ लगा देता है; क्योंकि मेरे अंदर ऐसी इच्छा होती है और पीछे मुड़कर मैं भी देखता हूँ तो मुझे अच्छा लगता है। मैं उम्मीद करता हूँ कि लोग मुझे इसी नजर से देखेंगे।''

1990 में बेकहम को उस वर्ष का पंद्रह वर्ष से कम उम्र का खिलाड़ी घोषित किया गया। 1997 में उन्हें प्रोफेशन फुटबॉलर्स एसोसिएशंस द्वारा 'यंग प्लेयर ऑफ द ईयर' चुना गया। 2004 में फीफा की सौवीं वर्षगाँठ के उत्सव के मौके पर बेकहम को एक सौ पच्चीस महानतम जीवित फुटबॉल खिलाड़ियों में से एक चुना गया। 2006 के फीफा वर्ल्ड कप में बेकहम इंग्लैंड के अब तक के पहले खिलाड़ी बन गए, जिन्होंने तीनों विश्व कप में स्कोर किया।

सेबास्टियन को

(पूर्व ब्रिटिश ट्रैक और फील्ड धावक)

सेबास्टियन को (जन्म 29 सितंबर, 1956 इंग्लैंड के लंदन में) अब तक के महानतम मध्यम दूरी के धावक माने जाते हैं। वह आधुनिक युग के एकमात्र ऐसे एथलीट हैं, जिन्होंने पंद्रह सौ मीटर की रेस में दो बार ओलंपिक में 'गोल्ड मेडल' जीता है। एक बार 1980 के मॉस्को ओलंपिक में और दूसरी बार 1984 में लॉस एंजिल्स ओलंपिक में। उन्होंने इन दोनों ही ओलंपिक में आठ सौ मीटर की रेस में 'सिल्वर मेडल' जीता।

1979 में उन्होंने मध्यम दूरी की ट्रैक स्पर्धाओं में आठ आउट और तीन इनडोर वर्ल्ड रिकॉर्ड भी बनाए। जुलाई और अगस्त 1979 में बयालीस दिनों के भीतर, उन्होंने आठ सौ मीटर, पंद्रह सौ मीटर और एक मील की दौड़ में नए विश्व रिकॉर्ड बनाए।

को अपने आत्म-अनुशासन, इच्छाशक्ति तथा संयम के कारण चार ओलंपिक मेडल जीतने और विश्व रिकॉर्ड बनाने में सफल हुए। वह बिना थके हर दिन कठोर अभ्यास किया करते थे और सफलता प्राप्त करने के लिए वह कोई भी त्याग करने, कितना भी कष्ट उठाने के लिए तैयार रहते थे। उनमें इतना जबरदस्त अनुशासन था कि क्रिसमस के दिन भी एकदम सुबह उठकर ट्रेनिंग सत्र में हिस्सा लेने पहुँच जाते थे।

हेल गेब्रेसेलासी

(दो ओलंपिक खेलों में 'गोल्ड मेडल' जीतनेवाले इथियोपियाई लंबी दूरी के धावक)

हेल गेब्रेसेलासी को कई लोग अब तक का महानतम लंबी दूरी का धावक

मानते हैं और वह इथियोपिया के लोगों के लिए एक राष्ट्रीय हस्ती हैं। हेल ने एथलेटिक्स में सत्ताईस वर्ल्ड रिकॉर्ड बनाए हैं, दस हजार मीटर की रेस में दो ओलंपिक 'गोल्ड मेडल' जीते हैं और इतनी ही दूरी की रेस में चार वर्ल्ड चैंपियनशिप भी जीती है।

बड़े होने के दौरान हेल को हर दिन स्कूल जाते और लौटते समय दस किलोमीटर की दूरी दौड़कर तय करनी पड़ती थी। चूँकि वह बाएँ हाथ में किताब लेकर दौड़ते थे, इस कारण उनके दौड़ने का एक अनोखा तरीका दिखता था—उनका दाहिना हाथ, जहाँ आगे-पीछे हरकत करता था, वहीं बायाँ हाथ स्थिर और टेढ़ा रहता था।

हेल ने अपना पहला आधिकारिक रेस तब जीता, जब वह आठ वर्ष के थे तथा उन्होंने पंद्रह वर्ष की आयु में अपने मैराथन में हिस्सा लिया था। अंतरराष्ट्रीय स्तर पर उन्हें पहली बड़ी सफलता उन्नीस वर्ष की आयु में मिली, जब उन्होंने 1992 में पाँच हजार और दस हजार मीटर की रेस में जूनियर वर्ल्ड टाइटल जीता। 1996 अटलांटा ओलंपिक में उन्होंने दस हजार मीटर रेस में गोल्ड जीता और साल 2000 के सिडनी ओलंपिक में हेल ने अपने दस हजार मीटर के खिताब को बचाए रखा। 2004 के एथेंस ओलंपिक के बाद हेल ने मैराथनों और रोड रेस पर अपना ध्यान लगा दिया। 2007 में उन्होंने बर्लिन मैराथन जीता तथा 2:04:26 का नया वर्ल्ड रिकॉर्ड बनाया। अगले ही साल उन्होंने इस समय में सुधार करते हुए 2:03:59 का समय दर्ज कराया।

हेल की उपलब्धियाँ उनके आत्म-अनुशासन, कर्मठता और कठोर परिश्रम का परिणाम थीं। उन्होंने कहा, "सभी एथलीटों को इन तीन चीजों की आवश्यकता पड़ती है। इनके बिना लंबे समय तक दौड़ते रहना संभव नहीं है।" वह आज भी हर दिन सुबह 5:00 बजे जागते हैं और एक अनुशासित रूटीन का पालन करते हैं।

हेल जितना सफल खेलों में हुए उतने ही सफल कारोबारी भी हैं। उन्होंने इथियोपिया में एक सफल कारोबार खड़ा किया तथा उनके पास एक होटल, कई थिएटर, कार शो रूम और रीयल एस्टेट का कारोबार है। वह सैकड़ों लोगों को नौकरी पर रखते हैं तथा इथियोपिया के सबसे धनी व्यक्तियों में से एक हैं। अपने परोपकारी कार्यों के अंतर्गत हेल ने इथियोपिया में दो प्राथमिक स्कूल भी बनवाए हैं।

ब्रायन ट्रेसी

(कनाडा के उद्यमी, पब्लिक स्पीकर और लेखक)

ब्रायन ट्रेसी का जन्म 5 जनवरी, 1944 को प्रिंस एडवार्ड द्वीप के शार्लेटटाउन में हुआ था। सोलह वर्ष को आयु में ट्रेसी ने हाई स्कूल की पढ़ाई बीच में ही छोड़ दी और लकड़ी चीरनेवाली मिलों, फैक्टरियों तथा निर्माण परियोजनाओं में मजदूरी शुरू कर दी। मजदूरी करने के दौरान उन्हें हर दिन सुबह 5:00 बजे उठना पड़ता था, जिससे कि वह तीन बसों को बदलकर निर्माण स्थल तक सुबह 8:00 बजे से पहले पहुँच जाएँ। सामान्य तौर पर वह शाम के 7:00 बजे घर पहुँचते थे और दिन भर निर्माण सामग्री ढोकर बुरी तरह थक जाते थे। वह किसी तरह अपना जीवन चलाने भर पैसा कमा पाते थे। उनके पास कार नहीं थी, कोई बचत भी नहीं थी और जरूरत भर के ही कपड़े थे। उनके पास कोई रेडियो या टेलीविजन भी नहीं था, और महीने के अंत में उनके पास बहुत थोड़े से पैसे बचते थे।

पाँच वर्षों तक मजदूरी करते हुए ट्रेसी की उम्र जब इक्कीस की हुई, तब सीमित कौशल और शिक्षा की वजह से उनका जीवन ठहर गया है। वह समझ रहे थे कि जब तक वह अपने अंदर बदलाव नहीं लाएँगे, तब तक कुछ भी नहीं बदलेगा। ट्रेसी मानते थे कि अपने जीवन के लिए और जो कुछ उनके साथ हो रहा है, उसके लिए वही पूरी तरह उत्तरदायी हैं। वह इस नतीजे पर पहुँचे कि यदि उन्होंने अपने जीवन में बदलाव के लिए कुछ नहीं किया तो वह उसी तरह चलता चला जाएगा। सच से हुए इस साक्षात्कार ने उनकी सोच को बदल दिया और उन्होंने तय कर लिया कि वह जीवन में सफलता के लिए भरपूर प्रयास करेंगे।

ट्रेसी ने सफलता और उपलब्धियों के विषय पर लिखी पुस्तकें और लेख पढ़ना शुरू किया। इनसे उन्होंने यह जाना कि शानदार जीवन के लिए आत्म-अनुशासन एक मूलमंत्र है और उसके बिना लंबे समय तक सफल बने रहना संभव नहीं है। अपने आप से लगातार अधिक से अधिक माँग करने के कारण वह सेल्स में और फिर प्रबंधन में सफल हुए। उन्होंने तीस की उम्र को पार करने के बाद एम.बी.ए. किया। उन्होंने कनाडा में सुजुकी की गाड़ियों के आयात का कारोबार शुरू किया, और पैंसठ डीलरशिप स्थापित करने के साथ ही 25 मिलियन डॉलर की गाड़ियों की बिक्री की। इसके बाद उन्होंने बिना किसी जानकारी या अनुभव के ही रीयल एस्टेट में हाथ आजमाया और अनुशासन की शक्ति का उपयोग किया। इस दौरान

उन्होंने कई सौ घंटे तक काम किया और उस क्षेत्र के संबंध में अध्ययन भी किया। वर्ष 1978 तक ट्रेसी एडमोंटन में एक रीयल एस्टेट डेवलपमेंट कंपनी, पैट्रिशियन लैंड कॉरपोरेशन में चीफ ऑपरेटिंग ऑफिसर बने, जिसके पास पूरे पश्चिमी कनाडा में कई संपत्तियाँ थीं। ट्रेसी ने शॉपिंग सेंटर, इंडस्ट्रियल पार्क, ऑफिस बिल्डिंग और आवासीय खंडों का निर्माण कराया।

ट्रेसी ने ट्रेनिंग, कंसल्टिंग, स्पीकिंग, राइटिंग, रिकॉर्डिंग और डिस्ट्रीब्यूशन में भी सफल कारोबार की स्थापना की। वह ब्रायन ट्रेसी इंटरनेशनल के चेयरमैन और सी.ई.ओ. हैं, जो व्यक्तियों और संगठनों की ट्रेनिंग विशिष्टता रखती है। उन्होंने पचपन पुस्तकें लिखी हैं, जिनका अनुवाद बयालीस भाषाओं में हुआ है और वे साठ देशों में उपलब्ध हैं। पिछले कई वर्षों में ट्रेसी ने लाइव सेमिनार और व्याख्यानों के जरिए एक हजार से अधिक कंपनियों को अपना परामर्श दिया है और पाँच मिलियन से भी अधिक लोगों को प्रशिक्षित किया है। ट्रेसी ने छह महादेशों के सौ से भी अधिक देशों का दौरा किया है, और वह चार भाषाएँ बोलते हैं।

बी.के.एस. आयंगर

(योग गुरु)

बी.के.एस. आयंगर को योग का माइकल एंजेलो और योगियों का राजा कहा जाता है। उनका जन्म 14 दिसंबर, 1918 को हुआ था। वह विश्व के सबसे प्रसिद्ध योग गुरु माने जाते हैं। अपनी अनुपम शैली से उन्होंने पश्चिमी जगत् को योग सिखाया। पिट्सबर्ग विश्वविद्यालय के मानवविज्ञानी जोसेफ एस. अल्टर के अनुसार, ''योग के वैश्विक प्रसार में अब तक आयंगर का प्रभाव सबसे अधिक रहा है।''

आयंगर का जन्म भारतीय राज्य कर्नाटक के एक गरीब परिवार में हुआ था। वह तेरह भाई-बहनों में ग्यारहवें नंबर की संतान थे। बचपन में वह बीमार और कमजोर थे। अकसर मलेरिया, तपेदिक, टायफॉयड फीवर तथा कुपोषण से जूझते रहते थे। वह जब पंद्रह वर्ष के हुए, तब उनके बहनोई ने उनके स्वास्थ्य में सुधार के उद्देश्य से उन्हें योग के आसन सिखाए। योग के नियमित और चरणबद्ध अभ्यास से आयंगर के स्वास्थ्य में लगातार सुधार आने लगा।

अठारह वर्ष के होने पर आयंगर ने भारत के पुणे में योग की शिक्षा देनी शुरू कर दी। समय के साथ-साथ योग के छात्रों की संख्या बढ़ने लगी और उनमें वायलिन वादक यहूदी मेनुहिन और अस्सी वर्षीय बेल्जियम की रानी एलिजाबेथ

भी शामिल थीं। 1952 में मेनुहिन की सहायता से आयंगर ने लंदन, स्विट्जरलैंड, पेरिस तथा अन्य यूरोपीय देशों में जाकर योग की शिक्षा दी।

अपनी शिक्षा से आयंगर ने यह संदेश दिया कि परम आत्म-अनुशासन से योग का अभ्यास करने से कोई भी एक स्वस्थ जीवन जी सकता है। उन्होंने यह भी बताया कि स्वास्थ्य की प्राप्ति शरीर, मन तथा आत्मा के बीच पूर्ण सामंजस्य से होती है। स्वयं आयंगर का जीवन भी इस दर्शन का एक जीता-जागता उदाहरण था। पंचानबे वर्ष की आयु में भी अच्छे स्वास्थ्य के लिए वह प्रतिदिन तीन घंटे तक योग के आसन और एक घंटे तक प्राणायाम (श्वास संबंधी व्यायाम) किया करते थे।

2014 में भारत सरकार ने आयंगर को अपने दूसरे सबसे बड़े नागरिक सम्मान 'पद्म विभूषण' से सम्मानित किया। सैन फ्रांसिस्को के पर्यवेक्षकों के बोर्ड ने 3 अक्तूबर, 2005 को 'बी.के.एस. आयंगर दिवस' घोषित किया। जून 2011 में चाइना पोस्ट की बीजिंग शाखा ने आयंगर के सम्मान में एक स्मारक डाक टिकट जारी किया। 2004 में 'टाइम' मैगजीन ने आयंगर को 100 सबसे प्रभावशाली लोगों में शामिल किया। आयंगर की मृत्यु 95 वर्ष की आयु में 20 अगस्त, 2014 को भारत के पुणे में हो गई।

आप भी आत्म-अनुशासित हो सकते हैं—

- स्व-प्रेरणा के गुण को विकसित करें, जिससे कि आप अपनी दैनिक दिनचर्या और योजनाओं को अपने आप तय कर सकें तथा आपको दूसरों के द्वारा उनके विषय में याद दिलाने की आवश्यकता न हो।
- अपने अंदर संयम विकसित करें, जिससे कि आप अपने विचारों, व्यवहार, कर्मों, भावनाओं, इच्छाओं तथा लोभ पर नियंत्रण रख सकें।
- अपना ध्यान महत्त्वपूर्ण विषयों पर लगाएँ तथा छोटी-मोटी बातों पर अपना ध्यान न भटकाएँ।
- अपने लक्ष्य की प्राप्ति के लिए यदि आवश्यक हो तो स्वयं अपने आपसे और दूसरों से 'नहीं' कहने की क्षमता विकसित करें।
- काम को टालने की आदत छोड़ें और सबसे कठिन या अरुचिकर कार्यों को पहले करना सीखें। किसी कठिन या अरुचिकर कार्य को पूरा करने के लिए उसे छोटे-छोटे टुकड़ों में बाँटें और फिर एक बार में एक हिस्से को निपटाएँ। इसके बाद दूसरे हिस्से की ओर बढ़ें।

- 'अभी ही करो!' की रणनीति को अपनाएँ, ताकि "आप जिस काम को आज कर सकते हैं, उसे कल पर न टालें।"
- आत्म-अनुशासन के लिए स्वस्थ रहना सबसे महत्त्वपूर्ण है। इसलिए स्वास्थ्यवर्धक भोजन करें तथा शारीरिक तंदुरुस्ती के लिए नियमित रूप से अभ्यास करें।

□

5

सफल लोग : अपने ऊपर विश्वास करते हैं

''मन ही सीमा है। जब तक मन यह देख पाता है कि आप कुछ कर सकते हैं, तब तक आप उसे कर पाते हैं, बशर्ते आपका उस पर 100 फीसदी भरोसा हो।''

—अर्नोल्ड श्वार्जनेगर

''यदि आप सोचते हैं कि आप कर सकते हैं'' या आप सोचते हैं कि नहीं कर सकते'' तो आप सही हैं!''

—हेनरी फोर्ड

सफल लोग अपनी क्षमता, कुशलता और सोच पर जबरदस्त भरोसा करते हैं तथा इस बात को लेकर आश्वस्त रहते हैं कि वे एक दिन अपने लक्ष्य को हासिल कर लेंगे और अपने सपनों को सच कर दिखाएँगे। वे आलोचना या विफलता से न तो हतोत्साहित होते हैं, न ही पीछे हटते हैं। वे नेपोलियन हिल के इन शब्दों पर विश्वास करते हैं—''यदि आप पर्याप्त भरोसे के साथ अपने ऊपर यकीन करते हैं और अपने भरोसे के मुताबिक कार्य करते हैं तो आप जो भी बनना चाहते हैं बन सकते हैं, क्योंकि मन जो कुछ सोचता और यकीन करता है, उसे हासिल भी कर सकता है।'' अपने ऊपर भरोसा करने की शक्ति का जीवंत उदाहरण बिल गेट्स, स्टीव जॉब्स, ओपरा विनफ्रे, रिचर्ड ब्रैनसन, एडमंड हिलेरी, तेनजिंग नोर्गे तथा इस अध्याय में वर्णित अन्य सफल लोगों की जबरदस्त उपलब्धियों के रूप में साफ-साफ दिखता है। इन आदर्श लोगों में मौजूद इस प्रमुख विशेषता को अपनाकर आप भी अपने जीवन में भरपूर सफलता के रास्ते पर बढ़ सकेंगे।

अपने ऊपर भरोसा करनेवाले लोगों के सामान्य लक्षण

- वे अपने ऊपर यकीन करते हैं। उन्हें चुनौतियों, रुकावटों और विपरीत परिस्थितियों का सामना करने के लिए अपनी क्षमता पर भरोसा होता है और वे उन पर विजय प्राप्त कर लेते हैं।
- वे विचलित नहीं होते। उनमें अपनी धारणाओं पर इतना विश्वास होता है कि वे नकारात्मक समीक्षाओं, आलोचनाओं और विफलताओं से विचलित नहीं होते।
- वे अपने आपसे बातें करते हैं। वे अपने आपसे सकारात्मक बातें करते हैं, जैसे—''मैं सफल हूँ'', ''मेरे अंदर जबरदस्त इच्छा शक्ति है'', और ''मैं बहुत अच्छा महसूस कर रहा हूँ।'' वे जब इस प्रकार के सकारात्मक कथन अपने आपसे कहते हैं, तो उनका दिमाग इन कथनों को उनके अवचेतन मन में सुरक्षित रख लेता है और उन पर कार्य करता है।
- वे सृजनात्मक होते हैं। वे समस्याओं को हल करने के लिए नए विचारों और तरीकों को अपनाते हैं।
- वे अपने विचारों, भावनाओं, क्रोध तथा आवेग पर अच्छी तरह काबू रखते हैं और अपने लक्ष्यों की प्राप्ति पर अपना ध्यान केंद्रित रखते हैं।

अपने ऊपर विश्वास करनेवाले सफल लोगों के उदाहरण—

एडमंड हिलेरी और तेनजिंग नोर्गे

(विश्व के सर्वोच्च पर्वत शिखर पर पहुँचनेवाले पहले इनसान)

सर एडमंड परसीवल हिलेरी का जन्म न्यूजीलैंड के ऑकलैंड में 20 जुलाई, 1919 को हुआ था। वह एक खोजकर्ता, पर्वतारोही तथा परोपकारी थे। पर्वतारोहण के प्रति हिलेरी के मन में उस समय ही एक आकर्षण पैदा हुआ, जब वह सेकंडरी स्कूल के छात्र थे। सोलह वर्ष की आयु में वह अपने स्कूल की तरफ से माउंट रुआपेहू कं ट्रिप पर गए थे, उसी दौरान उन्हें यह विश्वास हुआ कि उनमें इतनी शारीरिक क्षमता और दृढ़ता है कि वह एक सफल पर्वतारोही बन सकते हैं। 1939 में जब वह बीस वर्ष के थे, तब उन्होंने दक्षिणी आल्प्स की माउंट ओलिवियर की चोटी तक पहुँचकर पर्वतारोहण की पहली बड़ी उपलब्धि प्राप्त की।

ऑकलैंड यूनिवर्सिटी से गणित और विज्ञान में स्नातक की डिग्री हासिल

करने के बाद हिलेरी ने गरमियों के दिनों में मधुमक्खी पालन के पेशे को अपनाया, जिसके कारण वह सर्दियों में पर्वतारोहण का काम कर पाते थे। द्वितीय विश्वयुद्ध के दौरान हिलेरी एक नेविगेटर के तौर पर रॉयल न्यूजीलैंड एयर फोर्स में शामिल हो गए। युद्ध की समाप्ति के बाद उन्होंने एक बार फिर पर्वतारोहण के अपने शौक को आगे बढ़ाया। वह दुनिया की सबसे ऊँची चोटी, माउंट एवरेस्ट, को फतह करने का संकल्प ले चुके थे। 1948 में हिलेरी ने न्यूजीलैंड की सबसे ऊँची चोटी पर विजय प्राप्त किया। इस उपलब्धि के आधार पर उन्हें 1951 में ब्रिटेन द्वारा माउंट एवरेस्ट के टोही अभियान में शामिल होने का न्योता दिया गया। 1951 का अभियान विफल हो गया, लेकिन अगला ब्रिटिश अभियान फिर से 1953 में शुरू किया गया। पहले दो पर्वतारोही जब थककर लौट आए, तब हिलेरी और उनके शेरपा गाइड, तेनजिंग नोर्गे को चोटी की चढ़ाई के लिए भेजा गया। 29 मई, 1953 को सुबह 11:30 बजे वे 29,035 फीट ऊँची चोटी पर विजय पाने में कामयाब रहे। हिलेरी और नोर्गे करीब पंद्रह मिनट तक चोटी पर रहे। हिलेरी ने नोर्गे की तसवीर खींची, जिसमें उनकी बर्फ काटनेवाली कुल्हाड़ी के साथ भारत, ब्रिटेन, नेपाल और संयुक्त राष्ट्र संघ के झंडे बँधे थे। हिलेरी ने वहाँ एक क्रूस भी गाड़ा, जबकि नोर्गे ने एक गड्ढा खोदा और उसे चॉकलेट्स से भर दिया।

हिलेरी ने 1956, 1960-61 और 1963-65 में हिमालय की दस और भी चोटियों की चढ़ाई की। कॉमनवेल्थ ट्रांस-आर्कटिक एक्सपीडीशन के अंतर्गत, हिलेरी 4 जनवरी, 1958 को एक ट्रैक्टर से दक्षिणी ध्रुव तक पहुँचे। इसके बाद वह उत्तरी ध्रुव भी गए, और इस तरह पहले ऐसे व्यक्ति बन गए, जिसने दोनों ध्रुवों के साथ माउंट एवरेस्ट की चढ़ाई भी की थी।

1985 में हिलेरी को भारत में न्यूजीलैंड का उच्चायुक्त नियुक्त किया गया। नई दिल्ली में इस पद पर तैनाती के दौरान वह करीब साढ़े चार साल तक रहे। आगे चलकर उन्होंने अपने जीवन का एक बड़ा हिस्सा हिमालयन ट्रस्ट के जरिए नेपाल के शेरपा लोगों की मदद में लगाया। इस ट्रस्ट की स्थापना उन्होंने ही की थी। हिमालयन ट्रस्ट ने हिमालय के सुदूर क्षेत्रों में कई स्कूलों और अस्पतालों की स्थापना की। हिलेरी की मृत्यु 11 जनवरी, 2008 को अट्ठासी वर्ष की आयु में हो गई।

तेनजिंग नोर्गे का जन्म नामग्याल वांगड़ी के रूर में हुआ और उन्हें अकसर शेरपा तेनजिंग के नाम से ही जाना गया। वह एक नेपाली शेरपा पर्वतारोही थे। उनके जन्म की सही तारीख ज्ञात नहीं है, लेकिन माना जाता है कि उनका जन्म 1914 में हुआ था। तेनजिंग जवानी के दिनों में दो बार अपने घर से भाग निकले थे। पहली

बार वह काठमांडू पहुँच गए और दूसरी बार दार्जिलिंग आ गए।

1930 के दशक में तेनजिंग ने ब्रिटेन द्वारा माउंट एवरेस्ट पर उत्तरी तिब्बत की तरफ से चढ़ाई के तीन आधिकारिक प्रयासों में ऊँची पहाड़ी तक जानेवाले पोर्टर के तौर पर हिस्सा लिया। उन्होंने 1936, 1947 और 1952 के पर्वतारोहण अभियानों में भी हिस्सा लिया। माउंट एवरेस्ट पर विजय पाने के बाद तेनजिंग दार्जिलिंग में स्थित हिमालयन माउंटेनियरिंग इंस्टीट्यूट के पहले फील्ड डायरेक्टर बने, जिसकी स्थापना 1954 में की गई थी। 1978 में उन्होंने तेनजिंग नोर्गे एडवेंचर्स की स्थापना की। यह एक कंपनी थी, जो हिमालय में ट्रेकिंग के एडवेंचर का मौका देती थी। 'टाइम' मैगजीन ने उन्हें 20वीं सदी के 100 सबसे अधिक प्रभावशाली व्यक्तियों में शुमार किया।

इकहत्तर वर्ष की आयु में मस्तिष्क में रक्तस्राव के कारण तेनजिंग की मौत 1986 में दार्जिलिंग में हो गई।

एल्विस प्रेस्ली

('रॉक एंड रोल' के किंग)

बीसवीं सदी की पॉप संस्कृति की सबसे प्रमुख हस्ती के तौर पर दुनिया भर में विख्यात एल्विस एरन प्रेस्ली का जन्म 8 जनवरी, 1935 को मिसिसिपी के तुपेलो में हुआ था। इकलौती संतान होने की वजह से एल्विस अपनी माँ और पिता दोनों के बेहद करीब थे, लेकिन अपनी माँ ग्लैडिस के साथ उनकी करीबी बहुत ज्यादा थी।

1953 में हाई स्कूल की पढ़ाई पूरी करने के बाद एल्विस ने अलग-अलग तरह के कई काम किए। साथ ही संगीत के अपने शौक को भी आगे बढ़ाया। थोड़े समय के लिए उन्होंने ट्रक ड्राइवर की नौकरी की, फिर कुछ समय सेना में बिताता। 1958 से 1960 तक उन्होंने एक सैनिक के रूप में काम किया।

एक जाने-माने गायक के रूप में ख्याति पाने से पहले उन्हें अनेक प्रकार के अपमान, भेदभाव और पक्षपात का सामना करना पड़ा। उदाहरण के लिए, उन्हें बार-बार यही कहा जाता था कि वह कभी एक गायक नहीं बन पाएँगे। उनके सहपाठी 'मम्मी का दुलारा' कहकर उनका मजाक उड़ाया करते थे, साथ ही उनके कपड़े पहनने के अंदाज पर भी चुटकी लेते थे।

इस प्रकार की आलोचना, हतोत्साहित करनेवाले कमेंट और नकारे जाने के बावजूद एल्विस को अपने ऊपर भरोसा था और उन्होंने संगीत के प्रति अपने

लगाव को कभी कम नहीं होने दिया। उन्होंने ही कहा था, "जब मैं एक बच्चा था, तभी से मैं जानता था कि मेरे साथ कुछ बड़ा होनेवाला है। बस पता नहीं था कि क्या होनेवाला है।" वह जानते थे कि यदि उनका विश्वास अपने ऊपर बना रहे, तो कुछ भी असंभव नहीं, इसलिए वह सदैव अपने गाने और मनोरंजन करने की क्षमता पर भरोसा रखते थे। कड़ी मेहनत करने के साथ ही लगातार जुटे रहने, सृजनात्मकता और लगाव से एल्विस ने रुकावटों को पार करने के रास्ते ढूँढ़े और गायक बनने का सपना सच कर दिखाया।

अपने ऊपर विश्वास करने के इस गुण के कारण ही एल्विस को स्टारडम हासिल हुआ। 1956 आते-आते वह अपनी अनोखी आवाज और शैली के कारण एक अंतरराष्ट्रीय सनसनी बन चुके थे। उन्होंने संगीत और पॉप संस्कृति के एक नए युग की शुरुआत की। दुनिया भर में उनके एक बिलियन से भी अधिक रेकॉर्ड बिके। चौदह बार उन्हें 'ग्रैमी' के लिए नामित किया गया और तीन बार उन्हें अवार्ड भी मिले, और छत्तीस वर्ष की उम्र में उन्हें 'ग्रैमी लाइफटाइम अचीवमेंट अवार्ड' भी मिला। उन्होंने तैंतीस फिल्मों में अभिनय भी किया, जिनमें से कई हिट हुईं।

एल्विस की मृत्यु 16 अगस्त, 1977 को बयालीस वर्ष की उम्र में हार्ट फेल होने के कारण हो गई। उन्हें टेनेसी के मेंफिस में अपने माता-पिता और दादी की कब्र के करीब ग्रेसलैंड में दफना दिया गया।

स्टीव जॉब्स

(एप्पल कंप्यूटर्स के सह-संस्थापक)

उद्यमी, क्रिएटिव, जीनियस और दूरदर्शी स्टीव जॉब्स एप्पल कंप्यूटर्स के सहसंस्थापक थे। 24 फरवरी, 1955 को कैलिफॉर्निया के सैन फ्रांसिस्को में जनमे जॉब्स को उनके जैविक माता-पिता ने गोद लिये जाने के लिए छोड़ दिया।

अपने जीवन के दौरान जॉब्स को अनेक विफलताओं, झटकों और रुकावटों का सामना करना पड़ा, लेकिन अपने ऊपर जबरदस्त विश्वास के कारण जॉब्स इनसे उबरने में सक्षम हुए। उदाहरण के लिए, 1972 में हाई स्कूल की पढ़ाई पूरी करने के बाद जॉब्स ने रीड कॉलेज में दाखिला लिया। रीड बेहद महँगा कॉलेज था, और जॉब्स को गोद लेनेवाले अभिभावक उनकी पढ़ाई का पैसा नहीं जुटा सके, इस कारण छह महीने बाद ही उन्होंने कॉलेज की पढ़ाई छोड़ दी। रीड में बिताए थोड़े दिनों के दौरान, वह दोस्तों के कमरे की फर्श पर सोते थे, क्योंकि उनके पास

डॉरमिटरी का कमरा नहीं था। अपने खर्चे पूरे करने के लिए वह कोक के खाली बोतल इकट्ठा किया करते थे और कभी-कभी स्थानीय हरे कृष्ण मंदिर में मुफ्त भोजन किया करते थे।

1976 में इक्कीस वर्ष की उम्र में जॉब्स और उनके दोस्त स्टीव वोजनियाक ने एप्पल कंप्यूटर्स की शुरुआत जॉब्स के अभिभावकों के गैराज से की। कंपनी का नाम 'एप्पल' इस कारण रखा गया, क्योंकि जॉब्स गरमियों में सेब चुनने की नौकरी किया करते थे। शुरुआत में कुछ वर्षों तक मिली सफलता के बाद 1982 में कंपनी की बिक्री कम हुई, क्योंकि उन्हें IBM के नए कंप्यूटरों से कड़ी टक्कर मिल रही थी। 1985 में जॉब्स को अपने द्वारा स्थापित कंपनी से ही, उसके सी.ई.ओ., जॉन स्कली ने एप्पल पर नियंत्रण को लेकर हुए विवाद के बाद बाहर निकाल दिया। हार मान लेने या हताश होने की बजाय जॉब्स ने अपने ऊपर भरोसा बनाए रखा। 2005 में स्टेनफोर्ड यूनिवर्सिटी के छात्रों को दिए व्याख्यान में जॉब्स ने कहा कि एप्पल से निकाला जाना उनके लिए बहुत अच्छा साबित हुआ। ''सफल होने के बोझ की बजाय मैं अब फिर से शुरुआत करने की राहत को महसूस कर रहा था, अब मैं सबकुछ को लेकर इतना निश्चिंत नहीं था। इससे मुझे अपने जीवन की सबसे रचनात्मक अवधि में प्रवेश करने का अवसर मिला।'' जॉब्स ने यह भी कहा, ''मुझे पूरा विश्वास है कि अगर मुझे एप्पल से निकाला नहीं जाता तो यह सबकुछ नहीं हो सकता था। वह एक कड़वी दवाई थी, लेकिन मुझे लगता है कि मरीजों को इसकी जरूरत पड़ती है।''

1985 में जॉब्स ने एक हार्डवेयर और सॉफ्टवेयर कंपनी की स्थापना की, जिसका नाम था 'नेक्स्ट' (NeXT Inc)। पहले साल, कंपनी के पास कोई उत्पाद नहीं था, और इस कारण उसके पास पैसे की कमी हो गई। जॉब्स ने हार नहीं मानी और उन्होंने उद्यम पूँजी की अपील की। सौभाग्य से अरबपति रॉस पेरोट ने नेक्स्ट में जबरदस्त निवेश किया। हालाँकि नेक्स्ट बहुत अधिक सफल नहीं रही। संघर्ष कर रही कंपनी को 1997 में 429 मिलियन डॉलर में एप्पल कंप्यूटर्स ने खरीद लिया तथा जॉब्स को एप्पल का सी.ई.ओ. बनाया गया।

एक बार जॉब्स ने एप्पल में वापसी की तो उन्होंने कंपनी में नया जोश भर दिया और आईपॉड, आईपैड तथा आईट्यूंस जैसे नए-नए उत्पादों की शुरुआत हुई। जॉब्स की ओर से ब्रांड को लोकप्रिय बनाने के लिए चलाए गए अभियान और अत्याधुनिक डिजाइन ने एप्पल को एक बेहद सफल कंपनी बना दिया। 'फॉर्चून' पत्रिका ने एप्पल को अमेरिका की सबसे सराही जानेवाली कंपनी के वर्ग में पहला स्थान दिया है।

1986 में जॉब्स ने जिस ग्राफिक कंपनी पिक्सर को लुकास फिल्म्स से खरीदा, वह भी जबरदस्त रूप से सफल हुई। 'टॉय स्टोरी', 'ए बग्स लाइफ' और 'फाइंडिंग निमो' जैसी कंप्यूटर एनिमेशन फिल्मों ने जॉब्स को एक अरबपति बना दिया। अग्न्याशय के कैंसर के कारण जॉब्स की मृत्यु 5 अक्तूबर, 2011 को हो गई।

मेरी के ऐश

(मेरी के कॉस्मेटिक इंक. की संस्थापिका)

मेरी के ऐश (जन्म 12 मई, 1918 को टेक्सास के हॉट वेल्स) एक अमेरिकी उद्यमी और महिला कारोबारी थीं। उन्होंने अमेरिका में महिला कारोबारियों को बढ़ावा देने में एक महत्त्वपूर्ण भूमिका निभाई। एक कारोबारी के तौर पर ऐश की जबरदस्त सफलता के पीछे उनके आत्मविश्वास के साथ ही उनके करिश्मा, आशावादिता और सकारात्मक रुख का योगदान था।

घरेलू सामान और सफाई के उत्पाद सीधे घरों को बेचनेवाली स्टेनली होम प्रॉडक्ट्स नाम की कंपनी के लिए काम करने के दौरान, ऐश यह देखकर निराश हो जाया करती थीं कि पुरुषों के दबदबे वाले कॉरपोरेट जगत् में महिलाओं को आगे बढ़ने का मौका नहीं मिलता। वह सबसे अधिक बिक्री करनेवाली कर्मचारी थीं, इसके बावजूद कम सक्षम और काबिल पुरुष सहयोगियों को प्रमोशन देकर उनके ऊपर बिठा दिया गया। ऐश ने अगली नौकरी वर्ल्ड गिफ्ट कंपनी में की, जहाँ उनके सुझावों को पुरुष सहयोगी अकसर इस कमेंट के साथ खारिज कर दिया करते थे, ''ओह, मेरी के, तुम बस एक महिला की तरह सोच रही हो!'' 1962 में जब उस पुरुष को जिसे उन्होंने ट्रेनिंग दी थी, उनका सुपरवाइजर बना दिया गया और दोगुना वेतन दिया गया, तब ऐश ने वर्ल्ड गिफ्ट कंपनी की नौकरी छोड़ दी।

काम की पारंपरिक जगहों पर लगातार बुरे अनुभवों का सामना करने के बाद ऐश ने एक किताब लिखी, जिसमें महिलाओं को उन मुश्किलों में फँसने से बचने की सलाह दी, जिनका सामना उन्होंने अपने कॅरियर में किया था। उन्होंने दो सूचियाँ बनाईं, पहले में उन्होंने अपने नकारात्मक अनुभवों को लिखा और दूसरे में ऐसी विशेषताओं का वर्णन किया, जो महिलाओं के लिए किसी आदर्श 'ड्रीम कंपनी' में होनी चाहिए। दूसरी सूची की समीक्षा करते हुए ऐश ने सोचा, 'आखिर क्यों न एक ड्रीम कंपनी का सिद्धांत दिया जाए? क्यों न [मैं] एक कंपनी शुरू कर दूँ?' इस प्रकार 1963 में पैंतालीस वर्ष की उम्र में ऐश ने तय किया कि

वह पाँच हजार डॉलर की अपनी जीवन भर की कमाई से अपना कॉस्मेटिक्स का कारोबार शुरू करेंगी।

ऐश ने एक टैनिंग स्टोर से त्वचा के लोशन के लिए आवश्यक सामग्री की खरीदारी की और नौ दोस्तों की एक सेल्स टीम खड़ी कर दी। दुर्भाग्य से, कंपनी के खुलने से एक महीने पहले, कानूनी और वित्तीय तौर पर ऐश को मदद कर रहे, उनके पति की हार्ट अटैक से मृत्यु हो गई। यह मानकर कि अपने पति की मदद के बिना ऐश कामयाब नहीं हो सकेंगी, उनके वकील और अकाउंटेंट ने उन्हें अपनी योजना को छोड़ देने की सलाह दी। लेकिन अपने ऊपर ऐश का भरोसा कायम रहा और उन्होंने अपने वकील और अकाउंटेंट की सलाह पर ध्यान नहीं दिया। 13 सितंबर, 1963 को ऐश ने डलास में मेरी के कॉस्मेटिक्स की शुरुआत की।

प्रत्यक्ष कारोबार में ऐश की नई और अनोखी रणनीतियों के कारण, पहले चार महीने के भीतर मेरी के ने 34,000 डॉलर की कीमत के उत्पादों की बिक्री की। एक साल के भीतर कंपनी की बिक्री 800,000 डॉलर तक पहुँच गई और सेल्स टीम में अब तीन हजार कंसल्टेंट शामिल हो चुके थे। ऐश सबसे अच्छा प्रदर्शन करनेवाले कंसल्टेंट को हीरों के गहने, पाँच सितारा छुट्टियों और गुलाबी कैडिलैक कारों का तोहफा भी देती थीं। 1983 तक कंपनी की बिक्री 324 मिलियन डॉलर तक पहुँच गई, और 1993 तक बिक्री 1 बिलियन डॉलर तक जा पहुँची। अब यह अमेरिका में त्वचा की देखभाल करने के उत्पादों की सीधी बिक्री करनेवाली सबसे बड़ी कंपनी बन चुकी थी। 2001 में मेरी के कॉस्मेटिक्स के तिहत्तर देशों में आठ लाख प्रतिनिधि थे और कंपनी की कुल सालाना बिक्री 2 बिलियन डॉलर पर पहुँच गई। 2011 में मेरी के सीधी बिक्री करनेवाली दुनिया की छठी सबसे बड़ी कंपनी बन गई, जिसकी कुल बिक्री 2.9 बिलियन डॉलर थी। 'फॉर्चून' पत्रिका ने इस कंपनी को अमेरिका में काम करने के लिए 100 सबसे अच्छी कंपनियों में तीन बार शामिल किया।

अनेक कारोबारियों, नेताओं, शिक्षाविदों और लेखकों ने ऐश के आत्मविश्वास को पहचाना, साथ ही उनकी प्रतिभा और दृढ़संकल्प का लोहा भी माना है। अपने जीवनकाल में उन्हें अनेक प्रतिष्ठित पुरस्कारों से नवाजा गया। 22 नवंबर, 2001 को उनकी मृत्यु हुई। उसके बाद भी मरणोपरांत उन्हें कई पुरस्कार मिले। 'द वर्ल्ड ऑलमनैक एंड बुक ऑफ फैक्ट्स' (1985) ने उन्हें अमेरिका की 25 सबसे प्रभावशाली महिलाओं में से एक माना। 'फॉर्चून' पत्रिका ने (1996) उन्हें नेशनल बिजनेस हॉल ऑफ फेम में शामिल किया, लाइफटाइम टेलीविजन (1999) ने

उन्हें बीसवीं सदी की सबसे विख्यात महिला कारोबारी घोषित किया। यही नहीं, 2004 में पी.बी.एस. और व्हार्टन स्कूल ऑफ बिजनेस के 25 सबसे प्रभावशाली बिजनेस लीडरों में से एक माना गया।

बिल गेट्स

(माइक्रोसॉफ्ट के सह-संस्थापक)

पर्सनल कंप्यूटर की क्रांति लानेवाले बिल गेट्स को अपने ऊपर बिना किसी शक पूरा भरोसा था। 28 अक्तूबर, 1955 को तेरह वर्ष की उम्र में गेट्स ने एक जनरल इलेक्ट्रिक के कंप्यूटर पर बेसिक (BASIC) में अपना पहला कंप्यूटर प्रोग्राम तैयार किया। इसकी मदद से प्रयोगकर्ता प्रतिद्वंद्वी बने कंप्यूटर के खिलाफ गेम्स खेल सकते थे। प्रोग्रामिंग में गेट्स की गहरी दिलचस्पी के कारण उनके स्कूल ने उन्हें मैथ्स के क्लास से छुट्टी दे दी, ताकि वह अपने शौक को आगे बढ़ा सकें। सत्रह वर्ष की उम्र में, अपने दोस्त पॉल एलेन के साथ, गेट्स ने एक प्रोग्राम तैयार किया—जिसका नाम था ट्राफ-ओ-डेटा (Traf-O-Data), जिसकी सहायता से इंटेल 8008 प्रोसेसर पर आधारित ट्रैफिक काउंटर बनाए जा सकते थे। 1973 में हार्वर्ड यूनिवर्सिटी में दाखिला लेने के बाद गेट्स ने हार्वर्ड यूनिवर्सिटी के कंप्यूटरों पर काफी समय बिताया। 1975 में जब इंटेल 8080 सी.पी.यू. पर आधारित एम.आई.टी.एस. अल्टेयर (MITS Altair) 8800 जारी किया गया, तब गेट्स और एलेन ने महसूस किया कि वह वक्त आ गया है, जब उन्हें अपनी कंप्यूटर सॉफ्टवेयर कंपनी शुरू कर देनी चाहिए। अपने ऊपर विश्वास के कारण ही गेट्स को भरोसा था कि नई कंपनी सफल होगी, और उन्होंने हार्वर्ड की पढ़ाई बीच में ही छोड़ने का जोखिम उठा लिया। गेट्स के माता-पिता ने जब उनके आत्मविश्वास और अपने ऊपर भरोसे पर गौर किया, तो उन्होंने भी हार्वर्ड छोड़ने और एक कंपनी शुरू करने के उनके फैसले का समर्थन किया। 1975 में एलेन और गेट्स ने न्यू मेक्सिको के अल्बुकर्क में माइक्रो-सॉफ्ट नाम की अपनी कंपनी शुरू की। एक साल के भीतर ही उन्होंने बीच के हाइफन को हटा दिया और 26 नवंबर, 1976 को उन्होंने न्यू मेक्सिको में माइक्रोसॉफ्ट नाम से अपनी कंपनी रजिस्टर करा ली।

माइक्रोसॉफ्ट को विभिन्न प्रकार के सिस्टम के लिए प्रोग्रामिंग लैंग्वेज तैयार करने में सफलता मिली। जनवरी 1979 में माइक्रोसॉफ्ट अल्बुकर्क से वाशिंगटन स्टेट के बेलेव्यू आ गया। माइक्रोसॉफ्ट के पहले पाँच वर्षों में गेट्स कंपनी की

ओर से बाहर भेजे जा रहे हर उत्पाद के कोड की वे जाँच वे स्वयं करते थे और आवश्यकता पड़ने पर उन्हें फिर से लिखते थे। 1980 में माइक्रोसॉफ्ट ने IBM के साथ उसके ऑपरेटिंग सिस्टम को तैयार करने का करार किया। 1982 आते-आते कंपनी 32 मिलियन डॉलर के सॉफ्टवेयर बेच चुकी थी। अगले पाँच वर्षों में माइक्रोसॉफ्ट ने दिन दूनी रात चौगुनी तरक्की की।

1987 में अपने बत्तीसवें जन्मदिन से कुछ ही दिनों पहले, 'फोर्ब्स' पत्रिका ने गेट्स को अमेरिका के चार सौ सबसे धनी व्यक्तियों की सूची में एक अरबपती के रूप में शामिल किया। अपने दम पर विश्व के सबसे कम उम्र के अरबपति बने गेट्स की संपत्ति 1.25 बिलियन डॉलर थी। 2004, 2005 और 2006 में, 'टाइम' मैगजीन ने उन 100 लोगों में शामिल किया, जिन्होंने 20वीं सदी पर सबसे अधिक प्रभाव डाला। 2006 में उन्हें 'हीरोज ऑफ आवर टाइम' की लिस्ट में आठवाँ स्थान दिया गया। 2012 में 'फोर्ब्स' ने गेट्स को विश्व का चौथा सबसे शक्तिशाली व्यक्ति घोषित किया। 2005 में महारानी एलिजाबेथ ने गेट्स को ब्रिटिश साम्राज्य के 'नाइट कमांडर' (के.बी.ई.) की मानद उपाधि से सम्मानित किया।

ओपरा विनफ्रे

(अमेरिकी मीडिया की दिग्गज, टॉक शो होस्ट, परोपकारी, अभिनेत्री और निर्माता)

एक मीडिया हस्ती के रूप में मशहूर ओपरा गेल विनफ्रे को 'क्वीन ऑफ ऑल मीडिया' के नाम से पूरी दुनिया में जाना जाता है। ओपरा का जन्म 29 जनवरी, 1954 को मिसिसिपी के एक ग्रामीण शहर किजिस्को में हुआ था। वह बीस वर्ष से भी कम उम्र की बिन ब्याही माँ की संतान थीं। उनका बचपन त्रासद था। नौ वर्ष की आयु के बाद से ही अनेक रिश्तेदारों द्वारा उनका यौन शौषण किया गया। ओपरा जब महज चौदह वर्ष की थीं, तब उन्होंने एक बेटे को जन्म दिया, जिसकी मृत्यु शैशवकाल में ही हो गई। इसके बाद उनकी माँ ने उन्हें उनके पिता, वेरनॉन के पास टेनेसी के नैशविले भेज दिया। वेरनॉन पेशे से नाई और कारोबारी थे।

वेरनॉन एक सख्त पिता थे, जिन्होंने ओपरा को पढ़ाई में मन लगाने के लिए उत्साहित किया। ओपरा एक शानदार छात्रा साबित हुईं और उन्होंने पढ़ाई के अलावा अन्य गतिविधियों में भी अपनी जबरदस्त क्षमता का परिचय दिया। उन्हें टेनेसी स्टेट यूनिवर्सिटी में संचार की पढ़ाई के लिए पूर्ण स्कॉलरशिप मिली। ओपरा जब सत्रह वर्ष की हुईं, तब सुंदरियों की एक प्रतियोगिता में उन्हें 'मिस ब्लैक टेनेसी' का

खिताब मिला। उन्नीस वर्ष की उम्र में वह शाम के स्थानीय समाचार की को-एंकर थीं। वह जब बाईस की हुईं, तब बाल्टीमोर के डब्ल्यू.जे.जेड. टी.वी. पर शाम 6 बजे का समाचार पढ़ने लगीं, लेकिन कुछ ही दिनों बाद उन्हें यह कहते हुए नौकरी से निकाल दिया गया कि वह टेलीविजन के लायक नहीं हैं। उन्हें ऐसे ही कुछ और झटके लगे, जब उन्हें रिपोर्टर की नौकरी से भी निकाल दिया गया, लेकिन इन चुनौतियों के बावजूद ओपरा ने अपने ऊपर से अपना विश्वास नहीं खोया। इसकी बजाय, उन्होंने जीवन की तरफ पूरे जोश और आशावादिता से देखना शुरू किया।

1976 में ओपरा ने 'पीपुल आर टॉकिंग' नाम का एक टी.वी. शो होस्ट किया। यह शो खासा लोकप्रिय हुआ और ओपरा ने इससे आठ साल तक जारी रखा। 1984 में वह शिकागो चली आईं और तीस मिनट का एक शो 'एम शिकागो' करना शुरू किया। कुछ ही महीनों में यह शो रेटिंग के मामले में आखिरी पायदान से ऊपर चढ़ता हुआ शिकागो का सबसे चर्चित शो बन गया। इसके बाद ही इसका समय बढ़ाकर एक घंटा कर दिया गया और इसे नाम दिया गया—'द ओपरा विनफ्रे शो,' जिसका प्रसारण देश भर में किया गया। इसकी शुरुआत 8 सितंबर, 1986 को हुई। द ओपरा विनफ्रे शो को एक सौ बीस टी.वी. चैनलों पर दिखाया गया और उसके दर्शकों की संख्या एक करोड़ थी तथा इसकी कमाई 125 मिलियन डॉलर आँकी गई। अगले बीस वर्षों तक यह सबसे अधिक देखा जानेवाला दिन का शो बना रहा, जिसे अमेरिका के दो सौ से अधिक चैनल दिखा रहे थे। साथ ही इसे सौ से भी अधिक देशों में देखा जा रहा था।

चूँकि ओपरा सत्ताईस वर्षों तक एक करोड़ लोगों द्वारा देखी जाती रहीं, इस कारण उन्हें विश्व के सबसे प्रभावशाली व्यक्तियों में से एक माना गया। 2012 में 'फोर्ब्स' पत्रिका ने उन्हें विश्व की 100 सबसे शक्तिशाली महिलाओं और टेलीविजन या रेडियो की पहली हस्ती की सूची में शामिल किया। अपने ऊपर विश्वास करने को लेकर ओपरा के ये शब्द गौर करने के काबिल हैं—"जब भी आप अपने आपसे कहते हैं कि आप क्या चाहते या मानते हैं, तो सबसे पहले अपनी आवाज को आप खुद सुनते हैं। यह आपके और दूसरों के लिए एक संदेश होता है कि आप किसे संभव मानते हैं। अपने आपको सीमित मत कीजिए।" द ओपरा विनफ्रे शो के राष्ट्रीय प्रसारण के साथ ही बाईस वर्ष की ओपरा एक लखपति बन गईं।

इकतालीस वर्ष की आयु में उनके पास कुल 340 मिलियन डॉलर की संपत्ति थी। 'फोर्ब्स' पत्रिका ने ओपरा को 2004 से 2006 के दौरान विश्व की एकमात्र अश्वेत करोड़पति तथा अब तक के इतिहास में दुनिया की एकमात्र महिला

करोड़पति के रूप में शामिल किया। 2014 तक की बात करें तो ओपरा की कुल संपत्ति 2.9 बिलियन डॉलर से भी अधिक थी।

ओपरा कट्टर परोपकारी हैं। 2012 तक उन्होंने शिक्षा के लिए 400 मिलियन डॉलर से भी अधिक दान में दे दिए, जिनमें जॉर्जिया के अटलांटा स्थित मोरहाउस कॉलेज को दिए चार सौ से अधिक स्कॉलरशिप शामिल हैं।

रिचर्ड ब्रैनसन

(वर्जिन अटलांटिक एयरवे और 200 अन्य कंपनियों के संस्थापक)

रिचर्ड ब्रैनसन (इंग्लैंड के सरे में 18 जुलाई, 1950 को जनमे) वर्जिन ग्रुप के संस्थापक हैं, जिसके पास तीस से अधिक देशों में दो सौ से ज्यादा कंपनियाँ हैं। इनमें वर्जिन अटलांटिक एयरवे, वर्जिन रिकॉर्ड्स और वर्जिन गैलेक्टिक शामिल हैं।

बचपन में ब्रैनसन को मानसिक विकास से जूझना पड़ा, जिसमें पढ़ने-लिखने में दिक्कत होती थी। सोलह वर्ष की आयु में उन्हें स्कूल की पढ़ाई बीच में ही छोड़नी पड़ी। वह जानते थे कि वह एक अच्छे छात्र नहीं हैं, फिर भी पढ़ाई में अपनी विफलताओं को उन्होंने अपनी छिपी प्रतिभा पर हावी होने नहीं दिया। इसकी बजाय उन्होंने अपने ऊपर और दूसरों से जुड़ने की अपनी क्षमता और कारोबार में अपनी सूझ-बूझ पर भरोसा किया। 1966 में स्कूल की पढ़ाई बीच में छोड़ने के बाद ब्रैनसन ने 'स्टूडेंट' नाम की एक पत्रिका प्रकाशित की। छात्रों की ओर से और छात्रों के लिए प्रकाशित इस पत्रिका ने अपने पहले ही अंक में 8000 डॉलर के विज्ञापन प्रकाशित किए। स्टूडेंट के पहले अंक की पचास हजार प्रतियाँ बिकीं, और पहले अंक के प्रकाशन का खर्च विज्ञापन से हुई कमाई से ही निकल गया।

1970 में ब्रैनसन ने वर्जिन के नाम से ऑडियो रिकार्ड वाले मेल-ऑर्डर के कारोबार को शुरू किया। उन्होंने 'स्टूडेंट' पत्रिका में सबसे मशहूर रिकॉर्ड का विज्ञापन किया और अन्य विक्रेताओं की तुलना में उन्हें सस्ते दाम पर बेचा।

वर्जिन नाम का सुझाव ब्रैनसन के एक नए कर्मचारी ने दिया था, क्योंकि वे सभी कारोबार में नए ही थे। इस कारोबार की जबरदस्त सफलता के कारण 1972 में ब्रैनसन ने वर्जिन रिकाड्र्स के नाम से रिकॉर्ड के स्टोर की शृंखला शुरू की। उसी वर्ष उन्होंने लंदन में एक बड़ी इमारत खरीदी और वहाँ एक रिकॉर्डिंग स्टूडियो बनाया। उन्होंने स्टूडियो में लीज पर कलाकारों को गीत रिकॉर्ड करने की सेवा देना शुरू किया। इस प्रयोग को भी बेहिसाब सफलता मिली, क्योंकि ब्रैनसन कम खर्च

पर अच्छी गुणवत्ता के उत्पाद उपलब्ध करा रहे थे।

ब्रैनसन ने वर्जिन अटलांटिक एयरवेज की शुरुआत 1984 में, वर्जिन मोबाइल की 1999 में और वर्जिन ऑस्ट्रेलिया की वर्ष 2000 में की। 1996 में उन्होंने यूरोबेल्जियन एयरलाइंस को खरीदा और उसे वर्जिन एक्सप्रेस नाम दिया। वर्जिन अमेरिका की शुरुआत 2007 में हुई। 2004 में ब्रैनसन ने अंतरिक्ष-पर्यटन की एक कंपनी खोली, जिसका नाम वर्जिन गैलेक्टिक रखा गया। इसके जरिए लोगों को अंतरिक्ष पर्यटन कराने का मकसद है। एक टिकट की कीमत 200,000 डॉलर है।

2012 की 'फोर्ब्स' की करोड़पतियों की लिस्ट में ब्रैनसन को ब्रिटेन के छठे सबसे धनी व्यक्ति के रूप में शामिल किया गया, जिनकी कुल संपत्ति 4.6 बिलियन डॉलर आँकी गई। कारोबार में ब्रैनसन को मिली जबरदस्त सफलता इस बात का प्रमाण है कि अपनी शैक्षणिक योग्यता से कहीं अधिक अपने ऊपर विश्वास करना उनके जीवन का एक महत्त्वपूर्ण कारक बन गया। ब्रैनसन के अनुसार, ''जीवन में मुझे मजा इस बात से आता है कि मैं अपने लिए बहुत बड़ी, लगभग असंभव चुनौतियाँ तय करूँ और उन्हें पार करने का प्रयास करूँ...वह भी इस मकसद से कि चूँकि मैं जीवन को पूरी तरह जीना चाहता हूँ, इसलिए मेरी इच्छा रहती है कि मैं उन्हें हासिल करने की दिशा में बढ़ जाऊँ।''

डेविड ब्लेन

(अमेरिकी जादूगर और बाजीगर)

एक जादूगर के रूप में डेविड ब्लेन (जन्म : 4 अप्रैल, 1973) की पहचान होश उड़ा देनेवाले शारीरिक करतबों के कारण बनी है। वैसे असंभव प्रतीत होनेवाले कारनामे वही व्यक्ति कर सकता है, जिसका अपने ऊपर विश्वास हो। ब्लेन ने जो अद्‍भुत कारनामे दिखाए हैं, वे इस प्रकार हैं—

जिंदा दफन किया जाना : 5 अप्रैल, 1999 को न्यूयॉर्क में ब्लेन को एक प्लास्टिक बॉक्स में ठूँसकर तीन टन वजन वाले पानी से भरे टैंक के नीचे जमीन में सात दिनों तक गाड़ दिया गया। इस दौरान ब्लेन ने कुछ भी नहीं खाया, बस हर दिन दो या तीन चम्मच पानी पिया तथा बाहरी दुनिया से संपर्क साधने के लिए उनके पास एकमात्र साधन वह बजर था, जिसे दबाकर वह आपात स्थिति में चौबीसों घंटे उनकी निगरानी में तैनात कर्मचारियों को चौकन्ना कर सकते थे।

काफी देर तक बर्फ में जमे रहना : 27 नवंबर, 2000 को टाइम्स स्क्वायर के पास बर्फ के एक ब्लॉक में तिरसठ घंटे, बयालीस मिनट और पंद्रह सेकंड तक जमाए रखा गया। एक नली से उन तक हवा और पानी पहुँचाया जा रहा था। बर्फ का वह बॉक्स पारदर्शी था और ऊँचे प्लेफॉर्म पर रखा गया था, ताकि सब यह देख सकें कि वह न केवल बर्फ के अंदर थे, बल्कि लगातार उसके अंदर ही रहे।

खाई के ऊपर : 5 सितंबर, 2003 को ब्लेन को पारदर्शी प्लेक्सीग्लास केस के अंदर सील कर दिया गया, जिसकी लंबाई सात फीट और चौड़ाई तीन फीट थी। इस केस को लंदन में टेम्स नदी के दक्षिणी तट पर स्थित पॉटर्स फील्ड्स पार्क के पास हवा में तीस फीट की ऊँचाई पर लटका दिया गया। चौवालीस दिन की अवधि के दौरान ब्लेन ने कुछ भी नहीं खाया। सिर्फ साढ़े चार लीटर पानी रोजाना पीकर वह जीवित रहे।

पी. विजयन

(पुलिस उपमहानिरीक्षक, केरल, भारत)

25 सितंबर, 1968 को जनमे पी. विजयन भारतीय राज्य केरल में पुलिस उप-महानिरीक्षक हैं। एक बेहद औसत परिवार से आनेवाले विजयन ने यह साबित कर दिया कि इनसान चाह ले तो पहाड़ को भी हिला सकता है। विजयन केरल के कोझीकोड जिले के पुथूरमाडम नाम के छोटे-से गाँव से आते हैं। उनका परिवार गरीब था। उनके गाँव के अधिकांश बच्चे पढ़ाई बीच में ही छोड़ देते थे और बारह या तेरह वर्ष की उम्र आते-आते इमारतों के निर्माण के काम में लग जाते थे। विजयन ने भी चौदह वर्ष की उम्र के लगभग स्कूल छोड़ा और उसी काम में लग गए।

चूँकि विजयन का मन पढ़ाई में कभी नहीं लगा और उन्हें क्लासरूम का माहौल उत्साहजनक नहीं लगता था, इस कारण उन्हें बाल मजदूर के रूप में मिली आजादी का लुत्फ आने लगा। करीब दो साल तक मजदूर के तौर पर काम करने के बाद विजयन जब सोलह के हुए, तब तक वह इतना कमा लेते थे कि अपने परिवार को चला सकें। हालाँकि उन्हें अब पढ़ाई का महत्त्व भी समझ आने लगा। उन्हें यह विश्वास हो गया कि संसार को समझने और उस पर विजय पाने के लिए शिक्षा प्राप्त करना जरूरी है। इसी उद्देश्य से उन्होंने पुस्तकें पढ़नी शुरू की। शुरुआत में उन्हें काफी कुछ समझ नहीं आता था, फिर भी वह पढ़ने और सीखने का मन बना चुके थे। धीरे-धीरे उन्हें पढ़ने में मजा आने लगा। जल्दी ही वह किताबों से

जो भी जानकारी हासिल करते, उसे अपने थोड़े-बहुत पढ़े-लिखे लोगों से साझा करते थे। वे अब उनकी तरफ सम्मान से देखने लगे और विजयन उनके अगुआ बन गए। इस प्रकार विजयन को ज्ञान की ताकत का एहसास हुआ और उन्हें अपनी अंदरूनी शक्ति का अनुभव भी हुआ।

इस नए एहसास और अपने ऊपर विश्वास के साथ विजयन ने काम करते हुए, फिर से स्कूल का रुख किया और हाई स्कूल की परीक्षा पास की। आगे चलकर उन्होंने ग्रेजुएशन और अर्थशास्त्र में मास्टर डिग्री हासिल की। 1999 में उन्होंने प्रतिष्ठित और कड़ी प्रतिस्पर्धा वाली भारतीय सिविल सेवा परीक्षा पास की तथा भारतीय पुलिस सेवा (IPS) में शामिल हुए।

केरल में अपराध के अनेक हाई-प्रोफाइल मामलों को सुलझाकर विजयन ने एक कुशल पुलिस अधिकारी के तौर पर अपनी क्षमता को साबित किया। पुलिस की नौकरी के साथ ही विजयन सामाजिक और सामुदायिक गतिविधियों में सक्रिय हैं। मिसाल के तौर पर, विजयन ने स्टूडेंट पुलिस कैडेट प्रोजेक्ट (SPC) और आवर रेस्पॉन्सिबिलिटी टू चिल्ड्रेन (ORC) प्रोजेक्ट जैसी अनोखी योजनाओं को शुरू करने की जिम्मेदारी निभाई।

SPC का उद्देश्य छात्रों में कानून, जनसेवा और समाज के दबे-कुचले लोगों के प्रति सम्मान जगाना है। 2010 के बाद से ही केरल के पचास हजार से भी अधिक हाई स्कूल के छात्रों को SPC की ट्रेनिंग का लाभ मिला है। दूसरी तरफ ORC का लक्ष्य उन युवाओं की मदद करना है, जिन्हें ड्रग्स की लत लग चुकी है और जो अपराधी बन चुके हैं। ऐसे युवाओं को जिम्मेदार और सक्षम नागरिक बनाने का प्रयास किया जा रहा है। जॉन्स हॉपकिंस यूनिवर्सिटी ने SPC और ORC को लेकर विजयन के उल्लेखनीय योगदान को देखते हुए 2013 में उन्हें इंटरनेशनल टोबैको कंट्रोल लीडरशिप प्रोग्राम में हिस्सा लेने का न्योता दिया। गुजरात, हरियाणा, कर्नाटक और राजस्थान जैसे अनेक भारतीय राज्य भी SPC प्रोजेक्ट को अपना रहे हैं। SPC ने भारत के तत्कालीन प्रधानमंत्री मनमोहन सिंह का ध्यान भी अपनी तरफ आकर्षित किया।

आप भी अपने ऊपर भरोसा कर सकते हैं—

- अपनी काबिलीयत, कौशल और हुनर पर विश्वास करें और चुनौतियों, बाधाओं तथा विपरीत परिस्थितियों का सामना करने की अपनी क्षमता पर भरोसा रखें।

- नकारात्मक टिप्पणियों, आलोचनाओं, विफलताओं या झटकों से हतोत्साहित न हों।
- सकारात्मक सोच रखें तथा इस बात को लेकर आशावादी बनें कि अंततः आप रुकावटों को दूर कर देंगे और अपनी इच्छाओं और लक्ष्यों को सफलातपूर्वक प्राप्त कर लेंगे।
- अपनी समस्याओं का हल निकालने के लिए सृजनात्मक तरीकों पर विचार करें।

□

6

सफल लोग सक्रिय रहते हैं

"मनुष्य में सूझ-बूझ भरे प्रयास से अपने जीवन का उद्धार करने की असंदिग्ध क्षमता होती है। यह मेरे लिए किसी भी अन्य तथ्य की अपेक्षा अधिक उत्साहवर्धक जानकारी है।"

—हेनरी डेविड थोरो

"लोग अपनी हालत के लिए अकसर परिस्थितियों को जिम्मेदार ठहराकर उन्हें कोसते रहते हैं। मैं परिस्थितियों की बात पर यकीन नहीं करता। जो लोग इस संसार में आगे बढ़ते हैं, वे ऐसे लोग होते हैं, जो उठ खड़े होते हैं और उन परिस्थितियों की तलाश करते हैं जैसा वे चाहते हैं और उन्हें वह नहीं मिलती, तो वे उसका निर्माण कर लेते हैं।"

—जॉर्ज बर्नार्ड शॉ

सफल लोग जो सक्रिय होते हैं, वे पूरी तरह अपने आप ही प्रेरित होते हैं। बिना किसी बाहरी प्रभाव के वे अपने लक्ष्यों की प्राप्ति के लिए नई पहल करते हैं। वे अपने आप ही मौकों की तलाश करते हैं और उन मौकों का फायदा उठाने के लिए भरपूर प्रयास करते हैं। स्टीफेन आर कोवी के शब्दों में, "अग्रसक्रिय लोग अपने साथ अपनी फिजा लेकर चलते हैं। बारिश हो या सूरज चमक रहा हो, उन्हें इसकी परवाह नहीं होती। वे मूल्यों से प्रभावित होते हैं। और उनके अनुसार अच्छा और उच्च गुणवत्ता का काम करना उनके मूल्यों में शामिल है तो फिर यह मौसम का काम नहीं होता कि वह अनुकूल रहे या नहीं।"

थियोडोर रूजवेल्ट, एंड्रयू कारनेगी, डॉ. एम स्कॉट पेक, जे और अन्य सफल लोगों में अग्रसक्रियता का गुण साबित करता है कि जीवन में सफलता प्राप्त करने में उसका कितना बड़ा योगदान है!

अग्रसक्रिय लोगों के सामान्य लक्षण—

- वे स्वयं प्रेरित रहते हैं। बिना किसी बाहरी प्रभाव के ही वे अपने लक्ष्यों की प्राप्ति से जुड़े कार्यों को करने की पहल करते हैं।
- वे सदैव स्वयं ही अवसरों की तलाश करते हैं और उन अवसरों का सर्वाधिक लाभ उठाते हैं।
- वे समस्याओं के आने से पहले ही उनका अनुमान लगा लेते हैं तथा उन्हें दूर करने के प्रयास पहले ही कर देते हैं।
- वे शिकायत नहीं करते। विपरीत परिस्थितियों और कठिनाइयों पर पछताने की बजाय या संकट से निकलने के लिए दूसरों की प्रतीक्षा करने की अपेक्षा, वे उन चुनौतियों से निपटने के लिए कदम उठाते हैं।
- वे अपनी समस्याओं को सुलझाने के लिए आवश्यक कौशल तथा ज्ञान की प्राप्ति के लिए पहल करते हैं। वे किसी कार्य को पूरा करने के लिए आवश्यक कदम भी उठाते हैं।
- वे जोखिम उठाने के लिए तैयार रहते हैं। गलतियाँ करने या विफल होने की प्रबल आशंका के बावजूद वे परिस्थिति को अपने अनुकूल बनाते हैं।

अग्रसक्रिय लोगों के उदाहरण—

थियोडोर (टेड्डी) रूजवेल्ट

(अमेरिका के छब्बीसवें राष्ट्रपति)

अमेरिका के छब्बीसवें राष्ट्रपति (1901-09) थियोडोर रूजवेल्ट (जन्म : 27 अक्तूबर, 1858) को उनके उल्लासपूर्ण व्यक्तित्व, बहुमुखी अभिरुचियों तथा 'काउबॉय व्यक्तित्व' के लिए जाना जाता था। बयालीस वर्ष की उम्र में राष्ट्रपति बननेवाले रूजवेल्ट अमेरिका के सबसे युवा राष्ट्रपति थे। इसके साथ ही, वह तीन राष्ट्रपतियों में से एक थे, जिन्हें अपने कार्यकाल के दौरान 'नोबेल शांति पुरस्कार' से सम्मानित किया गया।

रूजवेल्ट को बीसवीं सदी के सबसे अग्रसक्रिय अमेरिकी राष्ट्रपतियों में से एक माना जाता है। उन्होंने कहा था, ''मेरे रिकॉर्ड में सिवाय एक बात को छोड़कर कुछ भी शानदार या उल्लेखनीय नहीं है। मैं बस उन कार्यों को करता हूँ, जिन्हें मुझे

करना चाहिए। और जब मैं किसी काम को करने का मन बना लेता हूँ, तो फिर उसे कर डालता हूँ।'' अपने प्रशासन में रूजवेल्ट द्वारा उठाए गए कुछ अग्रसक्रिय कदमों में पनामा नहर के निर्माण को पूरा करना, रूस-जापान युद्ध को समाप्त करने से जुड़ी बातचीत में सहायता (जिसके लिए 1906 में उन्हें 'नोबेल शांति पुरस्कार' मिला), भेदभाव को मिटाने और महिलाओं के मताधिकार का समर्थन जैसे मुद्दे शामिल हैं।

अपनी राजनीतिक उपलब्धियों के साथ ही रूजवेल्ट ने इतिहास, जीवविज्ञान, भूगोल और दर्शनशास्त्र जैसे तमाम विषयों पर पच्चीस से भी अधिक पुस्तकें प्रकाशित कीं। उन्होंने एक जीवनी और अपनी आत्मकथा के साथ ही 'द विनिंग ऑफ द वेस्ट' की रचना की, जो चार खंडों में है। विद्वानों ने उन्हें जॉर्ज वॉशिंगटन, थॉमस जैफरसन और अब्राहम लिंकन जैसे महानतम अमेरिकी राष्ट्रपतियों की कतार में खड़ा किया है। रूजवेल्ट को माउंट रशमोर पर गौरवपूर्ण स्थान प्राप्त है।

एंड्रयू कारनेगी

(अमेरिकी उद्योगपति और स्टील टाइकून)

अग्रसक्रिय होनेवाले फर्श से अर्श तक पहुँच सकते हैं, इसका जीता-जागता उदाहरण हैं—एंड्रयू कारनेगी। उद्योगपति, कारोबारी और महान् परोपकारी कारनेगी का जन्म 25 नवंबर, 1835 को स्कॉटलैंड के डनफर्मलाइन में हुआ था। उनके पिता विलियम कारनेगी एक बुनकर थे और परिवार गरीबी से जूझ रहा था। 1849 में विलियम कारनेगी और उनका परिवार बेहतर जीवन की तलाश में पेंसिलवेनिया चला आया। इस समय तेरह वर्ष के कारनेगी ने बॉबिन ब्वॉय के रूप में काम करना शुरू कर दिया। पीट्सबर्ग के एक कॉटन मिल में वह हफ्ते में छह दिन और हर दिन 12 घंटे सूत की चरखी बदलने का काम करते हुए 1.20 डॉलर प्रति सप्ताह कमा लिया करते थे।

1850 में कारनेगी को पीट्सबर्ग के ओहायो टेलीग्राफ कंपनी में टेलीग्राफ संदेश पहुँचानेवाले लड़के का काम मिल गया। यहाँ उनकी कमाई हर हफ्ते 2.50 डॉलर थी। 1853 में उन्होंने पेंसिलवेनिया रेलरोड कंपनी में टेलीग्राफ ऑपरेटर की नौकरी कर ली, जहाँ उनका वेतन 4 डॉलर प्रति सप्ताह था। तीन वर्ष बाद कारनेगी की पदोन्नति सुपरिंटेंडेंट के रूप में हो गई।

तेरह वर्ष की उम्र में अपनी पहली नौकरी के बाद से ही कारनेगी मौके की तलाश में जुटे रहे। जो भी काम दिया जाता, वह उसमें अपना सर्वश्रेष्ठ प्रदर्शन करने का प्रयास करते थे। उन्होंने शिक्षा के महत्त्व को भी पहचाना तथा खाली समय में सार्वजनिक पुस्तकालयों में पढ़ने के साथ ही रात में चलनेवाले स्कूलों में शिक्षा ग्रहण की। कारनेगी ने कभी अवसर की प्रतीक्षा नहीं की। इसकी बजाय वह उसकी तलाश किया करते थे। उनका विश्वास था, ''पहला व्यक्ति घोंघा ले जाता है, दूसरे के लिए उसका खोल बचता है।''

कारनेगी के अंदर अग्रसक्रियता के गुण का प्रदर्शन स्टील उद्योग में उनके कार्यों में देखने को मिला। उनके सबसे महान् नए प्रयोगों में से एक है बेसेमर प्रक्रिया से स्टील का भारी पैमाने पर उत्पादन। इस तकनीक की सहायता से स्टील की कीमत में काफी कमी आई और बेसेमर स्टील का प्रयोग रेलवे की पटरियों और गर्डर के लिए किया गया। कारनेगी ने अगला नया प्रयोग कच्चे माल के सारे आपूर्तिकर्ताओं के ऊर्ध्वाधर एकीकरण के रूप में किया। उत्पादन की प्रक्रिया के प्रत्येक चरण के लिए कारनेगी ने जो भी आवश्यक था, वह सब खरीदा, जैसे—कच्चा माल, जहाज और सामानों की ढुलाई के लिए रेल लाइन, यहाँ तक कि स्टील की चिमनियों के ईंधन के लिए कोयले की खदान भी खरीद ली। कारनेगी के नए प्रयोगों तथा अग्रसक्रिय उपायों के कारण 1880 के दशक के अंत तक कारनेगी स्टील पिग आयरन, स्टील रेल और कोक की सबसे बड़ी निर्माता कंपनी बन गई, जो प्रतिदिन करीब दो हजार टन पिग मेटल का उत्पादन कर सकती थी।

कारनेगी की अग्रसक्रियता का एक और सबूत यह था कि वह प्रत्येक काम के लिए अपने सलाहकारों के रूप में सही लोगों को चुनते थे जिससे कि वह अपना कारोबार कुशलता से चला सकें। उनमें सही संसाधन को जुटाने की सूझ-बूझ थी, जिससे वह सर्वोत्तम उत्पाद का निर्माण कर सकें।

अपने जीवन में कारनेगी ने लगभग 400 मिलियन डॉलर की संपत्ति अर्जित की, जिसमें से उन्होंने 350 मिलियन डॉलर (जो आज डॉलर की कीमत के हिसाब में बिलियन में चला जाएगा) विश्वविद्यालयों, पुस्तकालयों और विज्ञान, शिक्षा, विश्व शांति तथा अन्य कार्यों में जुटी संस्थाओं को दान में दे दिया। कारनेगी कहा करते थे, ''मन ही शरीर को समृद्ध बनाता है। उससे दयनीय स्थिति किसी और वर्ग की नहीं हो सकती, जिसके पास सिर्फ धन है और कुछ भी नहीं।''

डॉ. एम स्कॉट पेक

(अमेरिकी मनोचिकित्सक और श्रेष्ठ लेखक)

डॉ. स्कॉट पेक (न्यूयॉर्क सिटी में 22 मई, 1936 को जन्म) ने 1958 में हारवर्ड कॉलेज से अपना बी.ए. और 1963 में केस वेस्टर्न रिजर्व यूनिवर्सिटी स्कूल ऑफ मेडिसिन से एम.डी. की पढ़ाई पूरी की। 1963 में उन्होंने एक मनोचिकित्सक के रूप में अमेरिकी सेना में नौकरी की तथा 1972 में लेफ्टिनेंट कर्नल के पद से इस्तीफा दे दिया। 1972 से 1983 तक डॉ. पेक ने कनेक्टिकट के न्यू मिलफोर्ड में एक मनोचिकित्सक के रूप में प्रैक्टिस किया।

डॉ. पेक ने वैसे तो पंद्रह पुस्तकें लिखीं, लेकिन उनकी पहचान उनकी पहली किताब 'द रोड लेस ट्रैवल्ड' से बनी। यह किताब उन बातों का वर्णन करती है, जो मनुष्यों को संतुष्टि के लिए आवश्यक हैं। उन्होंने इस किताब का आधार एक मनोचिकित्सक तथा एक व्यक्ति के रूप में अपने अनुभवों को बनाया। यह किताब डॉ. पेक के उस विश्वास पर केंद्रित थी, जिसके अनुसार जीवन कठिन है और उसकी समस्याओं को केवल आत्म-अनुशासन से ही सुलझाया जा सकता है। उन्होंने कहा कि मनुष्य समस्याओं से दूर भागते हैं। यह एक ऐसी आदत है, जिससे कठिनाई और बढ़ जाती है। शुरुआत में रैंडम हाउस ने यह कहते हुए डॉ. पेक की पांडुलिपि को लौटा दिया था कि किताब का अंतिम खंड 'कुछ ज्यादा ही ईसा मसीही है।' 1978 में सिंटन और शूस्टर ने इसका प्रकाशन किया और पाँच हजार हार्ड कवर की प्रतियाँ निकालीं। डॉ. पेक को इस किताब की रॉयल्टी के तौर पर 7,500 डॉलर मिले। इस किताब को 1980 में फिर से पेपरबैक में प्रकाशित किया गया। डॉ. पेक ने यह देखा कि 'द रोड लेस ट्रैवल्ड' की बिक्री बहुत धीमी रफ्तार में हो रही है और उसकी ज्यादा प्रतियाँ नहीं बिक रही थीं, तब उन्होंने किताब की बिक्री बढ़ाने के लिए सक्रियता को अपनाया।

प्रकाशन के पहले वर्ष में डॉ. पेक ने एक हजार से ज्यादा रेडियो इंटरव्यू दिए। उन्होंने यह तय किया कि अगले दस वर्ष तक वह हर दिन एक इंटरव्यू देंगे और लेक्चर देना शुरू करेंगे। डॉ. पेक की अग्रसक्रियता का एक और उदाहरण यह था कि उन्होंने अपनी किताब पर वाशिंगटन पोस्ट में छपी समीक्षा को देश के सैकड़ों अखबारों को भेजा।

किताब के हार्ड कवर संस्करण की बारह हजार तथा पेपरबैक की तीस हजार प्रतियाँ पहले ही वर्ष में बिक गईं। 1983 के मध्य में, यानी अपने पहले प्रकाशन

के पाँच वर्ष बाद, 'द रोड लेस ट्रैवल्ड' न्यूयॉर्क टाइम्स की बेस्ट सेलर लिस्ट में पहुँच गई। यह 694 हफ्तों यानी लगभग तेरह वर्षों तक बेस्ट सेलर लिस्ट में बनी रही। अब तक किताब की दस मिलियन से भी अधिक प्रतियाँ बिक चुकी हैं और बीस से अधिक भाषाओं में इसका अनुवाद किया जा चुका है। डॉ. पेक की अन्य किताबों में शामिल हैं—'पीपुल ऑफ द लाई : द होप फॉर हीलिंग ह्यूमन इविल', 'व्हाट रिटर्न कैन आई मेक?' और 'द डिफरेंट ड्रम : द कम्यूनिटी मेकिंग एंड पीस'। उन्होंने 'द रोड लेस ट्रैवल्ड' के दो सीक्वल भी लिखे।

पार्किंसंस रोग के साथ ही अग्न्याशय, जिगर और नली के कैंसर से जूझते हुए डॉ. पेक की मृत्यु 25 सितंबर, 2005 को हो गई।

जे जेड

(अमेरिकी रैपर)

शॉन कोरी कार्टर, जो जे जेड के नाम से कहीं अधिक लोकप्रिय हैं, एक अमेरिकी रैपर, प्रोड्यूसर तथा उद्यमी हैं। रंक से राजा बनने की उनकी कहानी प्रेरणादायी भी है और अद्भुत भी। इस सफलता में उनकी सक्रियता का एक बड़ा योगदान है। जे जेड का कहना है, ''मैं जिन बातों में दिलचस्पी रखता हूँ, उनसे मुझे प्रेरणा मिलती है। लोग सफल होंगे या नहीं, इसका फैसला लोगों को करना है। लेकिन मैं चीजों को बनाता हूँ, मैं कभी अपने दोस्तों के साथ बैठकर पैसे की बात नहीं करता।''

न्यूयॉर्क सिटी में 4 दिसंबर, 1969 को जनमे जे जेड का बचपन ड्रग्स की चपेट में आए ब्रुलिन के सरकारी सब्सिडी वाले आवासीय परिसर के मर्करी हाउस में बीता। एक लड़के के रूप में जे जेड क्रैक कोकीन (बाद में एक इंटरव्यू में जे जेड ने कहा कि उन्होंने क्रैक बेचा पर कभी उसका इस्तेमाल नहीं किया) और बंदूक से हिंसा के मामले में शामिल रहे थे। जे जेड ने कहा है कि अपने जीवन के इस दौर में उन पर तीन बार गोली चलाई गई। उन्होंने ब्रुकलिन के एली व्हिटनी हाई स्कूल में पढ़ाई की, लेकिन कभी पास नहीं हो सके।

जे जेड ने छोटी उम्र से ही रैप म्यूजिक की रचना शुरू कर दी। 1989 में उन्हें अपने रैपर गुरु जे ओर का साथ मिला, जब वह द ओरिजिनेटर नाम का गीत रिकॉर्ड कर रहे थे। अपने पहले एलबम के बाद 1996 में उनका दूसरा एलबम 'रिजनेबल डाउट' सामने आया। अपनी सक्रियता के कारण जे जेड ने सफलतापूर्वक संगीत

का साम्राज्य खड़ा कर लिया। उदाहरण के लिए, जब किसी ने भी रिकॉर्ड के लिए उनके साथ करार नहीं किया, तब उन्होंने अपना ही लेबर बनाया, जिसे रॉक-ए-फेला रिकॉड्र्स नाम दिया। जे जेड ने अठारह एलबम पेश किए हैं, जिनकी दुनिया भर में पचहत्तर मिलियन प्रतियाँ बिकी हैं।

2003 में जे जेड ने रैप करना छोड़ संगीत से जुड़े कारोबार की तरफ ध्यान लगाया। डेफ जैम रिकॉर्डिंग्स के प्रेसीडेंट के रूप में उन्होंने रिहाना, ने-यो और यंग जीजि जैसे मशहूर गायकों को साइन किया। उन्होंने केने वेस्ट को बेस्ट सेलिंग रिकॉर्डिंग आर्टिस्ट बनने में मदद की।

जे जेड अपनी सक्रियता के कारण ही नए-नए अवसरों की तलाश करते रहते हैं। एक बार उन्हें मौका मिल जाए तो वह उसमें जुट जाते हैं और उसे सफल बनाकर ही दम लेते हैं। सक्रियता के अपने गुण के कारण ही वह अन्य रैप करनेवालों और संगीतकारों से अलग दिखते हैं तथा वित्तीय रूप से अमेरिका के सबसे सफल हिप-हॉप आर्टिस्ट और उद्यमी हैं।

जे जेड शहरी पहनावा के मशहूर ब्रांड रोकावियर के संस्थापक हैं। 2007 में उन्होंने इस ब्रांड के 204 मिलियन डॉलर के कपड़े बेचे। वह न्यू जर्सी नेट्स बास्केटबॉल टीम के पार्टनर हैं तथा उन्होंने अपने पुराने घर के करीब ब्रुकलिन में लीग की एक प्रमुख टीम को लाने में सहायता की। वह न्यूयॉर्क और अटलांटिक सिटी स्थित संपन्न लोगों के लिए बने 40/40 क्लब के मालिक हैं, जो एक स्पोर्ट्स बार है। 2008 में जे जेड ने कंसर्ट प्रमोशन कंपनी लाइव नेशन के साथ 150 मिलियन डॉलर का करार किया तथा आर.ओ.सी. नेशन नाम की एक साझा कंपनी खड़ी की, जो अपने कलाकारों के कॅरियर के सभी पहलुओं की देख-रेख करनेवाली एंटरटेनमेंट कंपनी है।

जे जेड के साम्राज्य में अब संगीत, कपड़ों का कारोबार, मूवी वीडियो गेम्स, थिएटर, एक नाइट क्लब और काफी कुछ शामिल है। 'टाइम' मैगजीन ने उन्हें 'न्यूयॉर्क का बादशाह' बताया है। न्यूयॉर्क सिटी के पूर्व मेयर माइकल ब्लूमबर्ग ने कहा है, "जे जेड ने जहाँ कहीं अपनी किस्मत को आजमाया, वहीं उन्हें सफलता मिली है। (उन्होंने बेयोंस को अँगूठी भी पहनाई) और ऐसा कर उन्होंने साबित कर दिया कि अमेरिकन सपना जिंदा है।" विलियम 'वर्ल्ड वाइड वेस' के अनुसार, "जे जेड उम्मीद की एक किरण हैं। जे जेड एक जन्मजात स्टार हैं, जिनका उदय हताशा, गरीबी और नस्लवाद के अँधेरे से हुआ है। वे लोग जो उन्हें मानते हैं, उनसे मार्गदर्शन और दिशा प्राप्त कर सकते हैं।" 'वैनिटी फेयर' पत्रिका ने लिखा,

''सबसे दिलचस्प तो यह है कि एक ड्रग डीलर रैपर बना, फिर कारोबार का मुगल और पारिवारिक व्यक्ति से लेकर एक सांस्कृतिक ताकत, जिसने अपने अतीत को लेकर दावा ठोका, और जो सीखा उसे पूरी दुनिया को दिखाया।''

जैक कानफील्ड और मार्क विक्टर हैनसेन

(चिकन सूप फॉर द सोल के लेखक)

जैक कानफील्ड (19 अगस्त, 1944 को जन्म) ने 1966 में हारवर्ड यूनिवर्सिटी से चीनी इतिहास में बी.ए. किया और 1973 में यूनिवर्सिटी ऑफ मेसाचुसेट्स से एम.एड. की डिग्री हासिल की।

मार्क विक्टर हैनसेन (जनवरी 1948 में जन्म) ने सदर्न इलिनोइस यूनिवर्सिटी से स्पीच कम्यूनिकेशन में बी.ए. किया।

1991 की सर्दियों में कानफील्ड और हैनसेन ने हैप्पी लिटल स्टोरीज नाम की अपनी किताब के लिए किसी प्रकाशक की तलाश शुरू कर दी। उन्होंने किताब में शामिल की गई अड़सठ कहानियों को लिखने के लिए तीन साल तक साथ मिलकर काम किया था। कानफील्ड के शब्दों में, ''हमने अपने साहित्यिक एजेंट जेफ हरमन के साथ न्यूयॉर्क के लिए उड़ान भरी तथा हर उस बड़े प्रकाशक से मुलाकात की जिसने हमें मिलने का समय दिया। सभी प्रकाशकों ने कुछ इस तरह की टिप्पणियों के साथ हमें वापस लौटा दिया कि 'शॉर्ट स्टोरी के संग्रह नहीं बिकते', 'कहानियों में कुछ नया नहीं है' तथा 'यह शीर्षक कभी कारगर नहीं होगा।' उसके बाद उन 20 प्रकाशकों ने भी हमें ठुकरा दिया, जिन्हें हमारी पांडुलिपि मेल से मिली। और 30 प्रकाशकों द्वारा खारिज किए जाने के बाद हमारे एजेंट ने वह किताब हमें लौटा दी, और बोला, ''मुझे माफ कर दो, मैं तुम्हारी किताब नहीं बेच सका।''

इस सदमे के बाद, दूसरे एजेंट की तलाश करने की बजाय, कानफील्ड और हैनसेन ने रणनीति बदल दी तथा किसी प्रकाशक की तलाश में सक्रियता दिखाने का फैसला किया। उन्होंने एक फॉर्म छपवाया, जिसमें वादा किया कि प्रकाशन के बाद पुस्तकें खरीदी जाएँगी। उन्होंने अपने संबोधनों या सेमिनार में हिस्सा लेनेवाले हर व्यक्ति से कहा कि अगर वे किताब खरीदेंगे तो फॉर्म को भर दें। कुछ समय बाद उनके पास किताब खरीदने का वादा करनेवालों के बीस हजार फॉर्म जमा हो गए।

अगले बसंत में कानफील्ड और हैनसेन अपने किताब की पांडुलिपियों की दो सौ प्रतियाँ लेकर कैलिफॉर्निया के आनाहिम स्थित अमेरिकन एसोसिएशन कनवेंशन

पहुँचे। वे एक बूथ से दूसरे बूथ तक गए और जितने प्रकाशकों से संभव था, बात की, लेकिन उन्हें हर बार मायूसी ही हाथ लगी। दूसरे दिन के अंत में उन्होंने एक संघर्षरत प्रकाशक, हेल्थ कम्यूनिकेशंस के सह-अध्यक्ष पीटर वेगसो और गैरी सीडलर को अपनी पांडुलिपि की एक प्रति दी। दोनों ने भरोसा दिया कि वे घर जाकर उनकी पांडुलिपि को पढ़ेंगे। सप्ताह के अंत में गैरी सीडलर पांडुलिपि को लेकर समुद्र के किनारे गया और उसे पढ़ा। उसने कहानियों को पसंद किया और कानफील्ड और हैनसेन को एक मौका देने का मन बना लिया।

एक सौ तीस प्रकाशकों द्वारा ठुकराए जाने के बाद आखिरकार पांडुलिपि का प्रकाशन 'चिकन सूप फॉर द सोल' के नए नाम से हुआ। चौदह महीने बाद यह 'न्यूयॉर्क टाइम्स' की बेस्ट सेलर लिस्ट में शामिल हो गई और अगले दो वर्षों तक वहाँ बनी रही। कानफील्ड और हैनसेन ने चिकन सूप बुक सीरीज के नाम से विशिष्ट पाठकों को ध्यान में रखते हुए दो सौ से अधिक पुस्तकें लिख डाली हैं। अब तक उस सीरीज की चालीस भाषाओं में 112 मिलियन प्रतियाँ प्रकाशित हो चुकी हैं।

डॉ. गिलबर्ट बुकेन्या

(युगांडा के पूर्व उप-राष्ट्रपति)

डॉ. गिलबर्ट बुकेन्या युगांडा के चिकित्सक और राजनीतिज्ञ हैं। वह मई 2003 से मई 2011 तक युगांडा के उप-राष्ट्रपति रहे। मई 1949 में जनमे डॉ. बुकेन्या ने बैचलर ऑफ मेडिसिन की डिग्री युगांडा की मैकरिरी यूनिवर्सिटी स्कूल ऑफ मेडिसिन से प्राप्त की, मास्टर ऑफ साइंस लंदन स्कूल ऑफ हाइजीन एंड ट्रॉपिकल मेडिसिन से तथा पी-एच.डी. की डिग्री ऑस्ट्रेलिया के क्वींसलैंड यूनिवर्सिटी से हासिल की। 1994 से 1996 के बीच वह मैकरिरी यूनिवर्सिटी स्कूल ऑफ मेडिसिन के डीन रहे।

युगांडा में डॉ. बुकेन्या को एक शानदार नेता माना जाता है, जो पूरी तरह सक्रिय, अनोखी पहल वाले और समुदायों में परिवर्तन लाने के प्रति कटिबद्ध हैं। उदाहरण के लिए, जहाँ अनेक अफ्रीकी नेता अपने-अपने देशों में एच.आई.वी. और एड्स की बढ़ती समस्या को स्वीकार करने को तैयार नहीं थे, जबकि लोग उसकी चपेट में आते चले जा रहे थे, तब डॉ. बुकेन्या ने सकारात्मक पहल करते हुए युगांडा में इस बढ़ते खतरे से निपटने के कदम उठाए। युगांडा के उप-राष्ट्रपति की हैसियत से डॉ. बुकेन्या ने पहाड़ों पर पैदा होनेवाले चावल को भोजन की सुरक्षा

तथा गरीबी कम करने के एक प्रमुख साधन के रूप में देखा। अपलैंड राइस प्रोजेक्ट को युगांडा के चावल क्षेत्र के विकास में एक निर्णायक मोड़ माना जाता है। 2007 में डॉ. बुकेन्या को गरीबी हटाने की दिशा में चलाए जा रहे 'सबके लिए समृद्धि' कार्यक्रम के लिए अमेरिकी कांग्रेस द्वारा दिए जानेवाले प्रतिष्ठित 'गोल्ड मेडल' अवार्ड से नवाजा गया। इस कार्यक्रम का विशेष जोर किसानों पर है।

सलमान खान

(खान एकेडमी के संस्थापक)

शिक्षाविद् सलमान खान द्वारा सक्रियता दिखाते हुए इंटरनेट के प्रयोग ने शिक्षा के क्षेत्र में एक क्रांति को जन्म दिया है। खान का जन्म 11 अक्तूबर, 1976 को लुइसियाना के न्यू ऑरलियंस में हुआ था। खान के पिता बँगलादेश के रहनेवाले हैं और उनकी माँ भारत की हैं। उन्होंने मैथमेटिक्स और इलेक्ट्रिकल इंजीनियरिंग के साथ ही कंप्यूटर साइंस में मैसाचुसेट्स इंस्टीट्यूट ऑफ टेक्नोलॉजी से बी.एस. की डिग्री हासिल की। 2004 में हारवर्ड बिजनेस स्कूल से एम.बी.ए. करने के बाद खान ने न्यूयॉर्क के कनेक्टिव कैपिटल मैनेजमेंट में हेज फंड विश्लेषक के रूप में काम करना शुरू किया।

2004 के अंत में खान ने याहू के डूडल प्रोग्राम की मदद से अपनी बहन नादिया को इंटरनेट की मदद से गणित का ट्यूशन देना शुरू किया, जो लुइसियाना में रहती थी। जब उनके परिवार के अन्य सदस्यों तथा मित्रों को मुफ्त में ट्यूशन पढ़ाए जाने की बात पता चली तो उन्होंने भी उनसे मदद माँगी। खान ने अपने लेक्चर की फिल्म बनाई और उसे यू-ट्यूब पर पोस्ट कर दिया, ताकि जो भी चाहे अपनी सुविधा से उन्हें देख सकता था। 2009 में खान ने अपनी नौकरी छोड़ दी और पूरा समय खान एकेडमी के ट्यूटोरियल पर लगा दिया।

खान एकेडमी एक गैर-लाभकारी शैक्षणिक संगठन है, जो "सभी के लिए मुफ्त में विश्व स्तरीय शिक्षा उपलब्ध कराता है, चाहे वे कहीं भी हों।" इसकी वेबसाइट पर हजारों शैक्षणिक स्रोत हैं, जिनमें पर्सनलाइज्ड लर्निंग डैशबोर्ड, एक हजार से अधिक अभ्यास से हल किए जानेवाले प्रश्न हैं तथा छह हजार माइक्रोलेक्चर हैं, जिन्हें यू-ट्यूब पर वीडियो ट्यूटोरियलों के जरिए सहेजकर रखा गया है। उनमें गणित, भौतिकी, रसायनशास्त्र, जीव विज्ञान, खगोलशास्त्र, ब्रह्मांड विज्ञान, इतिहास, मेडिसिन और वित्त जैसे विषय शामिल हैं। सारे ही संसाधन

दुनिया में किसी के लिए भी बिल्कुल मुफ्त हैं। 23 जून, 2014 तक यू-ट्यूब पर खान एकेडमी के चैनल पर 1.8 मिलियन सब्सक्राइबर थे तथा उनके वीडियो 413 मिलियन से भी अधिक बार देखे गए हैं। एकेडमी की वेबसाइट का अनुवाद भी तेईस भाषाओं में किया गया है।

खान एकेडमी का खर्च चंदे से चलता है, जिसमें बिल और मेलिंडा गेट्स फाउंडेशन, गूगल तथा ब्राजील स्थित लेनमैन फाउंडेशन द्वारा दी जानेवाली सहायता भी शामिल है। खान ने एकेडमी पर एक किताब प्रकाशित की, जिसका नाम है—'द वन वर्ल्ड स्कूलहाउस : एजुकेशन रीइमैजिंड'। 2012 में 'टाइम' मैगजीन ने सलमान खान को दुनिया के 100 सबसे प्रभावशाली व्यक्तियों में शामिल किया। 'फोर्ब्स' पत्रिका ने खान की तसवीर अपने कवर पर छापी और शीर्षक दिया—1 ट्रिलियन डॉलर का मौका। बिल गेट्स के अनुसार, "शिक्षा पर खान के प्रभाव का हिसाब नहीं लगाया जा सकता है।"

ओमन चांडी

(केरल के मुख्यमंत्री)

केरल के मुख्यमंत्री ओमन चांडी (31 अक्तूबर, 1943 को जन्म) एक बेहद सक्रिय व्यक्ति हैं। अगस्त 2011 में मुख्यमंत्री बनने के तुरंत बाद चांडी ने लाल फीताशाही और प्रशासन पर हावी अफसरशाही से निपटने के मकसद से व्यापक जनसंपर्क कार्यक्रम की शुरुआत की। इसका उद्देश्य सरकार और जनता के बीच बातचीत को बढ़ावा देना था। लोगों को सीधे सरकार से संपर्क करने के लिए उत्साहित किया जाता था, ताकि वे बिना देरी और बिना भ्रष्टाचार अपनी समस्याओं को सुलझा सकें।

इस कार्यक्रम के अंतर्गत चांडी प्रत्येक शहर का दौरा करते हैं और विशाल आयोजन करते हैं, जहाँ लोग अपनी समस्याएँ व्यक्तिगत रूप से बता सकें। जनता तक सीधे जाने और निर्णय लेनेवालों तक उनकी सीधी पहुँच से, इस कार्यक्रम के कारण केरल में जवाबदेही बढ़ी है। इस पहल से शिकायतों पर की जानेवाली काररवाई में लगनेवाला समय काफी हद तक कम हो गया है और समस्या का हल तेजी से निकल जाता है।

व्यापक जनसंपर्क कार्यक्रम की शुरुआत से पहले नागरिकों की शिकायतों के निवारण की दर बहुत कम थी। केरल में अफसरशाही चरम पर थी और कुशलता

से कार्यों को निपटाने तथा लोगों की समस्याओं पर ध्यान देने में देरी के कारण शिकायतों का अंबार खड़ा हो गया था। सरकारी अधिकारियों के खिलाफ की जानेवाली शिकायतों पर उच्च स्तरीय अधिकारी काररवाई नहीं करते थे और लोगों के लिए जनसेवा से जुड़ी समस्याएँ सुलझा पाना मुश्किल हो गया था। इस कारण विभिन्न विभागों और सरकार के सचिवालयों में फाइलों का अंबार लग गया। 2011 के मध्य तक केरल के सचिवालय में 13,20,000 फाइलें लंबित थीं। यू.एन.डी.पी. ने सक्रियता दिखाने और नई पहल की शुरुआत कर लोकतांत्रिक व्यवस्था में लोगों की पहुँच सरकार तक निश्चित करने के साथ ही मानवीय विकास के कार्यक्रमों के लिए चांडी की प्रशंसा की।

यू.एन.डी.पी. चांडी के नए-नए प्रयोगों के जरिए पारदर्शिता बढ़ाने और सरकार में जवाबदेही तय करने, विशेषरूप से मुख्यमंत्री कार्यालय की पूरी कार्यप्रणाली को वेबसाइट पर स्ट्रीम करने की सुविधा दिए जाने से प्रभावित था। व्यापक जनसंपर्क अभियान कई प्रकार से, सरकार में बैठे जनसेवकों और वरिष्ठ नौकरशाहों का जनता से सीधा संपर्क जोड़ने के लिहाज से, अपनी तरह का पहला कार्यक्रम है।

'जनसेवा में भ्रष्टाचार रोकने और उससे लड़ने' के वर्ग में चांडी को 2013 में 'संयुक्त राष्ट्र जनसेवा अवार्ड' दिया गया। यह पुरस्कार 'परिवर्तनकारी इ-गवर्मेंस तथा नई पहल : सभी के लिए बेहतर भविष्य का सृजन' विषय पर आधारित था। वैश्विक रूप से संयुक्त राष्ट्र पाँच भौगोलिक क्षेत्रों को यह पुरस्कार देता है। चांडी के व्यापक जनसंपर्क कार्यक्रम को एशिया-प्रशांत क्षेत्र का पहला पुरस्कार मिला। सामान्य तौर पर यह अवार्ड पूरे विभाग या देशों के समूह को दिया जाता है, लेकिन 2013 का पुरस्कार अकेले चांडी को ही दिया गया।

डॉ. विनोद थॉमस

(एशियन डेवलपमेंट वैंक के महानिदेशक और
वर्ल्ड बैंक के पूर्व सीनियर वाइस प्रेसीडेंट)

डॉ. विनोद थॉमस एक जाने-माने अर्थशास्त्री हैं। शिकागो विश्वविद्यालय से पी-एच.डी. करनेवाले विनोद ने व्यापक आर्थिक मुद्दों, सामाजिक तथा पर्यावरण के मुद्दों पर अनेक पुस्तकें, लेख, तथा रिपोर्ट तैयार किए हैं। एक युवा पेशेवर के रूप में विनोद ने 1976 में विश्व बैंक में नौकरी शुरू की, जहाँ वह अनेक पदों पर रहे। इनमें पूर्वी एशिया और प्रशांत क्षेत्र के प्रमुख अर्थशास्त्री, विश्व विकास रिपोर्ट

के निदेशक तथा व्यापार नीति के प्रमुख के पद शामिल थे। विश्व बैंक के साथ काम करते हुए विनोद ने अपनी छवि एक अग्रसक्रिय डेवलपमेंट बैंकर के रूप में बनाई।

अक्तूबर 2001 से जुलाई 2005 तक ब्राजील में विश्व वैंक के कंट्री डायरेक्टर रहते हुए विनोद यह जानते थे कि विदेश में रहते हुए सही मायने में योगदान करने का एकमात्र उपाय अग्रसक्रिय रहना ही है। अपने अग्रसक्रिय रुख के अंतर्गत उनके लिए सबसे पहली प्राथमिकता पुर्तगाली भाषा को जल्द-से-जल्द सीखना था। जल्दी ही वह फर्राटेदार पुर्तगाली बोलने लगे। अपने कार्यकाल की शुरुआत में विनोद ब्राजील के राष्ट्रपति लुइज इनासियो लूला डा सिल्वा के साथ उनके पहले दौरे पर भारत आए तथा साओ पाउलो से नई दिल्ली की उड़ान के बीच विनोद ने उन्हें भारत के उन पहलुओं से परिचित कराया, जिन्हें ब्राजील में लागू किया जा सकता है।

ब्राजील में अपने कार्यकाल के दौरान विनोद ने दुनिया भर के चोटी के विशेषज्ञों को जुटाया और राष्ट्रपति की पूरी कैबिनेट को बताया कि कैसे दुनिया के दूसरे देशों में गरीबी को सफलतापूर्वक मिटाया गया और ब्राजील भी एक सामाजिक सुरक्षा कार्यक्रम की शुरुआत कर सकता है। उस बैठक के फलस्वरूप ही वह कार्यक्रम लागू किया गया, जो आज बोलसा फामिलिया या सशर्त नकदी हस्तांतरण कार्यक्रम के नाम से लोकप्रिय है, जिसका फायदा करीब पचास मिलियन ब्राजील वालों को मिल रहा है। ब्राजील में कंट्री डायरेक्टर के रूप में अपने कार्यकाल के अंत में विनोद ने चार साल के अपने अनुभव को एक ऐसी किताब का रूप दिया, जिसे 'फ्रॉम इनसाइड ब्राजील' नाम दिया गया और स्टैन यूनिवर्सिटी प्रेस ने प्रकाशित किया। आज भी इसका प्रयोग रेफरेंस बुक के रूप में दुनिया भर में किया जाता है।

वर्ल्ड बैंक इंस्टीट्यूट के वाइस प्रेसीडेंट के रूप में विनोद ने अग्रसक्रियता का परिचय देते हुए संस्थान के प्रयासों को आगे बढ़ाया और उसके मूल विषय, गुणवत्ता और प्रभाव में इजाफा किया। वर्ल्ड बैंक (सीनियर वाइस प्रेसीडेंट के रूप में) के महानिदेशक के रूप में अपने छह साल के कार्यकाल तथा एडीबी में तीन साल के कार्यकाल में उन्होंने सक्रियता दिखाते हुए निष्पक्षता के साथ यह आकलन किया कि गरीबी कम करने तथा लोगों के जीवन में सुधार लाने में इन संस्थाओं का योगदान वास्तव में कितना होता है। वह जिन निष्कर्षों तक पहुँचे, उनमें से प्रमुख निष्कर्षों का वर्णन उनकी किताब 'मल्टीलैटरल डेवलपमेंट बैंक्स एंड द डेवलपमेंट प्रॉसेस' (जुबेई लुओ के साथ) में किया गया है।

वी.जे. कुरियन

(भारतीय नौकरशाह)

वी.जे. कुरियन भारतीय प्रशासनिक सेवा (IAS) के एक ऐसे वरिष्ठ अधिकारी हैं, जिन्होंने अपने कार्यों से एक प्रभावी और यादगार छाप छोड़ी है। केरल कैडर के IAS, कुरियन अपनी अग्रसक्रियता, दृढ़संकल्प, कर्मठता, सतत प्रयत्नशील रहने तथा दूरदृष्टिपूर्ण नेतृत्व के लिए जाने जाते हैं।

भारत में राष्ट्रीय स्तर पर कुरियन की पहचान कोचीन अंतरराष्ट्रीय एयरपोर्ट लिमिटेड (सी.आई.ए.एल.) के निर्माण में उल्लेखनीय योगदान से बनी, जो निजी-सार्वजनिक भागीदारी से बना भारत का पहला ग्रीनफील्ड एयरपोर्ट है। उनकी भूमिका का प्रयोग कॉरपोरेट नेतृत्व तथा आचारों जैसे प्रबंधन के विषयों पर केस स्टडी के रूप में किया जाता है। 'वी.जे. कुरियन एंड द सी.आई.ए.एल. सागा' नाम के केस स्टडी को केरल को कोझीकोड स्थित भारतीय प्रबंधन संस्थान (आई.आई.एम.) के प्रो. रमेशन और जेयवेलू ने लिखा था। उन्होंने लिखा कि "कुरियन के पास विचारों का भंडार था, जो अकसर पूरी तरह से नए होते थे। वह जानते थे कि टीम वर्क से उन्हें कैसे लागू किया जा सकता है और वह संगठन के प्रत्येक व्यक्ति को भरोसे में लेकर चलते थे।"

जब केरल के नेदुमबसरी में एयरपोर्ट बनाने के लिए भारत के राष्ट्रीय विमानपत्तन प्राधिकरण (एन.ए.ए.आई.) के पास पैसे नहीं थे, तब कुरियन ने यह आइडिया दिया कि निर्माण के लिए पैसे आप्रवासी भारतीयों (NRI) से जुटाया जाए, जो केरल आने के लिए मुंबई जैसे अंतरराष्ट्रीय हवाई अड्डे का प्रयोग कर रहे थे। जल्द ही आप्रवासी भारतीयों की जबरदस्त प्रतिक्रिया तथा स्थानीय लोगों की मदद से सी.आई.एल. के पास एयरपोर्ट के निर्माण के लिए आवश्यक धन इकट्ठा हो गया। 1993 से 1999 के बीच, छह वर्ष के अपने कार्यकाल के दौरान, अपनी अग्रसक्रियता, दृढ़संकल्प और निर्णायक नेतृत्व से कुरियन ने सारी बाधाओं को दूर कर दिया तथा सी.आई.ए.एल. के हवाई अड्डे को एक सफल प्रयास साबित कर दिखाया।

2006 से 2011 तक मसाला बोर्ड के अध्यक्ष के रूप में भी कुरियन उतने ही सक्रिय थे। इस दौरान उन्होंने अनेक स्पाइस पार्क, रिसर्च सेंटर और प्रयोगशालाओं की स्थापना कर मसालों की गुणवत्ता को सुनिश्चित किया। उन्होंने इ-कारोबार की शुरुआत की, जिससे कि किसानों की आमदनी बढ़ सके।

आप भी अग्रसक्रिय व्यक्ति बन सकते हैं—

आप स्वप्रेरणा के गुण विकसित करें तथा अपने लक्ष्यों की प्राप्ति के लिए अपेक्षित पहल करें।

- सदैव अवसरों की तलाश करें और उन अवसरों का लाभ उठाने के लिए उपयुक्त कदम उठाएँ।
- अपने लक्ष्यों की प्राप्ति के लिए कदम उठाने के दौरान गलतियों से या विफल होने की आशंका से कभी न घबराएँ।
- ऐसे नए कौशल तथा नए ज्ञान को प्राप्त करने के लिए उत्साहित रहें, जो आपकी समस्याओं को हल कर सकते हैं।
- प्रतिकूल परिस्थितियों या चुनौतियों को लेकर कभी रोना-धोना नहीं चाहिए। इसी प्रकार, यह इंतजार मत कीजिए कि कोई आपको आकर उस परिस्थिति से निकालेगा। इसकी बजाय इन रुकावटों को दूर करने के लिए काररवाई करें।

□

7

सफल लोगों की सोच सकारात्मक होती है

''सोच ऐसी पहली विशेषता है, जिससे सफल व्यक्ति की पहचान होती है। यदि उसकी सोच सकारात्मक है और वह एक सही सोच वाला व्यक्ति है, जो चुनौतियों और कठिन परिस्थितियों को पसंद करता है, तो समझिए उसने आधी सफलता प्राप्त कर ली है।''

—लॉवेल पीकॉक

''यदि आप नकारात्मक सोच के बीज बोते हैं, तो आपका जीवन नकारात्मक बातों से भर जाएगा। यदि आप सकारात्मक सोच के बीज बोते हैं, तो आपका जीवन खुशहाल, सफल और सकारात्मक होगा।''

—अर्ल नाइटेंगल

किसी व्यक्ति की सफलता के लिए सकारात्मक सोच एक मूल्यवान गुण होता है। मनोवैज्ञानिक और दार्शनिक एस. विलियम जेम्स ने कहा है कि लोग अपने जीवन को अपनी सोच को बदलकर नया रूप दे सकते हैं। ऐसे ही विचार जिम रॉन ने भी व्यक्त किए जब उन्होंने कहा, ''वह स्त्री या पुरुष, जो अपने जीवन में सुधार लाना चाहती है या चाहता है, उसे अपनी सोच में सुधार करना चाहिए। आपकी सोच काफी हद तक यह तय कर देती है कि आप अपना जीवन कैसे जिएँगे और जीवन में कितना आगे जाएँगे।'' सफल लोगों ने दिखाया है कि सकारात्मक सोच ने उनके लिए असीम संभावनाएँ तथा अपनी इच्छा के अनुसार उपलब्धियों को प्राप्त करने के तमाम विकल्प खोल दिए हैं। थॉमस एडिसन, क्रिस्टोफर रीव, नेल्सन मंडेला, जे.के. राउलिंग तथा इस अध्याय में वर्णित अन्य लोगों की सकारात्मक सोच सचमुच हैरान करनेवाली और एक नई ऊर्जा देनेवाली है।

सकारात्मक सोच वाले लोगों के सामान्य लक्षण—

- वे आशावादी होते हैं, जो किसी भी परिस्थिति के बेहतर पक्ष को देखते हैं और सदैव सकारात्मक परिणामों की अपेक्षा रखते हैं। उनके लिए कठिनाइयाँ और असफलता बस आकर चले जानेवाले दौर होते हैं, इसलिए जब भी उनके सामने कठिन परिस्थिति आती है, तो वे अपनी समस्याओं का हल निकालने पर जोर देते हैं।
- वे अपने ऊपर और अपनी क्षमताओं पर विश्वास करते हैं तथा उनमें चुनौतियों और रुकावटों को पार करने का साहस तथा आत्मविश्वास होता है, जो सफलता के अनिवार्य गुण होते हैं।
- वे विफलताओं से या गलतियाँ करने से नहीं डरते। वे विफलताओं और गलतियों को ऐसे अनुभवों के रूप में देखते हैं, जिनसे वे भविष्य में मूल्यवान सबक सीख सकते हैं।
- वे नकारात्मकता के खतरों से पूरी तरह वाकिफ होते हैं, जो उन्हें भावनात्मक और शारीरिक रूप से धराशायी कर सकते हैं। वे यह भी जानते हैं कि नकारात्मकता उनकी सफलता का नाश करती है।
- उनका व्यक्तित्व मनभावन होता है और उनका सकारात्मक आत्म-सम्मान उन्हें अपने आपको लेकर एक सुखद एहसास कराता है। वे अपनी सोच को लेकर उत्साही होते हैं, दूसरों की उपलब्धियों को भी उत्साह से देखते हैं तथा उनकी मदद का हर संभव प्रयास करते हैं।
- वे तनाव से अच्छी तरह निपटते हैं। काम की जगह पर अपने समय का प्रबंधन अच्छी तरह कर वे पढ़ने, टी.वी. देखने या अन्य शौक को पूरा कर तनाव को कम कर पाते हैं।
- वे नकारात्मक लोगों से प्रभावित नहीं होते और ऐसे लोगों के संपर्क में आने से बचते हैं।
- वे विवादों को सुलजाने के लिए लोगों से सीधे बात करते हैं। किसी सहयोगी या मित्र से कभी कोई विवाद होता है या समस्या होती है, तो वे उस समस्या का हल निकालने के लिए सीधे उन्हीं से बात करते हैं।

सकारात्मक सोच वाले सफल लोगों की मिसाल—

थॉमस एडिसन

(इलेक्ट्रिक लाइट बल्ब, फोनोग्राफ और अन्य कई उपकरणों के आविष्कारक)

अपने आविष्कारों से थॉमस एडिसन ने मनुष्य जीवन पर गहरा प्रभाव डाला, विशेष रूप से फोनोग्राफ, काइनेटोग्राफ (मोशन-पिक्चर कैमरा), बिजली के बल्ब और अल्कलाइन स्टोरेज बैटरी जैसे उपकरणों से। अपने जीवन में 'मेनलो पार्क के जादूगर' कहे जानेवाले एडिसन के नाम रिकॉर्ड 1093 अमेरिकी पेटेंट हैं। इसके साथ ही ब्रिटेन, फ्रांस और जर्मनी में भी उनके नाम से पेटेंट हैं।

11 फरवरी, 1847 को ओहियो के मिलान में जनमे एडिसन का बचपन कठिनाइयों में बीता। लाल बुखार के साथ ही कई बार कान में संक्रमण का शिकार होने के कारण दोनों ही कान से उन्हें ठीक से सुनाई नहीं देता था। इस समस्या के कारण बड़े होने पर वह सुनने में लगभग अक्षम हो चुके थे। एक अतिसक्रिय बच्चा होने के कारण एडिसन को उनके टीचर एक शरारती बच्चा मानते थे। इस कारण ही उनकी माँ ने स्कूल से नाम कटवाकर उन्हें घर में रखा और पढ़ाया।

एडिसन की सबसे बड़ी खासियत उनकी सकारात्मक सोच थी। वह न तो किसी विफलता पर हारकर बैठ जाते थे और न ही झटकों से हतोत्साहित होते थे। वह कहते थे, ''प्रत्येक गलत कदम को छोड़ने का अर्थ है—एक कदम आगे बढ़ना।'' बिजली से जलनेवाले बल्ब पर शोध करने के दौरान एडिसन ने चालीस हजार से भी अधिक पन्नों के नोट्स लिखे और तब जाकर रोशनी देनेवाले उस बल्ब का आविष्कार हुआ, जो उनकी प्रयोगशाला में अड़तालीस घंटे के परीक्षण में सफल रहा। उन्होंने सोलह हजार से अधिक तत्त्वों का परीक्षण किया, जिनमें नारियल के रेशे से लेकर, मछली पकड़नेवाले काँटे और एक मित्र की दाढ़ी से लिया गया बाल तक शामिल था। आखिरकार, 1870 में एडिसन और उनकी टीम ने फिलामेंट के लिए कार्बनीकृत बाँस को सही तत्त्व के रूप में चुना। एडिसन से जब पूछा गया कि ताप बल्ब के आविष्कार से पहले वह कितनी बार असफल हुए, तो उनका जवाब था, ''मैं असफल नहीं हुआ। मैंने 10,000 ऐसे तरीके ढूँढ़े, जो कारगर साबित नहीं हुए।'' 1914 में न्यू जर्सी के वेस्ट ऑरेंज स्थित उनकी प्रयोगशाला के आग में जलकर खाक हो जाने के बाद उनकी सारी संपत्ति उसमें स्वाहा हो गई, तब भी उनकी सोच सकारात्मक बनी रही। उन्होंने कहा, ''मैं 67

का हूँ, फिर भी इतना बूढ़ा नहीं कि नई शुरुआत न कर सकूँ। हमारी सारी गलतियाँ जल चुकी हैं। शुक्रिया भगवान्, अब हम फिर से शुरुआत कर सकते हैं।'' उस दुर्घटना के बाद एडिसन ने जल्द ही प्रयोगशाला का फिर से निर्माण कर लिया और अगले सत्रह वर्ष तक वहाँ काम किया। सबसे उल्लेखनीय तो यह है कि आग की घटना के तीन हफ्ते के भीतर, उन्होंने फोनोग्राफ का आविष्कार कर लिया!

मधुमेह से उत्पन्न हुई जटिलताओं के कारण एडिसन की मृत्यु चौरासी वर्ष की उम्र में 18 अक्तूबर, 1931 को हो गई।

क्रिस्टोफर रीव

(सुपरमैन फिल्मों के हीरो)

क्रिस्टोफर रीव (जन्म : 25 सितंबर, 1952) एक अमेरिकी एक्टर, डायरेक्टर, प्रोड्यूसर और पटकथा लेखक थे। रीड ने न्यूयॉर्क के कॉरनेल यूनिवर्सिटी और जुलियार्ड स्कूल से पढ़ाई की। 1970 से लेकर 1980 के दशक में सुपरमैन और उसके तीन सीक्वल ने रीव को फिल्म के हीरो के तौर पर पूरी दुनिया में जबरदस्त ख्याति दिलाई।

27 मई, 1995 को रीव एक घोड़े से गिर पड़े और उनकी रीढ़ की हड्डी में चोट लगी, जिसके कारण गरदन से लेकर शरीर के निचले हिस्से में उन्हें लकवा मार गया। दुर्घटना के बाद रीव व्हीलचेयर पर आ गए और साँस लेने के लिए उन्हें रेस्पिरेटर की आवश्यकता पड़ने लगी। अपनी भयंकर शारीरिक विकलांगता के बावजूद जीवन में सक्रिय बने रहने की उनकी इच्छा को दबाया नहीं जा सका। हारकर बैठ जाने की बजाय, उन्होंने अपनी सकारात्मक सोच से अपनी शारीरिक सीमाओं को पार किया तथा यह साबित कर दिखाया कि न केवल परदे पर बल्कि उसके बाहर भी वह वाकई सुपरमैन हैं। उदाहरण के लिए, रीव ने एच.बी.ओ. की फिल्म इन ग्लोमिंग प्रोड्यूस की तथा रियर विंडो (1954 में अल्फ्रेड हिचकॉक की फिल्म की रीमेक) में अभिनय किया, जिसके लिए उन्हें 'स्क्रीन एक्टर्स गिल्ड' अवार्ड मिला, साथ ही ए एंड ई की फिल्म द ब्रुक एलिसन स्टोरी का निर्देशन किया, जो हारवर्ड से ग्रेजुएशन करनेवाली उस ब्रुक एलिसन के जीवन पर आधारित है, जिसे गरदन के नीचे पूरे शरीर में लकवा मार गया था। रीव की आत्मकथा, 'स्टिल मी', 'न्यूयॉर्क टाइम्स' की बेस्ट सेलर लिस्ट में शामिल हुई। उन्होंने रीव-इरविन रिसर्च सेंटर की सह-स्थापना भी की, जो रीढ़ की हड्डी पर

किए जानेवाले शोध का विश्वप्रसिद्ध केंद्र है।

रीव की मृत्यु बावन वर्ष की आयु में 10 अक्तूबर, 2004 को हृदय की गति रुक जाने से हो गई।

नेल्सन मंडेला

(दक्षिण अफ्रीका के पूर्व राष्ट्रपति)

नेल्सन रोलीहलाहला मंडेला (दक्षिण अफ्रीका के मवेजो में 18 जुलाई, 1918 को जनमे) बीसवीं सदी के महानतम राजनेताओं में से एक थे। उनका जीवन हर किसी के लिए एक प्रेरणा का स्रोत है, विशेषरूप से उनके लिए, जो दबे-कुचले और वंचित हैं।

बीस वर्ष की आयु को प्राप्त करते ही मंडेला नस्लभेद विरोधी आंदोलन में शामिल हो गए और 1942 में अफ्रीकी नेशनल कांग्रेस (ए.एन.सी.) में शामिल हो गए। अगले बीस वर्षों तक मंडेला एक ऐसे आंदोलन की अगुवाई कर रहे थे, जो दक्षिण अफ्रीकी सरकार की नस्लेभेदी नीतियों का विरोध शांतिपूर्ण और अहिंसक रूप से कर रहा था। 1961 में मंडेला को लगने लगा कि सदी के सबसे घृणित नस्लभेद को केवल सशस्त्र संघर्ष से ही समाप्त किया जा सकता है। जल्द ही उन्होंने अमखोसे वे सिजुआ नाम के संगठन की सह-स्थापना की, जिसे एमके के नाम से जाना जाता था और जो ए.एन.सी. का सशस्त्र विंग था। यह नस्लभेद को समाप्त करने के लिए तबाही मचाने और गुरिल्ला युद्ध की रणनीति पर यकीन करता था।

जून 1964 में मंडेला और सात अन्य को राजनीतिक अपराधों, तोड़-फोड़ और क्रांति को भड़काने के लिए उम्रकैद की सजा सुनाई गई। मंडेला को 1964 से 1982 के बीच अठारह वर्षों तक रॉबेन द्वीप में जेल में डाल दिया गया। उन्हें गैर-राजनीतिक कैदियों से अलग एक कंक्रीट की कोठरी में रखा गया, जो आठ फीट गुणा सात फीट लंबा-चौड़ा था और सोने के लिए फूस की एक चटाई थी। इस दौरान मंडेला टी.बी. के शिकार हो गए। इसके साथ ही, जेल के गोरे वार्डन उन्हें शारीरिक यातना देने के साथ ही गाली-गलौज भी करते थे।

रॉबेन द्वीप पर मंडेला को चूने की खदान में बिना विश्राम काम करना पड़ता था। सूरज की किरणों से उनकी नजर खराब हो गई। उन्हें छह महीने में केवल एक मुलाकात और एक चिट्ठी की इजाजत थी, और उस चिट्ठी की भी कड़ी जाँच-पड़ताल की जाती थी। उन्हें अखबार दिए जाने की मनाही थी, और कई

बार अखबार की कुछ कतरनें उनके पास से पकड़े जाने के बाद उन्हें सबसे अलग कर दिया जाता था। 1982 के अप्रैल से लेकर 1988 के दिसंबर तक मंडेला को केपटाउन के पॉल्समूर जेल में तथा फरवरी 2000 में रिहा किए जाने तक विक्टर वर्स्टर जेल में कैद रखा गया।

जेल में 27 वर्षों तक अमानवीय परिस्थितियों में रखे जाने के बावजूद मंडेला ने न कभी हिम्मत हारी, न ही उम्मीद का दामन छोड़ा। इसकी बजाय, उनकी सोच पूरी तरह से सकारात्मक बनी रही। उनकी आशावादिता अटूट थी और उन्हें विश्वास था कि एक न एक दिन नस्लभेद का अंत होगा और दक्षिण अफ्रीका में नस्लीय समानता की स्थापना होगी। इस सकारात्मक सोच और आशावादिता ने ही उन्हें संघर्षरत रखा। जैसी कि उन्हें उम्मीद थी, जेल से रिहा किए जाने के कुछ समय बाद ही दक्षिण अफ्रीका से नस्लभेद की समाप्ति हो गई।

मंडेला द्वारा विपरीत परिस्थितियों में भी सकारात्मक सोच बनाए रखने के कुछ उदाहरण उनके कार्यों, व्यवहार और उपलब्धियों में मिलते हैं। मिसाल के तौर पर, जेल में वह उन सुविधाओं को लेने से इनकार कर देते थे, जो उन्हें तो दी जाती थी लेकिन अन्य कैदियों को उससे वंचित रखा जाता था। वह अपने साथी कैदियों को समझाने-बुझाने का काम करते थे तथा जेल में बेहतर सुविधा के लिए अहिंसक विरोध करने की सलाह देते थे। रात के समय वह एल.एल.बी. की डिग्री हासिल करने के लिए पढ़ाई करते थे तथा पत्राचार पाठ्यक्रम के जरिए उन्होंने लंदन यूनिवर्सिटी से कानून की डिग्री भी प्राप्त कर ली। उन्होंने 'लॉन्ग वॉक टू फ्रीडम' नाम से अपनी आत्मकथा भी लिखी।

1994 में दक्षिण अफ्रीका के राष्ट्रपति बनने के बाद भी मंडेला ने अपनी सोच को सकारात्मक बनाय रखा। उन्होंने बंदी बनानेवाले नस्लभेदियों या अपने राजनीतिक प्रतिद्वंद्वियों के विरुद्ध किसी प्रकार की कड़वाहट या बदले की भावना से काम नहीं किया। इसकी बजाय उन्होंने क्षमाशीलता तथा मेल-मिलाप का एक अद्‌भुत परिचय दिया। उन्होंने व्यक्तिगत स्तर पर क्षमा करने तथा मेल-मिलाप करने पर जोर दिया तथा कहा, ''साहसी लोग शांति की स्थापना के लिए क्षमा करने से नहीं घबराते।'' उन्होंने सभी नस्लों वाली एक राष्ट्रीय एकता की सरकार का गठन किया तथा घोषित किया कि दक्षिण अफ्रीका एक इंद्रधनुषी राष्ट्र है, जो अपने और विश्व के साथ शांति चाहता है। उन्होंने दक्षिण अफ्रीका के गोरे लोगों को भरोसा दिलाया कि 'इंद्रधनुषी राष्ट्र में' उनकी सुरक्षा के साथ ही उनके प्रतिनिधित्व का भी खयाल रखा जाएगा। 1995 में जब दक्षिण अफ्रीका ने रग्बी वर्ल्ड कप की मेजबानी की, तो मंडेला ने काले और गोरे, दोनों से ही प्रमुख रूप से अफ्रीकानेर

राष्ट्रीय रग्बी टीम का समर्थन करने की अपील की।

'इकोनॉमिस्ट' पत्रिका ने भी लिखा था, ''मंडेला की कहीं बड़ी उपलब्धि यह सुनिश्चित करना था कि मेल-मिलाप बढ़े, बदले की भावना का त्याग किया जाए तथा वह न्याय पर आधारित नए लोकतांत्रिक दक्षिण अफ्रीका का पालन-पोषण एक मिडवाइफ की तरह करें।''

मंडेला की मृत्यु 5 दिसंबर, 2013 को उनके जोहांसबर्ग स्थित घर में हो गई।

चक हगिंस

(सीज कैंडीज (See's Candies) के पूर्व राष्ट्रपति और सी.ई.ओ.)

सैन फ्रांसिस्को की जानी-मानी चॉकलेट बनानेवाली कंपनी सीज कैंडीज के साथ पचपन वर्षों तक काम करनेवाले चक हगिंस एक खुशमिजाज, मिलनसार और सबके बीच रहनेवाले व्यक्ति थे, जिन्होंने अपनी सकारात्मक सोच से अपने सहयोगियों और तमाम मिलने-जुलनेवालों का दिल जीत लिया था। अकसर चेहरे पर एक चौड़ी सी मुसकान लिये रहनेवाले हगिंस की पहचान एक ऐसे व्यक्ति की बनी, जो लोगों के प्रति ईमानदार और सच्ची अभिरुचि रखता था। वे लोगों के नाम बड़ी आसानी से याद रखते थे, उनकी भलाई में व्यक्तिगत दिलचस्पी रखते थे तथा उनकी मदद का हर संभव प्रयास करते थे।

चक का जन्म 2 मार्च, 1925 को कनाडा के ब्रिटिश कोलंबिया के वैंकूवर में हुआ था और उनका बचपन अमेरिका के पोर्लटलैंड, ऑरेगॉन में बीता। हाई स्कूल की पढ़ाई पूरी करने के बाद द्वितीय विश्वयुद्ध के दौरान उन्होंने अमेरिकी सेना में नौकरी की तथा आगे चलकर केन्यन कॉलेज से अंग्रेजी साहित्य में बी.ए. की डिग्री हासिल की।

1951 में चक ने लॉस एंजिल्स स्थित सीज कैंडीज कंपनी में एक मैनेजमेंट ट्रेनी के रूप में काम करना शुरू किया। अपनी कड़ी मेहनत और ईमानदारी के कारण उन्हें जल्द ही मैनेजर के पद पर प्रमोट कर दिया गया। 1972 में सी परिवार ने चक पर भरोसा करते हुए, उनकी मदद से कंपनी को वारेन बफेट को बेचा। बफेट चक से इतना प्रभावित हुए कि उन्होंने चक को कंपनी का प्रेसीडेंस और सी.ई.ओ. बना दिया और अगले चौंतीस वर्ष तक उन्हें दोनों ही पदों पर बनाए रखा। ऐसा बताया जाता है कि बफेट ने कहा था, ''मुझे यह समझने में करीब 15 सेकंड लगे कि उस काम के लिए चक ही सही आदमी था।''

सी.ई.ओ. के रूप में चक अत्यंत विनम्र बने रहे तथा खुद को 'चीफ टेस्टर' कहते थे। इसका कारण यह था कि वह नई कैंडीज के चुनाव में शामिल रहते थे तथा लोकप्रियता खो चुकी कैंडी को हटा देते थे। ऐसा अनुमान है कि अपने कॅरियर के दौरान उन्होंने सीज कैंडी के तीन लाख नमूनों को चखा और लोकप्रिय ऑसम बार को शुरू करने में भी उनकी महत्त्वपूर्ण भूमिका थी। उन्होंने जिंजर, मारजीपैन और मार्श मिंट्स जैसी कैंडी को बचाए रखा। चक के नेतृत्व में कंपनी के कर्मचारियों की संख्या बढ़कर पाँच हजार तक पहुँच गई और उसके दो सौ स्टोर बन गए। कंपनी की बिक्री 300 मिलियन डॉलर को पार कर गई।

सीज कैंडीज में काम करनेवालों के लिए चक एक 'सामाजिक व्यक्ति' थे, जिनकी सोच सकारात्मक थी तथा जिन्हें कर्मचारियों के नाम और उनके परिवार के सदस्यों की भी जानकारी रहती थी। वह बेहद सौम्य और गंभीर सोच-विचार करनेवाले व्यक्ति थे। 'सीज फेमस ऑल टाइम कैंडीज : अ स्वीट स्टोरी' किताब की लेखिका मागरिट पिक के अनुसार, ''चक उन लोगों में से एक थे, जो किसी से भी एक जैसे सम्मान और विनम्रता से पेश आते थे। सीज कैंडीज स्टोर में उनके साथ मौजूद रहने या फैक्टरी में उनके साथ काम करनेवाले लोगों का चेहरा खिल उठता था, क्योंकि वह व्यक्तिगत रूप से लोगों से जुड़ते थे और उनका खयाल रखते थे।

चक की सकारात्मक सोच उनके निजी जीवन में भी दिखाई देती थी। वह मौज-मस्ती करनेवाले व्यक्ति थे, जिनकी जैज म्यूजिक में दिलचस्पी थी। वह एक पारंगत ड्रमर और गायक थे, जो अपने गहरे दोस्त टॉम फोर्ड के साथ टी फोर्ड एंड द मॉडल ए में प्रदर्शन करते थे। यह एक ऐसा बैंड था, जो बे एरिया में जनकल्याण से जुड़े आयोजनों में अपने कार्यक्रम करता था। चक इस बैंड के साथ यूरोप के दौरे पर भी गए थे।

चक शिक्षा के एक बड़े समर्थक थे और उन्होंने कई स्कूलों के बोर्ड में भी काम किया। वह अनेक जंगली जीवों तथा समुद्री स्तनपायी केंद्रों को भी दान दिया करते थे। वह बाहरी गतिविधियों में सक्रिय रूप से शामिल रहते थे। वह ब्वॉय स्काउट्स के सदस्य थे। उनके मुताबिक उसने ही उन्हें द्वितीय विश्वयुद्ध के दौरान सेना के पैराटूपर के रूप में तैयार किया। वह 513वीं पैराशूट इनफैंट्री रेजिमेंट के 17वीं हवाई डिवीजन के सैनिक थे। जानवरों, संरक्षण, पर्यटन तथा अन्य गतिविधियों से प्रेम के कारण चक को लोगों से जुड़े रहने का अवसर मिलता था।

चक की मृत्यु 19 अगस्त, 2012 को सत्तासी वर्ष की उम्र में दिल का दौरा पड़ने से हुई।

जे.के. राउलिंग

('हैरी पॉटर' किताबों की लेखिका)

ब्रिटिश उपन्यासकार जोआन राउलिंग को दुनिया भर में 'हैरी पॉटर' सीरीज की किताबों की लेखिका के रूप में जाना जाता है। पूरे विश्व में 'हैरी पॉटर' किताबों की चार सौ मिलियन प्रतियाँ बिक चुकी हैं, और 'हैरी पॉटर' फिल्मों को न केवल भारी सफलता मिली है, बल्कि फिल्म इतिहास में उन्होंने सबसे ज्यादा कमाई भी की है।

इंग्लैंड के येल में 31 जुलाई, 1965 को जन्मी राउलिंग का शुरुआती जीवन बेहद कठिन था। उन्हें अपने जीवन में अनेक विफलताओं और कठिनाइयों से गुजरना पड़ा, फिर भी उनकी सकारात्मक सोच ने उन्हें अपने संघर्ष से पार पाने और लेखक के रूप में जबरदस्त सफलता प्राप्त करने की शक्ति दी।

1986 में राउलिंग ने एक्सेटर यूनिवर्सिटी से फ्रेंच और शास्त्रों में बी.ए. पास किया। स्नातक की डिग्री पाने के बाद सबसे पहले उन्होंने लंदन में एमनेस्टी इंटरनेशनल के लिए एक शोधकर्ता के रूप में और फिर मैनचेस्टर के चैंबर ऑफ कॉमर्स में काम किया। 1990 में वह पुर्तगाल के पोर्टो चली आईं, जहाँ अंग्रेजी टीचर की नौकरी की तथा अक्तूबर 1992 में उन्होंने टी.वी. जर्नलिस्ट जॉर्ज अरांतेस से शादी कर ली। दोनों की एक बेटी जेसिका का जन्म जुलाई 1993 में हुआ तथा नवंबर 1993 में पति-पत्नी अलग हो गए। कुछ जीवनीकारों के मुताबिक राउलिंग को शादीशुदा जीवन में मार-पीट का शिकार भी होना पड़ा। तलाक के बाद राउलिंग के लिए जेसिका को सहारा देना मुश्किल हो गया। बिना नौकरी और उपरात्मक डिप्रेशन की मरीज बन चुकी राउलिंग ने सरकारी मदद की गुहार लगाई। हालाँकि इस मुश्किल दौर में भी उन्होंने उम्मीद का दामन नहीं छोड़ा। इस परिस्थिति का वर्णन राउलिंग ने अपने बेहतरीन शब्दों में इस प्रकार किया है—''मैं मुक्त हो चुकी थी, क्योंकि मेरा सबसे बुरा सपना सच हो चुका था और फिर भी मैं जिंदा थी। मेरे पास अब भी एक बेटी थी, जिसे मैं प्यार करती थी, और मेरे पास एक पुराने टाइप राइटर के साथ ही बहुत बड़ा आइडिया था। और इस कारण रसातल का वह ठोस पत्थर मेरे लिए ऐसी ठोस बुनियाद बन गया, जिस पर मैंने अपने जीवन को फिर से खड़ा किया।''

राउलिंग ने अपना पूरा ध्यान एक किताब लिखने पर लगा दिया, जो उस आइडिया पर आधारित था, जो उन्हें मैनचेस्टर से लंदन के दौरे पर आया था। उसी

दौरे पर उनके मन में एक लड़के का जादूगरी के स्कूल में पढ़ाई करने का विचार पूरी तरह से आकार ले चुका था तथा जल्द ही उसने 'हैरी पॉटर एंड द सोर्सरर्स स्टोन' (जादूगर का पत्थर) का रूप ले लिया। 1995 में राउलिंग ने इस किताब की पांडुलिपि एक पुराने मैनुअल टाइपराइटर पर तैयार कर लिया। उस किताब का प्रकाशन भी बारह प्रकाशकों द्वारा यह कहते हुए पांडुलिपि को खारिज किए जाने के बाद हुआ कि "बच्चों के लिए यह किताब बहुत लंबी है।" या फिर वे कहते, "बच्चों की किताबों से कमाई नहीं होती।"

राउलिंग की पहली तीन 'हैरी पॉटर' पुस्तकें, 'हैरी पॉटर एंड द सोर्सरर्स स्टोन,' 'हैरी पॉटर एंड द चैंबर और सीक्रेट्स' तथा 'हैरी पॉटर एंड द प्रिजनर ऑफ अज्काबान' ने तीन वर्षों में 480 मिलियन डॉलर से अधिक कमाई की। इनकी पैंतीस मिलियन से भी अधिक प्रतियाँ पैंतीस भाषाओं में छपीं।

डोनाल्ड ट्रंप

(अमेरिकी रीयल एस्टेट के बादशाह)

डोनाल्ड ट्रंप एक जाने-माने रीयल एस्टेट कारोबारी, टी.वी. की हस्ती तथा लेखक हैं। 14 जुलाई, 1946 को न्यूयॉर्क के क्वींस में जनमे ट्रंप ने 1968 में अर्थशास्त्र में पेंसिलवेनिया यूनिवर्सिटी के व्हार्टन स्कूल से स्नातक की डिग्री हासिल की। स्नातक की पढ़ाई पूरी करने के बाद उन्होंने एलिजाबेथ ट्रंप एंड सन नाम की अपने पिता की रीयल एस्टेट कंपनी से कॅरियर की शुरुआत की। यह कंपनी न्यूयॉर्क में माध्यमिक स्तर की आय वालों के लिए सस्ते अपार्टमेंट बनाती थी। ट्रंप ने वहाँ तीन वर्षों तक काम किया तथा 1971 में वह मैनहैटन चले आए, जहाँ वह बड़ी निर्माण परियोजनाओं में शामिल हुए, जिसकी डिजाइन आकर्षक हुआ करती थी। 1979 में उन्होंने फिफ्थ एवेन्यू में एक जगह को 200 मिलियन डॉलर की रकम पर लीज पर लिया तथा वहाँ ट्रंप टावर नाम का एक अपार्टमेंट रिटेल कॉम्प्लेक्स बनाया। अट्ठावन तल्ले की उस इमारत का उद्घाटन 1982 में किया गया, जिसमें जाने-माने रिटेल स्टोर के साथ ही मशहूर हस्तियों ने भी किराए पर जगह ली। इससे उनकी राष्ट्रीय स्तर पर एक पहचान बनी। 1982 में ट्रंप ने ट्रंप प्लाजा में 250 मिलियन डॉलर के कॉम्प्लेक्स हारा कसीनो होटल की शुरुआत की। उन्होंने अटलांटिक सिटी में हिल्टन होटल्स कसीनो होटल को खरीदा तथा 320 मिलियन डॉलर वाली संपत्ति को ट्रंप 'कासल' नाम दिया।

1990 में उन्होंने अटलांटिक सिटी में द ताज महल खोला, जिसके निर्माण पर उन्होंने 1 बिलियन डॉलर खर्च किया। 1990 में रीयल एस्टेट मार्केट धराशायी हो गया और ट्रंप की संपत्ति का भारी अवमूल्यन हो गया। उनकी कुल संपत्ति करीब 1.7 बिलियन डॉलर से घटकर 500 मिलियन डॉलर रह गई। ट्रंप को अपना कोराबार अतिरिक्त कर्ज तथा ब्याज को टालकर चलाना पड़ा। हालाँकि 1992 तक उन पर 900 मिलियन डॉलर का कर्ज हो गया और कारोबार पर 3.5 बिलियन डॉलर का कर्ज था। इन हालात में ट्रंप ने मजबूर होकर कारोबार को दिवालिया घोषित कर दिया। निजी स्तर पर भी वह दिवालिया हो चुके थे। वित्तीय रूप से तबाही के इस दौर में भी ट्रंप ने अपनी सोच को सकारात्मक बनाए रखा तथा नए अवसरों की तलाश की। उन्होंने यू.एन. हेडक्वार्टर के करीब बहत्तर मंजिल वाले ट्रंप टावर पर नई परियोजना की शुरुआत की।

1990 के दशक के अंत तक ट्रंप की वित्तीय स्थिति में सुधार आया तथा वह 900 मिलियन डॉलर के कर्ज से बाहर आ गए। 2001 में उन्होंने ट्रंप टावर को पूरा कर लिया तथा ट्रंप पैलेस के निर्माण का कार्य शुरू किया, जो हडसन नदी के किनारे बना एक अनेक इमारतों वाला कॉम्प्लेक्स था। वह चौवालीस मंजिला ट्रंप इंटरनेशनल होटल तथा कोलंबर सर्किट पर बने टावर के भी मालिक हैं। 2013 में 'फोर्ब्स' ने ट्रंप की संपत्ति 3.2 बिलियन डॉलर आँकी।

ट्रंप अमेरिकी सफलता की कहानी के एक शानदार उदाहरण हैं। दिवालियापन जैसी विपरीत परिस्थितियों का सामने करने के बावजूद ट्रंप ने अपनी सकारात्मक सोच को बनाए रखकर तथा उत्कृष्टता की तलाश में रीयल एस्टेट की दुनिया में अनेक बुलंदियों को छुआ है। राष्ट्रपति पद के प्रबल उम्मीदवार के रूप में हिलेरी क्लिंटन को मात देकर उन्होंने सिद्ध किया कि राजनीतिक पृष्ठभूमि का न होने पर भी उनमें नेतृत्व की उत्कृष्ट क्षमता है।

फ्रेड स्मिथ

(फेडएक्स के संस्थापक)

फ्रेड स्मिथ दुनिया की पहली और सबसे बड़ी रातोरात डिलिवरी सर्विस फेडरल एक्सप्रेस (फेडएक्स) के संस्थापक, चेयरमैन, प्रेसीडेंट और सी.ई.ओ. हैं। उनका जन्म मिसिसिपी के मार्क्स में 2 अगस्त, 1944 को हुआ। फ्रेड ने प्रतिष्ठित येल यूनिवर्सिटी से अर्थशास्त्र में बैचलर डिग्री हासिल की।

येल में एक वरिष्ठ छात्र के रूप में स्मिथ ने कंप्यूटरीकृत सूचना के युग में रातोरात डिलिवरी करनेवाली सर्विस का खाका तैयार किया और उसे लिख डाला। उनके प्रोफेसर ने कहा कि उनकी अवधारणा दिलचस्प तो है, लेकिन कारगर नहीं। उन्हें इस पेपर के लिए सी ग्रेड मिला। स्मिथ अपने ग्रेड से या अपने ड्रीम प्रोजेक्ट पर नकारात्मक टिप्पणी से हतोत्साहित नहीं हुए। इसकी बजाय, वह इस बात को लेकर सकारात्मक थे कि उनके विचार को कारगर बनाया जा सकता है, इस कारण उन्होंने इसे अपना गुप्त पसंदीदा प्रोजेक्ट बना लिया।

येल से 1966 में स्नातक की डिग्री हासिल करने के बाद स्मिथ ने मरीन कोर में काम किया, जहाँ उन्होंने वियतनाम युद्ध के दौरान एक क्रॉप डस्टर उड़ाया। 1969 में उन्हें पूरे सम्मान के साथ कैप्टन का पद देकर मुक्त कर दिया गया। मरीन कोर में काम करने के दौरान सैन्य रसद प्रणाली, खरीद तथा वितरण प्रणाली को करीब से देखा था। इस गहरे अनुभव से उनमें यह भरोसा जगा कि वह रातोरात कॅमर्शियल डिलिवरी वाला एक बड़ा नेटवर्क खड़ा करने के सपने को पूरा कर सकते हैं। मरीन कोर छोड़ने के दो वर्ष के भीतर ही स्मिथ ने 18 जून, 1971 को फेडएक्स की शुरुआत की। पहली ही रात में चौदह जेट ने 186 पैकेज लेकर उड़ान भरी। 1973 तक फेडएक्स बीस शहरों में सामानों को पहुँचाने की सेवा उपलब्ध करा रहा था। 2012 में फेडएक्स का राजस्व 427 बिलियन डॉलर पहुँच गया तथा कर्मचारियों की संख्या तीन लाख को पार कर गई। 'फॉर्चून' पत्रिका ने 2013 में फेडएक्स को उन सौ शीर्ष कंपनियों में शामिल किया, जो काम करने के लिए आदर्श थीं। इसका कारण कंपनी द्वारा जबरदस्ती लोगों को निकाले जाने की बजाय स्वेच्छा से उन्हें पैसे देकर रिटायर किए जाने की नीति थी। मार्च 2014 में 'फॉर्चून' पत्रिका ने स्मिथ को दुनिया के महानतम नेताओं की सूची में छब्बीसवाँ स्थान दिया।

मार्गरेट स्कॉट

(गृहिणी, जिन्होंने 30 वर्षों तक बिस्तर पर पड़े अपने पति की सेवा की)

10 अप्रैल, 1926 को लुइसियाना के ग्रोस्से टेटे में जनमी मार्गरेट स्कॉट सकारात्मक सोच, अदम्य साहस, निष्ठा और कर्मठता रखनेवाली एक असाधारण महिला थीं। उन्होंने अपने पाँच बच्चों को सकारात्मक सोच, कठिन परिश्रम और धीरज के गुण सिखाए। मार्गरेट के पति को लकवा मार गया था और इस कारण

वह तीस वर्षों से भी अधिक समय तक बिस्तर पर पड़े रहे तथा 1993 में जिस दिन उनकी मृत्यु हुई, उस दिन भी वह दिन-रात उनकी देखभाल करती रहीं और किसी भी जरूरत का खयाल रखती रहीं। उन तीस वर्षों के दौरान प्रतिदिन वह उन्हें नहलातीं और खाना खिलाती थीं। उन्हें अपने एक बेटे की देखभाल भी करनी पड़ती थी, जो सुनने और बोलने में असमर्थ था। मार्गरिट ज्यादा सो नहीं पाती थीं। इसका कारण यह था कि जब वह अपने पति की देखरेख से फुर्सत पातीं तो अपने बच्चों के लिए गरमागरम खाना तैयार करने में जुट जाती थीं। अकसर वह धुलाई की पाट पर या तो उनके कपड़े धो रही होती थीं या फिर उन्हें प्रेस कर रही होती थीं। इसके बाद भी समय बचता तो वह या तो कपड़ों को सुखाने या सूखे कपड़ों को घर लाने या फिर बगीचे में पौधों को लगाने के लिए मिट्टी की कुड़ाई कर रही होती थीं। हर दिन अपनी इसी दिनचर्या का पालन वह खुशी-खुशी करती थीं। मार्गरिट के विषय में जो सबसे हैरान करनेवाली बात थी, वह यह थी कि पूरे दिन घर में काम करने और परिवार की देखभाल करने के बाद वह रात के 10 बजे से सुबह के 6:00 बजे की शिफ्ट में स्थानीय ट्रक की दुकान में रात को खाना बनानेवाली की नौकरी पर निकल जाती थीं। यह काम वह लगभग हफ्ते के हर दिन करती थीं। मार्गरिट को उनके परिवार के प्रति इतना निष्ठावान और भगवान् के प्रति पाबंद उनके एक अव्यक्त लक्ष्य ने बनाया, जिसके मुताबिक उन्होंने अपने बच्चों को श्रेष्ठ जीवन देने तथा सफल होने का अवसर देने का निश्चिय किया था। मार्गरिट को दूसरों की सेवा करने में बहुत खुशी मिलती थी। उनके पास जब देने को कुछ नहीं होता था, तो वह अपना प्यार बाँटती थीं। अपने जीवन की विपरीत परिस्थितियों के बावजूद मार्गरिट ने साहस, सकारात्मक सोच तथा प्रसन्नचित्त रहते हुए उनका सामना किया। ईश्वर ने उन्हें प्रेम, समर्पण और सम्मान की एक आंतरिक क्षमता दी थी, जिस पर उन्हें पूरा भरोसा था तथा उसने उनके मन में एक ऐसा संकल्प उत्पन्न किया, जो आज भी लोगों को प्रेरित करनेवाली जबरदस्त मिसाल है। मार्गरिट की मृत्यु 2010 में हुई, जब उनकी उम्र 84 वर्ष थी।

कैरोल थॉम्पसन

(कैंसर को हरानेवाली)

टेनेसी में रहनेवाली कैरोल थॉम्पसन को जुलाई 2012 में पता चला कि उन्हें

स्तन का जबरदस्त कैंसर है, जो तीसरे चरण में पहुँच चुका है। इसका पता चलने के साल भर के भीतर ही कैरोल ने अपने इलाज की योजना तैयार की, जिसमें चार महीने तक गहन कीमो तथा स्तन को काटकर हटाने, अट्ठाईस दिन तक रेडिएशन और छोटी सर्जरी शामिल थी। आज वह कैंसर मुक्त हैं। अपने इलाज के दौरान उन्हें काम पर रखनेवाले ने उनके काम के घंटे कम कर दिए तथा उन्हें ऐसा पद दिया, जिस पद पर जिम्मेदारी कम थी। एक बार उनका इलाज पूरा हो गया, तो कैरोल ने पूर्णकालिक पद के लिए आवेदन दिया तथा ऑफिस मैनेजर का पद हासिल किया। कैरोल को अपने इलाज के लिए पैसों की जरूरत पड़ी थी। उनके पूर्व पति ने सारा खर्च उठाया। उनके पति ने एक बार फिर से उनके सामने शादी का प्रस्ताव रखा, जिसे कैरोल ने स्वीकार किया और दोनों ने मुश्किलों भरा समय गुजारने के बाद दोबारा शादी कर ली।

अपने कठिन समय के दौरान कैरोल में न कभी कड़वाहट दिखी, न ही वह हतोत्साहित हुईं। उनकी सोच हमेशा सकारात्मक थी, साथ ही वह कृतज्ञता से कहती थीं, "हालात इससे भी बुरे हो सकते थे।" हर कीमोथेरैपी के बाद वह अपने दोस्तों को ऐसी तसवीर भेजतीं, जिसमें उनके चेहरे पर एक चौड़ी मुसकान होती तथा थम्ब्स अप के साथ अपने संदेश में वह लिखतीं, "एक को निपटाया अभी बाकी हैं।" हर उपचार के बाद वह लिखती थीं कि वह तंदुरुस्त होने के कितना करीब हैं। कीमो से जब उनके सिर के सारे बाल गिर गए, तब उन्होंने आईने के सामने खड़े होकर अपनी तसवीर खींची, जिसमें उनके चेहरे पर मुसकान थी। उस तसवीर को भी उन्होंने अपने दोस्तों को भेजा। उन्होंने एक फैशन शो में अपने हिस्सा लेने का वीडियो भी भेजा, जिसमें स्तन कैंसर के मरीज शामिल हुए। उनकी खुशी और उनका हौसला इतना अनुकरणीय है कि वह अपने आपमें ही एक प्रेरणास्रोत हैं। ऐसे लोग जब आए दिन होनेवाली छोटी-मोटी समस्याओं का रोना रोते हैं, उन्हें कैरोल की सकारात्मक सोच से काफी कुछ सीखना चाहिए।

आप भी सकारात्मक सोच रख सकते हैं—

- अपने ऊपर और अपनी क्षमताओं पर भरोसा रखिए तथा आत्मविश्वास को बढ़ाइए।
- आशावादी बनें तथा सारी चुनौतियों और विफलताओं को अपने जीवन के गुजर जानेवाले दौर के तौर पर देखें।
- विश्वास रखिए कि आप सफलतापूर्वक उन पर विजय हासिल कर लेंगे।

- अपने विषय में इस प्रकार की सकारात्मक बातें करें, जैसे—'मैं बहुत अच्छा महसूस कर रहा हूँ' तथा 'मुझे विश्वास है'।
- विफलताओं या गलतियाँ करने से मत डरिए। अपनी विफलताओं और गलतियों को सफलता का सोपान समझिए।
- मनभावन व्यक्तित्व बनाइए तथा अपने सोच-विचार और व्यवहार को उत्साही और प्रसन्नचित्त रखिए।

□

8

सफल लोग निरंतर प्रयासरत रहते हैं

"इस संसार में निरंतरता का स्थान कोई नहीं ले सकता है। प्रतिभा भी नहीं। विफल लोगों में प्रतिभा से अधिक आमतौर पर और कुछ नहीं मिलता। बुद्धि भी नहीं। बिना फल की बुद्धि एक कहावत जैसी ही होती है। शिक्षा भी नहीं। यह संसार शिक्षित उपेक्षितों से भरा है। सिर्फ निरंतरता और दृढ़संकल्प ही सर्वशक्तिमान होता है।"

—केल्विन कूलिज

"सारी बाधाओं, निराशा और असंभावनाओं के बावजूद निरंतरता—तमाम चीजों में यही एक पक्ष है, जो कमजोर दिलवालों में से बुलंद हौसलेवालों की पहचान करता है।"

—थॉमस कार्लाइल

सफल लोगों के सबसे बड़े गुणों में से एक है निरंतरता। निरंतर प्रयासरत रहनेवाले लोग कभी अपने सपनों और लक्ष्य को नहीं छोड़ते, क्योंकि वे जानते हैं कि निरंतरता उनकी सफलता के लिए आवश्यक और अपरिहार्य है। वे अच्छी तरह जानते हैं कि जब वे अपने लक्ष्य का पीछा कर रहे होते हैं, तो उनके कठिन परिश्रम, समर्पण और प्रतिबद्धता के बावजूद हो सकता है कि उन्हें विफलता, बाधाओं, रुकावटों, मुश्किलों और असफलता का मुँह देखना पड़ जाए। वे यह भी जानते हैं कि उन्हें हताशा और निराशा के दौर से भी गुजरना पड़ सकता है। किंतु वे अपनी राह में आनेवाली इन रुकावटों से हतोत्साहित नहीं होते। इतिहास ऐसे सफल लोगों के उदाहरणों से भरा पड़ा है, जो कला, साहित्य, चिकित्सा और विज्ञान जैसे विभिन्न क्षेत्रों में अपनी निरंतरता के कारण उल्लेखनीय उपलब्धियों को हासिल कर सके।

सफल लोग निरंतरता को इतना महत्त्व इस कारण देते हैं, क्योंकि वे जानते हैं कि निरंतरता ऐसा महान् गुण है, जो उनमें कौशल की कमी की भरपाई कर सकता है। राष्ट्रपति अब्राहम लिंकन, हेनरी फोर्ड, आर.एच. मेसी, विंस्टन चर्चिल, सैम वाल्टन और इस अध्याय में ऐसे लोगों का वर्णन है, जिन्होंने साबित कर दिखाया कि अपनी निरंतरता के कारण उन्हें सफलता मिली।

निरंतर प्रयासरत रहनेवाले लोगों के सामान्य लक्षण—

- वे तब तक प्रयासरत रहते हैं जब तक कि सफल न हो जाएँ। वे जानते हैं कि रातोरात सफलता की उम्मीद करना बेमानी है। इसलिए हार मानने की बजाय वे यह समझते हैं कि उन्होंने अपना प्रयास निरंतर जारी रखा और प्रतिकूल परिस्थितियों तथा रुकावटों के बावजूद परिश्रम करते रहे तो आज नहीं तो कल वे अपने लक्ष्य को प्राप्त कर लेंगे।
- वे विफलताओं से हतोत्साहित नहीं होते। विफलता, निराशा और कठिनाइयों के बावजूद वे हताश नहीं होते। इसकी बजाय वे जब-जब विफल होते हैं, तब-तब जबरदस्त वापसी करते हैं।
- वे जो कुछ कर रहे होते हैं, उसे कभी नहीं छोड़ते। उनका मूलमंत्र सदैव यही होता है—'कभी पीछे मत हटो' और वे 'कभी हार मत मानो' वाली सोच के मुताबिक काम करते हैं।
- वे कठिन या कोई बड़ा फैसला करने से पहले दूसरों का मार्गदर्शन और सुझाव लेते हैं। वे अन्य सफल लोगों का अनुकरण करते हैं, जिन्होंने जीवन में मिलती-जुलती उपलब्धियाँ हासिल की हैं।
- वे विफलता से नहीं घबराते हैं। वे अपनी विफलता से सीखते हैं और पता लगाते हैं कि विफल होने का कारण क्या था तथा विफलताओं से सीखे गए सबक को भविष्य में की जानेवाली कारररवाई पर लागू करते हैं। वे असफलता को सफलता का सोपान मानते हैं।
- वे पूरी तरह समर्पित होते हैं, जो कष्टों और संघर्ष को सहते हैं तथा जिसकी शुरुआत करते हैं, उसे पूरा करते हैं। साथ ही जो चाहते हैं, उसे हासिल कर लेते हैं। वे दुरूह कठिनाई से सामना होने पर भी हार नहीं मानते।
- उनका विश्वास अडिग रहता है। वे चुनौतियों से निपटने के लिए योजना बनाते हैं, अभ्यास करते हैं और ऐसी तैयारी करते हैं, जिससे उनका

आत्मविश्वास बढ़ता है।

- वे सकारात्मक परिणामों की तथा अपने लक्ष्यों की कल्पना करते हैं।

निरंतर प्रयास करनेवाले सफल लोगों के उदाहरण—

राष्ट्रपति अब्राहम लिंकन

(अमेरिका के 16वें राष्ट्रपति)

राष्ट्रपति अब्राहम लिंकन को अमेरिकी इतिहास के सबसे महान् राष्ट्रपतियों में से एक माना जाता है। हालाँकि राष्ट्रपति बनने से पहले लिंकन का जीवन आसान नहीं था। उन्हें अनेक प्रकार के संघर्ष, असफलताओं और विफलताओं का सामना करना पड़ा था।

लिंकन का जन्म 12 फरवरी, 1809 को केंटकी के हार्डिन काउंटी में हुआ था। चूँकि उन्हें अपने परिवार के भरण-पोषण के लिए लगातार काम करते रहना पड़ता था, इस कारण उनकी औपचारिक शिक्षा कुल अठारह महीने की ही हो सकी, वह भी कभी कुछ दिनों तक या कभी कुछ हफ्तों तक लगातार। हालाँकि वह जबरदस्त पढ़ाकू थे और लाइब्रेरी से किताब लाने के लिए वह कई मील तक पैदल चले जाते थे। उन्होंने कानून की शिक्षा के लिए विलियम ब्लैकस्टोन की 'कमेंट्रीज ऑन द लॉज ऑफ इंग्लैंड' तथा कानून की कुछ अन्य पुस्तकें पढ़ीं। 1836 में बार की पर्र।क्षा पास करने के बाद उन्होंने इलिनोइस के स्प्रिंगफील्ड में एक वकील के तौर पर काम करना शुरू किया। उनकी ख्याति 'ईमानदार अबे' के रूप में फैल गई।

लिंकन का जीवन निरंतरता की शक्ति की सबसे बड़ी मिसाल है। अपने राजनीतिक कॅरियर में वह कई बार विफल हुए और कई बार पराजय का सामना किया। उदाहरण के लिए, उन्होंने दो अलग किस्म के स्टोर खोलने का प्रयास किया, दोनों ही विफल साबित हुए और वह भारी कर्ज में डूब गए। उन्होंने इलिनोइस विधानसभा, अमेरिकी सीनेट तथा अमेरिका के उपराष्ट्रपति समेत राज्य तथा अमेरिकी सरकार के कई पदों के लिए चुनाव लड़ा। कई बार उनकी हार हुई।

अपने व्यक्तिगत जीवन में भी लिंकन ने कई प्रकार की त्रासदी का सामना किया। 1835 में उनकी गर्लफ्रेंड की मृत्यु हो गई, तथा अगले ही साल वह घोर हताशा में डूब गए। लिंकन के बेटे एडवार्ड की मृत्यु टी.बी. से जूझते हुए फरवरी 1850 में महज चार साल की उम्र में हो गई। उनके दूसरे बेटे विली की मौत

फरवरी 1862 में बुखार से बारह वर्ष की आयु में हो गई। लिंकन पर अपने चार में से दो बच्चों की मौत का बहुत बुरा असर पड़ा। लिंकन खुद भी क्लीनिकल डिप्रेशन का शिकार हो गए।

1860 में लिकंन अमेरिका के राष्ट्रपति चुने गए और उन्होंने एक सशक्त कैबिनेट का गठन किया, जिसमें उनके कई राजनीतिक प्रतिद्वंद्वी भी शामिल थे। अपने पहले टर्म में लिंकन ने अमेरिकी गृहयुद्ध के दौरान देश का नेतृत्व किया तथा संघ को बचाए रखा। उन्होंने गुलामी की प्रथा को समाप्त करने में भी ऐतिहासिक भूमिका निभाई। उन्होंने संघीय सरकार को मजबूत बनाया तथा अर्थव्यवस्था का आधुनिकीकरण किया। गेटिसबर्ग में 1863 में दिया गया लिंकन का संबोधन राष्ट्रवाद, गणतंत्रवाद, समान अधिकारों, स्वतंत्रता और लोकतंत्र के सिद्धांतों के प्रति अमेरिका की प्रतिबद्धता का बयान है।

राष्ट्रपति के तौर पर अपने दूसरे टर्म के दौरान वॉशिंगटन डी.सी. के फोर्ड्स थिएटर में जॉन विल्केस बूथ ने 14 अप्रैल, 1865 को लिंकन की हत्या कर दी। उनकी मौत उस वक्त अचानक और त्रासद रूप से हुई, जब अमेरिका को उनकी सबसे ज्यादा जरूरत थी।

हेनरी फोर्ड

(फोर्ड मोटर कंपनी के संस्थापक)

अमेरिकी उद्योगपति और फोर्ड मोटर कंपनी के संस्थापक हेनरी फोर्ड को मोटर वाहन को एक महँगे साधन की बजाय व्यावहारिक इस्तेमाल के साधन में तब्दील करने के लिए जाना जाता है। इस परिवर्तन ने मोटर वाहन को लेकर ही बीसवीं सदी की दिशा तय की। लेकिन फोर्ड को कभी सफलता आसानी से हाथ नहीं लगी। कॅरियर की शुरुआत में कई बार उन्हें निराश होना पड़ा। मोटरगाड़ियाँ बनाने और एक कंपनी शुरू करने के उनके प्रयास कई बार विफल हुए। किंतु फोर्ड अपने सपने को सच करने के लिए निरंतर जुटे रहे तथा अपने आलोचकों को नजरअंदाज करते रहे। उन्होंने अपनी इस धारणा पर सदैव अमल किया, ''विफलता फिर से शुरुआत का एक अवसर होती है, हर नई शुरुआत और भी बुद्धिमानी से करनी चाहिए।''

फोर्ड का जन्म 30 जुलाई, 1863 को मिशिगन के डियरबोर्न में हुआ था। एक बालक के रूप में भी फोर्ड ने मशीनों को लेकर अपने कौशल का परिचय

दिया तथा उनमें गलतियों से सीखने की अद्‌भुत क्षमता थी। मशीनों से लगाव के कारण, वह अपने पिता के पदचिह्नों पर चलकर किसान नहीं बनना चाहते थे। इसकी बजाय वह अपने सपनों को सच करना चाहते थे तथा 1879 में सोलह वर्ष की उम्र में उन्होंने अपने पिता का फार्म छोड़ा और मिशिगन कार कंपनी में प्रशिक्षु बन गए। कंपनी ड़ेट्रॉयट में रेलवे के लिए पटरी पर चलनेवाली कार बनाती थी। अगले ढाई वर्षों में फोर्ड ने कई बार अपनी नौकरी बदली। 1882 में वह घर लौटे तथा पोर्टेबल स्टीम इंजन बनाया, जिसका इस्तेमाल किसानों द्वारा किया जाता था।

1891 में फोर्ड ने एडिसन इल्यूमिनेटिंग कंपनी में इंजीनियर की नौकरी की। दो साल बाद उन्हें चीफ इंजीनियर के पद पर प्रमोट कर दिया गया। वहाँ काम करने के दौरान फोर्ड ने पेट्रोल से चलनेवाली अपनी पहली बिना घोड़े वाली सवारी बनाई, जिसका नाम 'क्वाड्रीसाइकिल' था, जो हल्के धातु के फ्रेम से बना था और जिसमें साइकिल के चार पहिए लगे थे। साथ ही उसमें दो सिलेंडर और चार हॉर्सपावर का इंजन था। फोर्ड ने परीक्षण के तौर पर इसे 4 जून, 1896 को चलाया।

फोर्ड ने दूसरी गाड़ी का निर्माण 1898 में किया। उन्होंने एडिसन इल्यूमिनेटिंग कंपनी से इस्तीफा दिया और अगस्त 1899 में डेट्रॉयट ऑटोमोबाइल कंपनी की स्थापना की। हालाँकि मोटरगाड़ियों की गुणवत्ता चूँकि अच्छी नहीं थी और उन पर बहुत अधिक खर्च आता था, इस कारण वह कंपनी सफल नहीं हो सकी। निवेशकों का भरोसा फोर्ड से उठ गया। जनवरी 1901 में महज डेढ़ वर्ष के भीतर कंपनी भंग कर दी गई।

फोर्ड ने इस पर दुःख जताने में समय नहीं गँवाया। कुछ महीनों के भीतर ही उन्होंने छब्बीस हॉर्सपावर वाली गाड़ी बनाई। वह अपनी पुरानी कंपनी डेट्रॉयट ऑटोमोबाइल कंपनी के कुछ निवेशकों को फिर से साथ आने के लिए भी मना लिया। नवंबर 1901 में उन्होंने हेनरी फोर्ड कंपनी की स्थापना की, जिसमें फोर्ड चीफ इंजीनियर थे। जल्दी ही फोर्ड के लिए हालात बिगड़ने लगे। चूँकि कंपनी का प्रदर्शन अच्छा नहीं था, इसलिए कंपनी को भंग करने के लिए एक नए सलाहकार की नियुक्ति की गई। विरोधस्वरूप फोर्ड ने नौकरी छोड़ दी। हालाँकि कंपनी बंद नहीं हुई और उसे नया नाम दिया गया—कैडिलैक ऑटोमोबाइल कंपनी। आगे चलकर कैडिलैक को जेनरल मोटर्स ने खरीद लिया।

दो विफलताओं के बाद भी फोर्ड ने हिम्मत नहीं हारी। नए निवेशकों की मदद से जून 1903 में 28,000 डॉलर की पूँजी के साथ फोर्ड मोटर कंपनी की स्थापना की गई। फोर्ड मोटर कंपनी की स्थापना के एक महीने बाद दो सिलेंडर, आठ हॉर्सपावर

वाला मॉडल ए बनकर तैयार हो गया। अक्तूबर 1908 में मॉडल टी आया। उस कार को चलाना आसान था और कीमत भी 825 डॉलर थी, जो कम थी। फोर्ड ने बड़े पैमाने पर उत्पादन की तकनीक को लागू किया, जिसमें व्यापक उत्पादन के प्लांट, मानकीकृत, आपस में बदले जानेवाले पुर्जे, और गतिशील एसेंबली लाइन शामिल थी। बड़े पैमाने पर उत्पादन से किसी वाहन को कम समय में तैयार किया जाने लगा, जिससे उसकी कीमत और भी कम हो गई। 1918 तक अमेरिका की आधी कार टी मॉडल की कार थी तथा 1927 तक पंद्रह मिलियन मॉडल टी कारों का उत्पादन किया गया। यह एक ऐसा रिकॉर्ड था जो अगले पैंतालीस वर्षों तक कायम रहा।

मस्तिष्क में रक्तस्राव के कारण फोर्ड की मृत्यु तिरासी वर्ष की उम्र में 7 अप्रैल, 1947 को हो गई।

आर.एच. मैसी

(मैसीज डिपार्टमेंट स्टोर के संस्थापक)

रोलैंड हसी मैसी को एक सफल कारोबारी बनने से पहले अपने जीवन में अनेक असफलताओं का सामना करना पड़ा। अपने अंदर निरंतरता के गुण के कारण ही वह विफलताओं पर विजय हासिल कर सके और आर.एच. मैसी एंड कंपनी नाम के डिपार्टमेंट स्टोर के संस्थापक बन सके।

मैसी का जन्म 30 अगस्त, 1822 को मेसाचुसेट्स के नैनटकेट द्वीप पर हुआ था। उन्होंने महज पंद्रह वर्ष की उम्र में घर छोड़ दिया। व्हेल पकड़नेवाले एक जहाज पर नौकरी कर ली। चार साल बाद वह मेसाचुसेट्स लौटे और कुछ वर्षों तक अपने पिता की दुकान में काम किया। 1844 में मैसी ने बोस्टन में सुई-धागे की दुकान खोली, लेकिन एक साल के भीतर ही वह दिवालिया हो गई। 1846 में उन्होंने सूखा माल बेचनेवाली दुकान खोली, लेकिन वह भी नहीं चल सकी। बोस्टन में अपने बहनोई की दुकान में कुछ दिनों तक काम करने के बाद, मैसी अपने भाई के साथ घर से भागकर 1849 में सोने की खदान से सोना निकालने की होड़ में शामिल होने के लिए कैलिफॉर्निया चले आए। वहाँ उन्होंने एक ऐसी दुकान खोली, जो खदान मजदूरों के लिए सामान बेचती थी। हालाँकि सोना समाप्त होने के बाद खदान मजदूर वहाँ से चले गए और स्टोर बंद हो गया। भारी निराशा के साथ दोनों भाई मेसाचुसेट्स लौटे और 1851 में हेवरहिल में मैसी ने पहला मैसीज स्टोर खोला

जो उस इलाके के मिल उद्योग के कर्मचारियों को सामान बेचता था। वह स्टोर भी नाकाम रहा। इस प्रकार 1843 से 1845 के बीच मैसी ने सूखे माल वाले चार रिटेल स्टोर खोले और वे सभी विफल रहे। किंतु इन असफलताओं के बावजूद छत्तीस साल के मैसी अपने सपनों को साकार करने से पीछे नहीं हटे। अपनी गलतियों से सीखते हुए एक नए संकल्प तथा नई ऊर्जा के साथ मैसी 1858 में न्यूयॉर्क चले आए तथा 14वीं स्ट्रीट के छठे एवेन्यू के नुक्कड़ पर आर.एच. मैसी ड्राई गुड्स के नाम से एक नया स्टोर खोला।

मैसी न्यूयॉर्क में सफल हुए। अनेक नए प्रयोगों के कारण उनका स्टोर सफल रहा। उन प्रयोगों ने रिटेल क्षेत्र को बदलकर रख दिया। उदाहरण के लिए, उन्होंने एक दाम वाली प्रणाली लागू की, जिसमें एक माल सारे ग्राहकों को एक ही दाम में बेचा जाता था। उन्होंने अखबारों के विज्ञापनों में हर माल की निश्चित कीमत लिखी। मैसीज पहला स्टोर था, जो टी बैग, इदाहो बेक्ड आलू तथा रंगीन तौलिए जैसे सामान बेचता था। मैसी ने क्रिसमस की छुट्टियों के दौरान पहली बार स्टोर में सांता क्लॉज को काम पर रखा। मैसी का मानना था कि महिलाएँ पुरुषों के समान ही सक्षम होती हैं। इस कारण उन्होंने मार्गरेट गेचेल नाम की एक महिला को सेल्सवुमन से 1866 में स्टोर मैनेजर बना दिया। इस प्रकार, वह अमेरिका की पहली महिला बन गईं, जो किसी बड़े रिटेल स्टोर में अधिकारी के पद पर बैठीं। उन्होंने एक और नया प्रयोग एक थीम के आधार पर स्टोर के सामानों की प्रदर्शनी बत्तियों के साथ लगाकर किया, जिससे सड़क से गुजरनेवाले ग्राहक आकर्षित हो जाया करते थे। वह अपने ग्राहकों को मनी-बैक गारंटी देने के साथ ही मेल पर ऑर्डर लिया करते थे। उन्होंने रेड स्टार को मैसीज के लोगो के रूप में अपनाया। इसकी वजह रेड स्टार का वह टैटू था, जो व्हेल पकड़नेवाली नौकरी के दौरान उनके बाजू पर गोदा गया था।

गुर्दे की बीमारी से मैसी की मृत्यु 1877 में पेरिस में चौवन वर्ष की आयु में हो गई। उस समय तक मैसीज स्टोर सौ इमारतों में चलनेवाली एक शृंखला का रूप ले चुकी थी, जिसमें चार सौ कर्मचारी थे।

'द न्यूयॉर्क टाइम्स' ने मैसी को दी गई श्रद्धांजलि में उनकी उपलब्धियों की सराहना इन शब्दों में की—"उनके अंदर कारोबार को लेकर ऊर्जा और उद्यम के साथ ही हर बात पर पूरी तरह गौर करने की आदत ने कई लोगों को उनका जबरदस्त दोस्त बना दिया...वास्तव में, कुछ नहीं से, मैसी उस समय के सबसे जाने-माने और सर्वाधिक सफल व्यापारी बन गए।"

विंस्टन चर्चिल

(ब्रिटेन के पूर्व प्रधानमंत्री)

विंस्टन लियोनार्ड स्पेंसर चर्चिल दो बार (1940-45 और 1951-55) ब्रिटेन के प्रधानमंत्री बने। उन्हें बीसवीं सदी के महानतम राजनेताओं में से एक माना जाता है। चर्चिल की सबसे बड़ी विशेषता थी निरंतरता। इस गुण को इस धारणा ने सशक्त किया था, जिसके कारण वह मानते थे, "एक निराशावादी अवसर में कठिनाई को देखता है। एक आशावादी प्रत्येक कठिनाई में अवसर को देखता है।"

बचपन में चर्चिल आजाद खयाल के साथ ही बागी तेवर वाले व्यक्ति थे। उन्हें कमजोर छात्र माना जाता था। उन्होंने अपने पहले दो स्कूलों में अच्छी तरह पढ़ाई नहीं की। अप्रैल 1888 में हैरो स्कूल भेजा गया, जो लंदन के करीब एक बोर्डिंग स्कूल था। ब्रिटिश रॉयल मिलिटरी कॉलेज की परीक्षा पास करने के लिए उन्हें तीन बार प्रयास करना पड़ा। कॉलेज में दाखिला मिल जाने के बाद उनका प्रदर्शन बेहतर हुआ तथा एक सौ तीस छात्रों वाली क्लास में उन्होंने बीसवाँ स्थान प्राप्त कर अपनी डिग्री हासिल की।

चर्चिल के उच्चारण में एक तुतलाहट थी, जो ताउम्र बनी रही। वह हकलाने भी लग जाते थे, जो कभी-कभी बड़ी भयंकर और परेशानी का सबब बन जाती थी। उन्होंने अपने विषय में कहा था कि मेरी भाषा में बाधा की समस्या है और उन्होंने इस खामी को दूर करने के लिए अपने दाँतों की बनावट को बदला, ताकि उनकी बोली में सुधार आ सके। आखिरकार वह कह सके, "मेरी भाषा में अब कोई अवरोध नहीं है।"

1915 में प्रथम विश्वयुद्ध के दौरान चर्चिल एक लड़ाई छेड़ने में शामिल हुए, जिसे गालिपोली आपदा के नाम से जाना जाता है। इस हार के लिए चर्चिल को जिम्मेदार ठहराया गया तथा उनका ओहदा कम कर दिया गया। इस घटना के बाद चर्चिल ने कहा कि "मेरा खेल खत्म हो गया।" लेकिन 1920 के दशक में उन्होंने कई पदों पर काम किया और अपने आपको एक अच्छा कमांडर साबित किया। 1922 में चर्चिल को सांसद के चुनाव में हार का मुँह देखना पड़ा। उस वक्त वह लिबरल पार्टी के सदस्य थे। उसके बाद वह कंजरवेटिव पार्टी में शामिल हो गए तथा वित्त मंत्री के पद पर काम किया।

1940 में चर्चिल ब्रिटेन के प्रधानमंत्री बने और अमेरिकी राष्ट्रपति फ्रैंकलिन रूजवेल्ट तथा सोवियत संघ के नेता जॉसेफ स्टालिन के साथ मिलकर काम करते

हुए धुरी राष्ट्रों के विरुद्ध मित्र राष्ट्रों की एक रणनीति तैयार की। चर्चिल मित्र राष्ट्रों को मिली विजय और हिटलर के खात्मे के प्रमुख रणनीतिकार थे, फिर भी ब्रिटेन के मतदाताओं ने उन्हें सिर्फ एक 'युद्धकाल के प्रधानमंत्री' के रूप में देखा और जुलाई 1945 में हुए आम चुनावों में उनकी पराजय हुई। अगले छह वर्ष तक चर्चिल विपक्ष के नेता बने रहे।

1951 में सतहत्तर वर्ष के चर्चिल फिर से प्रधानमंत्री बने। इस दौरान उन्होंने खदानों में काम की स्थिति को सुधारने तथा लोगों के लिए बनाए जानेवाले मकानों का मानक तय करने जैसे अनेक सुधारों पर काम किया। वह इस पद से 1955 में निवृत्त हुए।

चर्चिल जब भी सरकारी जिम्मेदारियों से मुक्त होते तो पुस्तकें लिखने में जुट जाते थे। उनकी रचनाओं में एक उपन्यास, दो जीवनियाँ, संस्मरणों के तीन खंड तथा अनेक इतिहास की पुस्तकें शामिल हैं। 1953 में उन्हें ऐतिहासिक तथा जीवनियों से संबंधित वर्णन पर महारत के साथ ही उच्च मानवीय मूल्यों की रक्षा में शानदार वक्तृत्व के लिए 'नोबेल पुरस्कार' से सम्मानित किया गया। उनकी सबसे लोकप्रिय रचनाओं में शामिल हैं—'द सेकंड वर्ल्ड वार के संस्मरण' के छह खंड तथा 'अ हिस्टरी ऑफ द इंग्लिश स्पीकिंग पीपुल्स', जो सीजर द्वारा ब्रिटेन पर आक्रमण (55 ई.पू.) से लेकर प्रथम विश्वयुद्ध (1914) तक का चार खंडों में लिखा गया इतिहास है। चर्चिल शौकिया तौर पर ईंट बिछाने का काम भी करते थे। उन्होंने चार्टवेल के अपने गृहनगर में इमारतों और बगीचों की दीवारों का निर्माण किया था। वहाँ उन्होंने तितली पालन का भी काम किया।

लंदन स्थित अपने घर में चर्चिल की मृत्यु एक जबरदस्त दिल के दौरे से 24 जनवरी, 1965 को नब्बे वर्ष की आयु में हो गई।

कर्नल हारलैंड सैंडर्स

(केंटकी फ्राइड चिकन—के.एफ.सी. के संस्थापक)

कर्नल हारलैंड सैंडर्स निरंतर रूप से सर्वाधिक प्रयासरत रहनेवाले विश्व के कुछ गिने-चुने लोगों में से एक थे। सैंडर्स के जीवन पर नजर डालने से एक बात साफ हो जाती है कि किसी भी अन्य पहलू की अपेक्षा, निरंतर प्रयासरत रहना ही उनकी अद्‍भुत और प्रेरित करनेवाली सफलता का कारण है।

सैंडर्स का जन्म 9 सितंबर, 1890 को इंडियाना के हेनरीविले में हुआ था।

अपने पिता की मृत्यु के समय वह महज छह वर्ष के थे। ऐसे में उनकी माँ को परिवार की देखभाल के लिए मजबूरी में नौकरी करनी पड़ी, जबकि सैंडर्स घर में रहकर न केवल अपने दो छोटे भाई-बहनों की देखरेख करते, बल्कि उनके लिए खाना भी पकाते थे। सात वर्ष का होने तक सैंडर्स स्थानीय व्यंजन बनाने में सिद्धहस्त हो चुके थे। उन व्यंजनों में चिकन के कुछ खास पकवान शामिल थे।

महज तेरह वर्ष की उम्र में सैंडर्स को परिवार के लिए पैसे कमाने के उद्देश्य से बाहर निकलना पड़ा। इस दौरान उन्होंने कई तरह के काम किए, जिनमें खेतों में मजदूरी से लेकर गाड़ियों और घोड़ागाड़ियों की रँगाई, कंडक्टरी, सैनिक, लुहार के सहायक तथा रेल की पटरियों पर तैनात फायरमैन की नौकरी शामिल थी। इसी दौरान सैंडर्स ने पत्राचार के माध्यम से ला सल्ले एक्सटेंशन यूनिवर्सिटी से कानून की पढ़ाई पूरी कर ली। उन्होंने तीन वर्षों तक अरकंसार के लिटिल रॉक में वकालत की। अदालत में अपने ही मुवक्किल से झगड़े के बाद उन्होंने वकालत छोड़ दी। बाद में सैंडर्स ने पेंसिलवेनिया रेलवे लाइन पर मजदूरी की, साथ ही प्रुडेंशियल लाइफ इंश्योरेंस कंपनी के एजेंट, नाव चलाने और मिशेलिन टायर कंपनी में सेल्समैन की नौकरी की।

1930 में सैंडर्स ने केंटकी के कोरबिन में शेल का एक गैस स्टेशन खरीदा। यह एपलेशियन पर्वत की तराई में बसा एक छोटा-सा शहर था। गैस स्टेशन के पास स्थित आवासीय कमरों में वह दक्षिण के ब्रेड और चिकन के अनोखे व्यंजन के साथ ही कुछ अन्य व्यंजन परोसा करते थे। चार साल बाद वह एक बड़े गैस स्टेशन में चले आए, जो सड़क के दूसरी तरफ था और अब उनका खाने-पीने का कारोबार छह टेबलों तक फैल गया। 1936 में केंटकी की गवर्नर रूबी लफून ने राज्य के व्यंजनों के प्रति योगदान का सम्मान करते हुए उन्हें 'केंटकी कर्नल' की मानद उपाधि दी। 1937 में सैंडर्स ने अपने रेस्तराँ का विस्तार कर उसे 142 सीटों वाला बनाया तथा एक होटल भी खड़ा कर दिया, जिसका नाम सैंडर्स कोर्ट एंड कैफे रखा। 1940 तक सैंडर्स ने चिकन को प्रेशर फ्रायर में तलने की अपनी सीक्रेट रेसिपी को अंतिम रूप दे दिया, जो चिकन को पैन में तलने की अपेक्षा कहीं जल्दी पका देता था।

1955 में जब सैंडर्स की उम्र पैंसठ वर्ष थी, तब नए इंटरस्टेट 75 खुल जाने से उनके रेस्तराँ में आनेवाले ग्राहकों की संख्या कम हो गई। ऐसे में उन्होंने अपना सैंडर्स कोर्ट एंड कैफे बंद कर दिया। अपने फ्राइड चिकन की क्वालिटी को लेकर वह पूरी तरह आश्वस्त थे। इस कारण सैंडर्स अपने चिकन फ्रेंचाइजी कारोबार को

बढ़ाने में जुट गए। उन्होंने अपने कारोबार में पैसा लगानेवालों की तलाश शुरू कर दी, लेकिन किसी ने भी उनका साथ नहीं दिया। लगभग सौ लोगों की ओर से ठुकराए जाने के बाद सैंडर्स ने अपनी रणनीति बदली तथा ऐसे लोगों को ढूँढ़ना शुरू किया, जो उनके चिकन की अनोखी रेसिपी को तैयार करने और बेचने में दिलचस्पी रखते हों। दो वर्षों तक सैंडर्स अपनी कार से देश भर में घूमते रहे और अपनी फ्रेंचाइची के विस्तार के लिए हजारों रेस्तराँ मालिकों से मिले। दो वर्षों में केवल पाँच रेस्तराँ मालिकों ने उनके साथ करार किया। सैंडर्स ने उनके साथ एक हैंडशेक समझौता किया, जिसके मुताबिक रेस्टोरेंट में बिकनेवाले हर चिकन के बदले उन्होंने एक निकल देने का वादा किया। अगले चार वर्षों में उनकी फ्रेंचाइची से और भी दो सौ रेस्टोरेंट जुड़ गए। 1963 तक अमेरिका में सैंडर्स के छह सौ से भी अधिक के.एफ.सी. आउटलेट खुल चुके थे, जिसने उनकी कंपनी को देश में खाने के कारोबार की सबसे बड़ी कंपनी बना दिया था। 1964 में सैंडर्स ने निवेशकों के एक समूह को 2 मिलियन डॉलर में के.एफ.सी. बेच दी। करार के मुताबिक सैंडर्स को आजीवन वेतन मिलता रहेगा और वह कंपनी के क्वालिटी कंट्रोलर के साथ ही ट्रेडमार्क बने रहेंगे।

1970 तक अड़तालीस अलग-अलग देशों में के.एफ.सी. के तीन हजार से अधिक आउटलेट खुल चुके थे। ल्यूकेमिया रोग के कारण सैंडर्स की मृत्यु 1980 में नब्बे वर्ष की आयु में हो गई। उस समय तक अड़तालीस देशों में के.एफ.सी. के करीब छह हजार आउटलेट थे तथा उसकी वार्षिक बिक्री 2 बिलियन डॉलर की थी। 2013 तक के.एफ.सी. की बिक्री 23 बिलियन डॉलर तक पहुँच गई और छियासी से भी अधिक देशों में उसके अठारह हजार नौ सौ से भी अधिक आउटलेट थे।

सैम वाल्टन

(वालमार्ट के संस्थापक)

वालमार्ट रिटेल चेन के संस्थापक सैम वाल्टन, 'छोटे शहरों में रहनेवाले लोगों को हर दिन खरीदारी का बेहतर अनुभव' कराने के मकसद से अपने अभियान में जुटे थे। वह अच्छी गुणवत्ता वाले सामान कम कीमत पर खरीदारी के सुखद माहौल में उपलब्ध कराकर उनके जीवन का स्तर बेहतर बनाना चाहते थे। सफलतापूर्वक कारोबार करने के वाल्टन के मौलिक सिद्धांतों में कारोबार के प्रति समर्पण, सहयोगियों के साथ मुनाफे को साझा करना, उन्हें अपने बराबर का साझीदार

मानना और ग्राहकों की उम्मीदों से बेहतर प्रदर्शन करना जैसी बातें शामिल थीं। वाल्टन ने रिटेल कारोबार में नए तरीके और तकनीक की शुरुआत की तथा स्टोर के नए फॉरमैट, जैसे—सैम्स क्लब और द वालमार्ट सुपर सेंटर का प्रयोग किया।

वाल्टन का जन्म 29 मार्च, 1918 को ओकलाहोमा के किंगफिशर में हुआ था। 1940 में उन्होंने मिसौरी यूनिवर्सिटी से अर्थशास्त्र में स्नातक की डिग्री प्राप्त की। ग्रेजुएशन के बाद वाल्टन ने द्वितीय विश्वयुद्ध के दौरान अमेरिकी सेना के इंटेलिजेंस यूनिट में कैप्टन के तौर पर काम किया। 1945 में सेना से लौटकर वापस आने के बाद उन्होंने अरकंसास के न्यूपोर्ट में बेन फ्रैंकलिन की फ्रेंचाइजी खरीदी। इसके लिए उन्होंने अपनी बचत के 5000 डॉलर लगाए तथा अपने ससुर से 20,000 डॉलर का कर्ज लिया। वाल्टन ने अपने कारोबार को चलाने के लिए कई नई अवधारणाओं को लागू किया। उन्होंने कई प्रकार के सामानों का एक बड़ा स्टॉक इकट्ठा किया और उन्हें सस्ते दाम पर बेचा। उनका स्टोर न्यूपोर्ट की अन्य दुकानों की तुलना में अधिक देर तक खुला रहता था। वह थोक विक्रेताओं से कम कीमत पर सामान खरीदते थे और उन पर मुनाफा कम रखते थे, जिससे उनकी बिक्री ज्यादा होती थी। उन्होंने जिस समय उस स्टोर को खरीदा तब उसकी बिक्री 72,000 डॉलर के लगभग थी, लेकिन तीन साल के भीतर स्टोर की बिक्री बढ़कर 225,000 डॉलर तक पहुँच गई।

वाल्टन के मकान मालिक पी.के. होम्स ने वाल्टन के स्टोर की सफलता की प्रशंसा की। वह चाहते थे कि स्टोर उन्हें सौंप दिया जाए और फ्रेंचाइजी का अधिकार उनके बेटे को दे दिया जाए। चूँकि वाल्टन किसी हाल में स्टोर बेचना नहीं चाहते थे, इस कारण होम्स ने वाल्टन के पाँच साल के लीज को रिन्यू करने से इनकार कर दिया। 1950 की गरमियों में वाल्टन ने बेंटनविले नाम की छोटी-सी जगह में वाल्टंस 5 एंड 10 खोला। इस बार उन्होंने निन्यानबे साल के करार पर जोर दिया।

1960 तक वाल्टन पंद्रह बेन फ्रैंकलिन स्टोर के मालिक बन चुके थे, लेकिन उन्हें उम्मीद के मुताबिक मुनाफा नहीं हो रहा था। इसलिए उन्होंने डिस्काउंट देने, कीमत कम करने और अधिक सामान बेचकर उसकी भरपाई करने की नई रणनीति बनाई। हालाँकि बेन फ्रैंकलिन कंपनी के डायरेक्टर इस रणनीति से सहमत नहीं थे, इसलिए वाल्टन ने अपना रास्ता अलग करने का फैसला कर लिया। अपने घर को गिरवी रखकर और एक बड़ी रकम कर्ज के तौर पर लेकर उन्होंने अरकंसास के रॉजर्स में पहला वालमार्ट स्टोर खोला। उनकी उम्र तब चौवालीस वर्ष थी। पाँच

साल के भीतर वालमार्ट के चौबीस स्टोर थे और उसकी एक महीने की बिक्री 1 मिलियन डॉलर से भी अधिक थी। 1976 में वालमार्ट के 276 स्टोर थे और उसकी बिक्री प्रति माह 100 मिलियन डॉलर थी। 2013 में वालमार्ट के 27 से भी अधिक देशों में ग्यारह हजार से भी अधिक स्टोर थे, जिसमें 2.2 मिलियन से अधिक कर्मचारी थे और जिसका राजस्व 468.65 मिलियन डॉलर था।

'फोर्ब्स' पत्रिका ने 1985 में वाल्टन को अमेरिका का सबसे धनी व्यक्ति घोषित किया था, जिनकी कुल संपत्ति लगभग 2.8 बिलियन आँकी गई थी। 'टाइम' मैगजीन ने उन्हें 1998 में 20वीं सदी के 100 सबसे महत्त्वपूर्ण लोगों में शामिल किया। हालाँकि वाल्टन स्वयं जीवन भर एकदम विनम्र व्यक्ति बने रहे। वह और उनकी पत्नी हेलेन 1959 से लेकर 5 अप्रैल, 1992 को उनकी मृत्यु तक अरकंसास के बेंटनविले के उसी मकान में रह रहे थे। उनकी मृत्यु बोन मैरो कैंसर से हुई।

राल्फ लॉरेन

(अमेरिकी फैशन डिजाइनर)

अपने जीवन में राल्फ लॉरेन ने यह साबित कर दिया कि निरंतरता का लाभ अवश्य मिलता है। उनकी कहानी अमेरिकी सपने के सच होने की कहानी है। 14 अक्तूबर, 1939 को न्यूयॉर्क के ब्रॉन्क्स में जनमे राल्फ ने अपने उपनाम को लिफसेज़ से बदलकर तब लॉरेन कर दिया, जब वह सोलह साल के थे। उनके माता-पिता अशकेनाजी यहूदी थे, जो बेलारूस से आकर बसे थे। उन्होंने मैनहैटन के बारूक कॉलेज में दो साल तक कारोबार की पढ़ाई की।

अमेरिकी सेना में दो साल तक काम करने के बाद लॉरेन ने थोड़े समय के लिए ब्रुक्स ब्रदर्स में सेल्स सहायक के रूप में काम किया। वहाँ काम करने के दौरान लॉरेन को एक चौड़ी यूरोपीय शैली की नेक टाई डिजाइन करने की प्रेरणा मिली। कंपनी के मालिक को लॉरेन के टाई की डिजाइन पसंद नहीं आई, और उसने लॉरेन पर कटाक्ष करते हुए कहा, ''नहीं, दुनिया अभी राल्फ लॉरेन के लिए तैयार नहीं है।'' इस कटाक्ष से लॉरेन ने इतना अपमानित महसूस किया कि उन्होंने अपनी नौकरी छोड़ दी तथा अपने ही रास्ते चलने का फैसला किया। उनके पास पैसे बहुत कम थे और वह प्रयास जोखिम से भरा था, फिर भी उन्होंने न्यूयॉर्क के एंपायर एस्टेट बिल्डिंग में छोटी-सी जगह में अपनी एक कंपनी शुरू की।

अपने नए व्यवसाय में लॉरेन कपड़े के टुकड़े इकट्ठा करते और उनसे टाई

बनाया करते थे। तैयार टाई को वह न्यूयॉर्क की छोटी-छोटी दुकानों में बेचा करते थे। धीरे-धीरे बिक्री बढ़ने लगी और उन्हें एक बड़ा ब्रेक तब मिला, जब अमेरिकी लग्जरी डिपार्टमेंट स्टोर, नीमैन मार्कस ने उनकी एक सौ दर्जन टाई खरीद ली।

1967 में लॉरेन ने नेकटाई के अपने ब्रांड को पोलो नाम दिया तथा उन्हें बड़े डिपार्टमेंट स्टोर में बेचना शुरू किया। आगे चलकर उन्होंने अपने कारोबार का विस्तार किया और अब वह पुरुषों के सभी तरह के परिधान तैयार करने लगे। वर्ष 1970 के लगभग उन्होंने महिलाओं के सूट तैयार किए, जो पुरुषों की पारंपरिक शैली में सिले गए थे। 1980 के दशक में लॉरेन का कोराबार तेजी से बढ़ा और 1990 के दशक में उन्होंने अमेरिका और विदेश में कई बुटीक खोले। जून 1977 में पोलो ने शेयर बाजार में प्रवेश किया। सितंबर 2012 तक 'फोर्ब्स' पत्रिका ने लॉरेन की दौलत 7 बिलियन डॉलर आँकी।

लॉरेन की जबरदस्त और हैरान करनेवाली सफलता से यह स्पष्ट है कि अपने एमप्लॉयर के कटाक्ष और अपनी ओर से निरंतर प्रयासरत रहने के कारण वह अपने व्यवसाय को खड़ा कर सके। इनके बिना वह किसी भी उपलब्धि को हासिल नहीं कर सकते थे।

टॉमी हिलफिगर

(टॉमी हिलफिगर और टॉमी ब्रांड के कपड़ों के निर्माता)

टॉमी हिलफिगर (न्यूयॉर्क के एल्मिरा में 24 मार्च, 1951 को जन्म) अपने ही प्रयासों से सीखनेवाले फैशन डिजाइनर हैं। हिलफिगर को एक के बाद एक अनेक झटकों को सहना पड़ा था, जिनमें नौकरी से निकाले जाने, कारोबार के विफल होने, और दिवालियापन जैसी घटनाएँ शामिल थीं। इन सबके बावजूद निरंतर प्रयासरत रहने का ही परिणाम था कि उन्हें एक फैशन डिजाइनर के तौर पर जबरदस्त सफलता और अंतरराष्ट्रीय ख्याति मिली।

हिलफिगर ने कपड़ों का अपना पहला स्टोर अपने दोस्त के घर के बेसमेंट से शुरू किया। आगे चलकर उन्होंने बुटीक की एक शृंखला शुरू की, जो जींस की बिक्री करती थी। हालाँकि पैसों की किल्लत के बाद उन्हें अपने आपको दिवालिया घोषित करना पड़ा। हिलफिगर ने नए परिधानों की डिजाइन तैयार करना शुरू किया, जिसके बाद जोरडैक में नौकरी मिल गई। एक साल के भीतर ही उन्हें अज्ञात कारणों से नौकरी से निकाल दिया गया। हिलफिगर ने अब एक

स्पोर्ट्सवियर कंपनी की शुरुआत की, जिसका नाम ट्वेंटीएथ सेंचुरी सरवाइवल रखा। यह कंपनी एक साल के भीतर ही बंद हो गई। इन असफलताओं के बावजूद हिलफिगर ने सफलता प्राप्त करने के संकल्प को नहीं छोड़ा, क्योंकि वह जानते थे कि "सफलता के लिए कठिन परिश्रम, साधन-संपन्नता, धैर्य और बुलंद हौसले की आवश्यकता पड़ती है।"

स्वतंत्र फैशन डिजाइनर के तौर पर काम करते हुए हिलफिगर की मुलाकात कारोबारी मोहन मुजरानी से हुई, जो पुरुषों के परिधानों को लॉञ्च करने की तैयारी कर रहे थे। मुजरानी को लगता था कि पुरुषों के फैशन को लेकर हिलफिगर की सोच में नयापन है और वह उनके लिए सही व्यक्ति साबित होंगे। उन्होंने हिलफिगर को उस डिजाइन टीम की देखरेख का काम देने की पेशकश की, जो कोका-कोला क्लोदंग के लिए पोशाकों को तैयार कर रही थी। उन्होंने हिलफिगर को अपनी डिजाइन के कपड़े तैयार करने की भी छूट दी। पहले ही साल यानी 1984 में कोका-कोला शैली के कपड़ों की बिक्री 100 मिलियन डॉलर को पार कर गई। हिलफिगर ने बटन-डाउन शर्ट की एक आधुनिक डिजाइन तैयार की, जिसकी बिक्री पहले ही साल 1985 में 5 मिलियन को पार कर गई। 1986 तक उसकी बिक्री 16 मिलियन डॉलर पर पहुँच गई। 2004 तक हिलफिगर के पाँच हजार चार सौ कर्मचारी थे और उनका राजस्व 1.8 बिलियन तक पहुँच गया। 2006 में हिलफिगर ने निजी निवेश कंपनी, अपाक्स पार्टनर्स के हाथों अपनी कंपनी बेच दी। 2010 में काल्विन क्लीन पर स्वामित्व वाली कंपनी फिलिप्स वान ह्यूजेन ने टॉमी हिलफिगर कॉरपोरेशन को खरीद लिया।

हिलफिगर को अनेक सम्मान और पुरस्कार मिल चुके हैं। इनमें न्यूयॉर्क सिटी स्थित पारसन स्कूल ऑफ डिजाइन की ओर से 1998 में दिया गया 'डिजाइनर ऑफ द ईयर' अवार्ड, 2002 में 'जीक्यू' पत्रिका का 'इंटरनेशल डिजाइनर ऑफ द ईयर', परोपकारी कार्यों के लिए मिला 'यूनेस्को सपोर्ट अवार्ड' और 'मैरी क्यूरी लाइफटाइम अचीवमेंट अवार्ड' शामिल हैं।

आप भी निरंतरता का गुण हासिल कर सकते हैं—

- इस बात को समझ लीजिए कि आप जब अपने लक्ष्यों की पूर्ति करने की दिशा में बढ़ेंगे तो आपका सामना कठिनाइयों, रुकावटों, विफलताओं और निराशा से हो सकता है।
- अपने मन में यह ठान लीजिए कि आप किसी भी हालत में प्रयास करना नहीं छोड़ेंगे। अपने लक्ष्य की ओर बढ़ते समय आपका मूलमंत्र होना

चाहिए कभी हार मत मानो।

- अपना ध्यान, ऊर्जा और समय अपनी समस्याओं के समाधान तलाशने में लगाएँ।
- अपनी विफलताओं, गलतियों और असफलताओं के कारणों का विश्लेषण कीजिए तथा सीखे गए सबक को भविष्य में अपनी काररवाई में शामिल कीजिए।
- यह मानें कि आपकी विफलताएँ सफलता के सोपान हैं।

□

9

सफल लोगों में बाधाओं को पार करने की क्षमता होती है

''यदि मुझसे पूछा जाए कि मैं सारी मानवता को सबसे उपयोगी सुझाव क्या देना चाहूँगी, तो मेरी सलाह इस प्रकार होगी—समस्या को अपने जीवन का अवश्यंभावी अंग मान लीजिए और जब यह आए तो अपना सिर ऊँचा रखिए, इसकी आँखों में आँखें डालकर देखिए और कहिए, मैं तुमसे भी बड़ा हो जाऊँगा। तुम मुझे हरा नहीं सकते।''

—एन. लैंडर्स

''चुनौतियाँ—जीवन उनसे भरा है। उनके बिना आप अपने अंदर की अद्‌भुत शक्ति को कैसे जान और पहचान सकेंगे?''

—कीथ डी हैरेल

मनुष्यों के जीवन में उतार-चढ़ाव, रुकावटें, मुश्किलें, विफलताएँ, असफलताएँ और पराजय सामान्य रूप से आते ही रहते हैं। फिर कुछ ऐसे भी लोग हैं, जो जन्म से ही कुछ कमियों के कारण दूसरे लोगों से कम भाग्यवान होते हैं। सफल लोग असफलताओं, विफलताओं और जन्मजात कमियों के आगे घुटने टेकने से इनकार कर देते हैं। अदम्य साहस, दृढ़संकल्प और आशावादिता से वे जीवन में रुकावटों को पार कर सफलता प्राप्त करना सीख लेते हैं।

लुडविग वान बीथोवेन लुई ब्रेल, हेलेन केलर, स्टीफेन हॉकिंग तथा इस अध्याय में वर्णित अन्य लोग यह दिखाते हैं कि वे रुकावटों पर विजय हासिल करने और अपने चुने हुए क्षेत्र में जबरदस्त सफलता प्राप्त करने की क्षमता रखते हैं।

रुकावटों को पार कर सफलता प्राप्त करने की क्षमता रखनेवाले लोगों के सामान्य लक्षण—

- उनमें इच्छाशक्ति और साहस होता है। वे यह सुनिश्चित करते हैं कि लक्ष्यों को प्राप्त करने के रास्ते की सारी रुकावटों, बाधाओं और कठिनाइयों को दूर कर लिया जाए। वे यह जानते हैं कि जहाँ से रेगिस्तान समाप्त होता है, वहाँ से हरियाली की शुरुआत होती है।
- उनमें लचीलापन होता है। वे जब हार का सामना करते हैं, तो पूरे जोश के साथ वापसी करते हैं और अपना सर्वोत्तम प्रयास करते हैं।
- वे चुनौतियों को पार करने के लिए एक आक्रामक रणनीति अपनाते हैं। उनका ध्यान क्षणिक असफलता या अस्थायी निराशा के कारण अपने लक्ष्य से नहीं भटकता।
- वे असफलताओं और पराजयों से शक्ति और सहनशीलता प्राप्त करते हैं। वे यह जानते हैं कि संघर्ष और पराजय से उन्हें शक्ति, साहस, सहनशीलता, क्षमता और आत्मविश्वास की प्राप्ति होती है। वे यह मानते हैं कि प्रत्येक असफलता सफलता के उनके अवसरों को बढ़ाएगी। जैसा कि 'द ग्रेटेस्ट सेल्समैन इन द वर्ल्ड' के लेखक ओग मैंडीनो ने कहा था, सफल लोगों के लिए, "प्रत्येक रुकावट एक सशस्त्र कॉमरेड की तरह है, जो आपको और अच्छा बनने के लिए प्रेरित कर रहा है...हर बार ठुकराया जाना आगे बढ़ने का एक अवसर होता है।"
- वे अपनी असफलताओं में ही फँसे नहीं रहते। इसकी बजाय वे अपनी असफलताओं से सबक लेते हैं और अपने लक्ष्यों की प्राप्ति के लिए आगे बढ़ जाते हैं। वे यथार्थवादी होते हैं और जानते हैं कि कभी-कभी विजय प्राप्त करने के लिए कठिनाइयों, संघर्षों, पराजयों और प्रतिकूल परिस्थितियों से गुजरना पड़ता है।
- वे अन्य सफल लोगों का अनुकरण करते हैं। वे सफल लोगों की सफलता की कहानियों से प्रेरित होते हैं और उन सफल लोगों के पदचिह्नों पर चलते हैं।
- वे यह मानते हैं कि यदि उनमें सफल होने का दृढ़संकल्प प्रबल है तो भय उनका कुछ नहीं बिगाड़ सकता है। यह धारणा उन्हें उनके मार्ग पर आगे बढ़ाती रहती है। रुकावटों से वे थोड़ा भी नहीं घबराते, इसकी बजाय रुकावट उन्हें और भी ताकतवर बनाती है। वे अपने लक्ष्य की ओर

अपना ध्यान पूरी तरह केंद्रित रखते हैं और भय तथा अन्य विकर्षणों को नजरअंदाज कर देते हैं।

- उनकी डिक्शनरी में हार मानने जैसा कोई शब्द नहीं होता है। नहीं कर सकता, असंभव, असफलता, निराशा या पीछे हटने जैसे शब्द भी नहीं होते।

रुकावटों को पार करनेवाले सफल लोगों के उदाहरण—

लुडविग वान बीथोवेन

(पियानोवादक और धुन बनानेवाले, जो बधिर थे)

अब तक के सबसे महान् धुन बनानेवालों में से एक लुडविग वान बीथोवेन का जन्म बॉन में हुआ था, जो अब जर्मनी में है। उनके जन्म की तिथि का कोई पुष्ट प्रमाण नहीं है, फिर भी अधिकांश विद्वान् 16 दिसंबर, 1770 की तारीख पर सहमत हैं।

बीथोवेन ने संगीत में अपने कौशल का परिचय छोटी उम्र में ही दे दिया था। 1781 में जब वह महज दस वर्ष के थे, तब उन्होंने स्कूल जाना छोड़ दिया और संगीत का अध्ययन करने लगे। बारह वर्ष की उम्र में उन्होंने अपनी पहली धुन प्रकाशित की जिसका नाम था, '9 वर्क्स इन सी माइनर फॉर पियानो'। अगले ही वर्ष उनके शिक्षक गॉटलोब नीफ ने मैगजीन ऑफ म्यूजिक में बीथोवेन के विषय में लिखा, "यदि वह इसी तरह की रचना करता रहा, तो इसमें कोई शक नहीं कि वह नया मोजार्ट बन जाएगा।" बीथोवेन जब चौदह साल के हुए, तब उन्हें कोलोन के निर्वाचक मैक्सिमिलियन फ्रांसिस के दरबार में ऑर्गन बजानेवाले के रूप में नियुक्त किया गया।

बीथोवेन जब छब्बीस साल के हुए तब उनके सुनने की शक्ति धीरे-धीरे कम होने लगी। उन्हें संगीत और बोलचाल को सुनने में दिक्कत आने लगी। 1801 में उन्होंने अपने मित्र फ्रांज वेगेलर को लिखा, "मैं एक बदतर जीवन जी रहा हूँ। पिछले दो साल से मैंने एक भी सामाजिक समारोह में हिस्सा नहीं लिया, क्योंकि मुझमें लोगों से यह कहने की हिम्मत नहीं कि 'मैं बहरा हूँ'।" बीथोवेन के बधिरपन का कारण स्पष्ट नहीं है, लेकिन इसके लिए कई बातों को जिम्मेदार बताया गया है, जिनमें टाइफस, स्वत: प्रतिरक्षा विकार और जागे रहने के लिए ठंडे पानी में

अपने सिर को डुबोकर रखने की आदत शामिल है। उन्हें अच्छी तरह मालूम था कि संगीतकार होने के कारण उनका बधिर होना कितना बड़ा अभिशाप है। इसके बावजूद संगीत ने उन्हें निरंतर प्रेरित किया और उनका हौसला बुलंद रहा। वह जानते थे कि उन्हें संगीत में अभी कई उपलब्धियाँ हासिल करनी हैं।

उनके सुनने की क्षमता कम होती जा रही थी, फिर भी बीथोवेन बड़ी तेजी से संगीत की धुन तैयार करते चले जा रहे थे। 1803 से 1812 के बीच उन्होंने एक संगीत नाटक, छह वाद्य-वृंदों, चार एकल संगीत कार्यक्रम, पाँच चौरागा, छह स्ट्रिंग सोनाटा, पियानो के सात सोनाटा, पियानो के पाँच विविध धुन, बहत्तर गीत तथा कई अन्य रचनाएँ कीं। उनकी रचनाओं में सबसे प्रसिद्ध हैं—'मूनलाइट सोनाटा', 'द क्रूजर सोनाटा' और 'फिडेलियो'।

समय के साथ बीथोवेन के बधिरपन ने और भयंकर रूप ले लिया। एक पूरी तरह से पुष्ट कहानी के अनुसार अपनी नौवीं संगीत रचना के बाद उन्हें श्रोताओं के तालियों की गड़गड़ाहट को देखने के लिए उनकी तरफ घुमाया गया। चूँकि वह तालियों की गड़गड़ाहट को सुन नहीं पा रहे थे, इस कारण बेबसी से उनके आँसू निकल आए।

बीथोवेन का बधिरपन संगीत रचना की उनकी क्षमता के आड़े नहीं आ सका, लेकिन संगीत समारोहों में उनके लिए परफॉर्म करना दुरूह होने लगा। 1811 में पियानो कंसर्ट संख्या 5 के दौरान प्रस्तुति देते समय उनके द्वारा बड़ी गड़बड़ी हो गई, जिसके बाद वह दोबारा कभी सार्वजनिक मंच पर नहीं आए।

लिवर में गंभीर बीमारी के कारण बीथोवेन ने छप्पन वर्ष की आयु में 26 मार्च, 1827 को अंतिम साँस ली। 29 मार्च, 1827 को निकली उनकी अंतिम यात्रा में लगभग बीस हजार लोग शामिल हुए। उनका जीवन इस बात का प्रमाण है कि उन्होंने अपने जीवन की प्रतिकूल परिस्थिति पर विजय प्राप्त की और संगीत के क्षेत्र में अतुलनीय और अमूल्य योगदान दिया।

लुई ब्रेल

(नेत्रहीन लोगों के लिए ब्रेल लिपि के नेत्रहीन आविष्कारक)

नेत्रहीनों या दृष्टिदोष से पीड़ित लोगों के पढ़ने और लिखने की ब्रेल लिपि के आविष्कारक लुई ब्रेल का जन्म 4 जनवरी, 1809 को फ्रांस के पेरिस में कूप्रे नाम के छोटे-से शहर में हुआ था। तीन साल की उम्र में वह जब अपने पिता के चमड़े

के कारखाने में खेल रहे थे, तब उन्होंने चमड़े के टुकड़े में छेद करनेवाला सूआ उठा लिया। सूआ उनकी एक आँख में घुस गया। उस आँख में भयंकर संक्रमण हो गया तथा उनके उस आँख की रोशनी चली गई। जल्द ही दूसरी आँख भी संक्रमण की चपेट में आ गई और पाँच वर्ष की आयु में वह पूरी तरह से नेत्रहीन हो गए।

दस वर्ष की आयु तक ब्रेल ने स्थानीय स्कूल में पढ़ाई की। फिर उन्हें पेरिस में रॉयल इंस्टीट्यूट फॉर ब्लाइंड यूथ में दाखिले के लिए छात्रवृत्ति मिल गई। स्कूल की लाइब्रेरी में नेत्रहीनों के लिए चौदह पुस्तकें थीं। इस किताब के अक्षर बड़े-बड़े और उभरे हुए थे। इन किताबों को पढ़ने के दौरान ब्रेल ने पाया कि हर वाक्य को पढ़ने में काफी वक्त लगता था। वह धीरज खोने लग जाते और तब उन्होंने तय किया कि वह अपने पढ़ने की रफ्तार को किसी अल्फाबेट कोड की मदद से इतना तेज कर लेंगे कि उँगलियों से छूकर भी देखने की रफ्तार से पढ़ा जा सके।

1821 में फ्रांस की सेना के कैप्टन चार्ल्स बारबियर ब्रेल के स्कूल के दौरे पर आए और उन्होंने अपने आविष्कार नाइटेंगल राइटिंग को पेश किया। यह एक मोटे कागज पर उकेरे गए डॉट्स और डैश का कोड था। इन अक्षरों को सैनिक रात के अँधेरे में भी छूकर समझ सकते थे और फिर उनकी सहायता से दूसरों तक जानकारी पहुँचा सकते थे। दुर्भाग्य से यह कोडिंग प्रणाली सैनिकों के लिए अत्यंत जटिल थी, लेकिन इसने ब्रेल के अंदर इसमें सुधार की एक सोच पैदा कर दी।

ब्रेल ने मन में आए विचारों पर पूरी मेहनत के साथ काम किया। उन्होंने प्रत्येक अक्षर के लिए एक समान कॉलम बनाए और बाहर उभरे हुए डॉट को कम कर छह कर दिया। उन्होंने पहली ब्रेक किताब 1829 में प्रकाशित की, जब उनकी उम्र महज बीस वर्ष थी। 1837 में जब उस किताब का दूसरा संस्करण प्रकाशित हुआ, तब उन्होंने डैश को हटा दिया; क्योंकि उन्हें पढ़ पाना अत्यंत कठिन था। उन्होंने गणित तथा संगीत के लिए चिह्न भी शामिल किए।

ब्रेल ने ब्रेल लिपि और नेत्रहीनों की सामान्य शिक्षा के लिए अनेक पुस्तकें लिखीं। ब्रेल को पर्याप्त सम्मान और प्रशंसा मिली, लेकिन अपने जीवनकाल में कभी उन्हें शिक्षित नहीं किया गया, यहाँ तक कि जिस रॉयल इंस्टीट्यूट से उन्होंने स्नातक की डिग्री हासिल की और आगे चलकर पढ़ाया, वहाँ भी उन्हें किसी ने शिक्षा नहीं दी। ब्रेल ने तैंतीसवें जन्मदिन से दो दिन बाद 1852 में अंतिम साँस ली।

1868 में ब्रिटिश नागरिकों द्वारा मिले प्रचार-प्रसार से ब्रेल लिपि का विस्तार दुनिया भर में शुरू हो गया। आज दुनिया के लगभग हर देश में ब्रेल लिपि का प्रयोग हो रहा है। ब्रेल तकनीक में नित नए प्रयोग किए जा रहे हैं और उसका विस्तार हो

रहा है। ब्रेल कंप्यूटर टर्मिनल, रोबोब्रेल इ-मेल डिलिवरी सर्विस तथा नेमेथ ब्रेल का विकास हुआ, जो गणितीय तथा वैज्ञानिक नोटेशन की एक समग्र प्रणाली है। जैसा कि नेत्रहीनों के लिए कैलिफॉर्निया स्कूल के पूर्व निदेशक डॉ. रिचर्ड स्लेटिंग फ्रेंच ने कहा है, ''ब्रेल ने संचार की एक सुगठित प्रणाली तैयार की, जिस पर रोमन अल्फाबेट की तरह ही एक जीनियस की छाप दिखती है।''

हेलेन केलर

(कॉलेज से स्नातक की डिग्री पानेवाली पहली बधिर-नेत्रहीन)

हेलेन केलर साहस और धैर्य की एक प्रतीक थीं। जबरदस्त बाधाओं के बावजूद अपने कठोर संकल्प और उपलब्धियों के कारण दुनिया भर में उनका मान-सम्मान किया जाता है। केलर का जन्म 27 जून, 1880 को अलाबामा के टुसकुंबिया में हुआ था। जन्म से ही वह न तो देख सकती थीं और न ही सुन सकती थीं। उन्होंने बोलना तब शुरू किया, जब वह छह महीने की ही थीं और नौ महीने में चलना भी शुरू कर दिया। केलर जब उन्नीस महीने की थीं, तब उन्हें एक बीमारी हो गई, जो संभवत: लाल ज्वर या दिमागी बुखार हो सकता है। इस बीमारी के कारण केलर नेत्रहीन और बधिर हो गईं। अपनी बीमारी के कारण वह बेकाबू और उद्‌दंड भी हो गईं। अनेक सगे-संबंधियों की जहाँ यह राय थी कि उन्हें सुधार की आवश्यकता है, वहीं उनकी माँ कैथरीन अन्य उपायों की तलाश में जुटी थीं।

1886 में कैथरीन को चार्ल्स डिकेंस के यात्रा-वृत्तांत 'अमेरिकन नोट्स' से प्रेरणा मिली, जिसमें लॉरा ब्रिजमैन नाम के एक बधिर और नेत्रहीन बच्चे की सफल शिक्षा का वर्णन था। इसके बाद केलर को नेत्रहीनों के उसी दक्षिण बोस्टन स्थित परकिंस स्कूल में भेजा गया, जहाँ ब्रिजमैन को शिक्षा मिली थी। स्कूल के डायरेक्टर, माइकल अनागनोस ने सुझाव दिया कि हेलेन को हाल ही में पढ़ाई पूरी कर चुकी बीस वर्षीय एन. सुलिवान के साथ काम करना चाहिए, जो स्वयं नेत्रहीन थीं।

मार्च 1887 में एन. सुलिवान केलर के घर पहुँचीं और केलर को उँगलियों की स्पेलिंग से संवाद करने की शिक्षा देनी शुरू कर दी। अन्य लोगों के साथ संवाद करने की क्षमता हासिल करने का संकल्प कर चुकीं केलर ने 1890 में बोस्टन स्थित बधिरों के होरेस मैन स्कूल में स्पीच के क्लास करना शुरू कर दिया। साल 1900 में उन्होंने मेसाचुसेट्स के कैंब्रिज में रेडक्लिफ कॉलेज में दाखिला लिया। सुलिवान केलर के साथ रेडक्लिफ जातीं और बगल में बैठकर उन्हें लेक्चर और

पाठ का मतलब समझाती थीं। 1904 में चौबीस साल की उम्र में वह बैचलर ऑफ आर्ट्स की डिग्री प्राप्त करनेवाली पहली बधिर-नेत्रहीन बन गईं। इस बीच, केलर ने संवाद के कई तरीकों में महारत हासिल कर ली थी, जिनमें ब्रेल, टच-लिप रीडिंग, स्पीच, टाइपिंग और फिंगर स्पेलिंग शामिल थे। ग्रेजुएशन के बाद वह सामाजिक और राजनीतिक रूप से दूसरों के जीवन को बेहतर बनाने में पूरी तरह सक्रिय हो गईं। उन्होंने महिलाओं के मताधिकार, शांति तथा परिवार नियोजन जैसे मुद्दों पर काम किया। उन्होंने कांग्रेस के समक्ष नेत्रहीनों के जीवन को बेहतर बनाने की शपथ ली।

जॉर्ज केसलर की सहायता से उन्होंने नेत्रहीनता और कुपोषण से निपटने के लिए हेलेन इंटरनेशनल की स्थापना की। 1920 में अमेरिकी नागरिक स्वतंत्रता संघ (ए.सी.एल.यू.) की स्थापना में उन्होंने सक्रिय भूमिका अदा की। केलर ने बदनसीबों की मदद के लिए कई अन्य संस्थाओं की सदस्यता भी ली। सुलिवान के साथ उन्होंने चालीस से भी अधिक देशों का दौरा किया। उन्होंने ग्रोवर क्लीवलैंड से लेकर लिंडन बी जॉनसन जैसे अमेरिकी राष्ट्रपतियों से मुलाकात की तथा एलेग्जेंडर ग्राहम बेल, चार्ली चैपलिन और मार्क ट्वेन जैसी हस्तियों से भी उनके दोस्ताना संबंध थे। 1909 से 1921 के बीच उन्होंने समाजवाद पर कई लेख लिखे। 1955 में पचहत्तर वर्ष की आयु में केलर एशिया के चालीस मील की दूरी की ट्रेकिंग पर निकलीं।

केलर ने कुल बारह पुस्तकें और अनेक लेख लिखे। बाईस वर्ष की आयु में केलर ने सुलिवान और सुलिवान के पति जॉन मेसी की मदद से अपनी आत्मकथा 'द स्टोरी ऑफ माइ लाइफ' का प्रकाशन किया। 1908 में केलर ने 'द वर्ल्ड आई लिव इन' की रचना की, जिसने पाठकों को यह एहसास कराया कि वह इस संसार के विषय में क्या सोचती हैं।

अपनी शानदार उपलब्धियों के कारण केलर ने कई सम्मान प्राप्त किए, जिनमें 1936 में मिला 'विशिष्ट सेवा मेडल', 1964 में 'प्रेसीडेंट मेडल ऑफ फ्रीडम' तथा 1965 में वूमैंस हॉल ऑफ फेम के लिए चुना जाना शामिल है। उन्हें हार्वर्ड यूनिवर्सिटी के साथ अन्य विश्वविद्यालयों से डॉक्टर की मानद उपाधि मिली।

1961 में केलर को एक के बाद एक कई बार दिल का दौरा पड़ा तथा 1 जून, 1968 को नींद में ही उनकी मृत्यु हुई। अपने 88वें जन्मदिन के चंद हफ्ते पहले उन्होंने अंतिम साँस ली। अपनी तमाम विकृतियों के कारण केलर ने यह दिखा दिया कि दृढ़संकल्प, कठिन परिश्रम, निरंतरता और प्रेरणा से कोई भी व्यक्ति प्रतिकूल परिस्थितियों को पार कर महानता प्राप्त कर सकता है।

बुकर टी. वॉशिंगटन

(अफ्रीकी अमेरिकी शिक्षाविद् और टस्केगी इंस्टीट्यूट के संस्थापक)

बुकर टी वॉशिंगटन को उन्नीसवीं सदी के उत्तरार्ध और बीसवीं सदी की शुरुआत के सबसे प्रभावशाली और दबदबा रखनेवाले नेताओं में से एक माना जाता है। वह पूर्ववर्ती गुलामों और उनके वंशजों की आवाज उठानेवाले भी थे। बुकर का जन्म एक गुलाम के घर में 5 अप्रैल, 1856 को हुआ था। उनकी माँ, जेन, दक्षिण-पश्चिम वर्जीनिया में बागानों के मालिक जेम्स बरोज की रसोइया थीं। उनके पिता एक गुमनाम गोरे व्यक्ति थे, जो संभवतः करीब के किसी बागान के मालिक थे। बुकर के जन्म के कुछ ही दिनों बाद उनकी माँ ने वॉशिंगटन फर्गुसन से शादी कर ली। वह एक दास थे, जो भागकर वेस्ट वर्जीनिया आए थे तथा वहाँ नमक की खदान में काम करते थे।

अमेरिकी गृहयुद्ध के बाद 1865 में बुकर की माँ अपने बच्चों के साथ अपने पति के पास माल्डेन चली आईं। नौ साल के बुकर स्कूल जाने की बजाय, अपने सौतेले पिता के साथ नमक के खदान में काम करने चले गए। बुकर में पढ़ने के प्रति लगाव को देखते हुए उनकी माँ जेन उनके लिए एक किताब लेकर आईं। उन्होंने उस किताब से अल्फाबेट सीखा और लिखने-पढ़ने के बुनियादी शब्द भी सीखे। चूँकि दिन में वह नमक की खदान में काम करते थे, इस कारण वह पढ़ने के लिए हर सुबह 4 बजे उठते थे।

दस साल की उम्र में बुकर ने कोयला खदान के मालिक, लेविस रफनर की पत्नी, वायोला रफनर के पास घरेलू नौकर के तौर पर काम करने पहुँचे। आमतौर पर वायोला नौकरों और खासतौर पर छोटे नौकरों से बेहद सख्ती से पेश आती थीं, लेकिन वह बुकर की परिपक्वता, बुद्धिमानी और ईमानदारी से बेहद प्रभावित थीं। उन्हें बुकर को शिक्षित किए जाने की आवश्यकता का एहसास हुआ और इस कारण उन्होंने सर्दियों में हर दिन बुकर को एक घंटे के लिए स्कूल जाने की इजाजत दे दी। 1872 में सोलह वर्ष की उम्र में बुकर ने घर छोड़ दिया और पाँच सौ मील की दूरी पैदल ही तय कर हैम्पटन नॉर्मल और वर्जीनिया स्थित कृषि संस्थान में पहुँचे। रास्ते में अपना खर्च निकालने के लिए उन्होंने कई छोटे-मोटे काम किए। बुकर ने अपनी पढ़ाई का खर्च जुटाने के लिए हेंपटन इंस्टीट्यूट में दरबान की नौकरी की।

स्कूल के संस्थापक और हेडमास्टर जनरल सैमुएल सी. आर्मस्ट्रॉन्ग ने बुकर को एक मेहनती छात्र के रूप में देखा और इस कारण उसे स्कॉलरशिप दी। उन्होंने हेंपटन से 1875 में अच्छे नंबरों से अपनी पढ़ाई पूरी की तथा जल्द ही वर्जीनिया के माल्डेन में अपने पुराने स्कूल में पढ़ाना शुरू कर दिया। 1879 में बुकर को हेंपटन के ग्रेजुएशन समारोह में बोलने के लिए आमंत्रित किया गया, जिसके बाद जनरल आर्मस्ट्रॉन्ग ने उन्हें हेंपटन में एक शिक्षक की नौकरी दी।

1881 में अलाबामा की विधायिका ने टस्केगी नॉर्मल एंड इंडस्ट्रियल इंस्टीट्यूट (अब टस्केगी यूनिवर्सिटी के नाम से लोकप्रिय) नाम से एक 'अश्वेतों' के स्कूल के लिए 2,000 डॉलर की राशि मंजूर की। जनरल आर्मस्ट्रॉन्ग की पुरजोर सिफारिश पर बुकर को इंस्टीट्यूट का प्रिंसिपल बना दिया गया।

बुकर ने टस्केगी इंस्टीट्यूट की शुरुआत एक टूटी-फूटी इमारत से की। अपनी स्वाभाविक क्षमता और करिश्मा की बदौलत उन्होंने गोरे दक्षिणवालों और उत्तरवालों का विश्वास जीता तथा टस्केगी को औद्योगिक शिक्षा का एक आदर्श संस्थान बना दिया। उनके सक्षम नेतृत्व में 1915 आते-आते टस्केगी को दो हजार एकड़ में फैले परिसर में एक इमारत में ले आया गया था, जिसके लिए 2 मिलियन डॉलर का चंदा दिया गया, जहाँ अड़तीस प्रकार के धंधे की बारीकियाँ सिखाई जाती थीं और हर वर्ष पंद्रह सौ छात्र वहाँ दाखिला ले रहे थे। यही नहीं, वहाँ करीब दो सौ शिक्षक भी थे। टस्केगी का जबरदस्त विस्तार हुआ और उसने अफ्रीकी अमेरिकियों के कृषि क्षेत्र में आगे बढ़ने पर जोर दिया।

टस्केगी की उपलब्धियों के जरिए बुकर ने यह साबित कर दिया कि दबे-कुचले लोग भी तरक्की कर सकते हैं। उनका मानना था कि यदि अफ्रीकी अमेरिकी कड़ी मेहनत करें तथा वित्तीय आत्मनिर्भरता तथा सांस्कृतिक तरक्की प्राप्त कर लें, तो वे गोरे लोगों का सम्मान और स्वीकार्यता को हासिल कर सकते हैं। 1901 में राष्ट्रपति थियोर रूजवेल्ट ने बुकर को व्हाइट हाउस आने का न्योता दिया, जो किसी भी अफ्रीकी अमेरिकी को दिया जानेवाला पहला सम्मान था।

बुकर ने चालीस पुस्तकें लिखीं, जिनमें उनकी आत्मकथा 'अप फ्रॉम स्लेवरी', 'द मैन फारदेस्ट डाउन', 'माई लारजर एजुकेशन' और 'कैरेक्टर बिल्डिंग' शामिल हैं। 16 नवंबर, 1915 को वॉशिंगटन की मृत्यु उनसठ वर्ष की आयु में हृदय की गति रुक जाने से हो गई।

ग्लेन कनिंघम

(अमेरिकी लंबी दूरी के धावक और एथलीट)

ग्लेन कनिंघम 1930 के दशक के दौरान विश्व के चोटी के मध्यम दूरी के धावकों में से एक थे। उन्होंने यह साबित कर दिया कि दृढ़संकल्प की असाधारण शक्ति से किसी भी मुश्किल को दूर किया जा सकता है।

कनिंघम का जन्म 4 अगस्त, 1909 को कंसास के अटलांटा में हुआ था। वह जब आठ वर्ष के थे, तब वह और उनके बड़े भाई फ्लॉएड को यह जिम्मेदारी सौंपी गई थी कि वे तड़के उठकर स्कूल पहुँचें और अपने स्कूल के कमरे को केरोसिन स्टोव जलाकर गरम करें। एक दिन किसी ने गलती से केरोसिन के कंटेनर में पेट्रोल रख दिया। इस कारण एक जबरदस्त धमाका हो गया, और स्कूल का कमरा जलकर खाक हो गया।

आग में झुलसकर फ्लॉएड की मृत्यु हो गई और ग्लेन के शरीर का निचला हिस्सा बुरी तरह घायल हो गया। उन्हें पास के अस्पताल ले जाया गया। उनका इलाज करनेवाले डॉक्टर ने उनकी माँ को बताया कि ग्लेन इतनी बुरी तरह झुलस चुके हैं कि उनका बचना नामुमकिन है। कनिंघम ने जब डॉक्टर की बात सुनी, तो मन-ही-मन उन्होंने कहा कि वह मरना नहीं चाहते। आखिरकार, कनिंघम बच गए और यह देखकर डॉक्टर हैरान रह गया। कुछ दिनों बाद उन्होंने एक बार फिर डॉक्टर को अपनी माँ के कानों में यह कहते सुना कि चूँकि झुलसने से उनके शरीर के निचले हिस्से का मांस खराब हो चुका है, इसलिए दोनों पैरों को काट देना सही होगा, लेकिन उनकी माँ ने इस सलाह को ठुकरा दिया।

कनिंघम अपनी माँ के फैसले को सुनकर खुश हुए और यह संकल्प किया कि वह जल्द ही चलना शुरू कर देंगे। अस्पताल से छूटने के बाद उन्होंने हर दिन मालिश के साथ ही अपने निरंतर प्रयासों और संकल्पों से सहारे की मदद से खड़ा होना और फिर अपने बल पर चलना शुरू कर दिया। बारह वर्ष की आयु तक कनिंघम न केवल दौड़ने लगे, बल्कि अपने स्कूल में सबसे तेज दौड़नेवाले बन गए। तेरह वर्ष की उम्र में उन्होंने अपनी पहली एक मील की रेस जीती।

एल्कहार्ट हाई स्कूल में एक सीनियर के तौर पर कनिंघम ने कई खिताब जीते और उनकी पहचान राष्ट्रीय स्तर पर बनी। कंसास रिले में उन्होंने 4:24:7 के समय के साथ एक मील की दूरी तय कर विश्व रिकॉर्ड बनाया। कंसास यूनिवर्सिटी में उन्होंने छह बीड़ मील की दौड़, दो एन.सी.ए.ए. खिताब, आठ ए.ए.यू. राष्ट्रीय

खिताब जीते। 1932 में लॉस एंजिल्स ओलंपिक में कनिंघम पंद्रह सौ मीटर की दौड़ में चौथे स्थान पर आए। 1936 के बर्लिन ओलंपिक में उन्होंने पंद्रह सौ मीटर की रेस में 'सिल्वर मेडल' जीता। दो हफ्ते बाद, उन्होंने अठारह सौ मीटर की दौड़ 1:49:7 समय में पूरी कर वर्ल्ड रिकॉर्ड बनाया। उन्होंने पंद्रह सौ मीटर रेस में और एक मील की रेस में सात बार इंडोर का वर्ल्ड रिकॉर्ड बनाया।

कनिंघम ने आयोवा यूनिवर्सिटी से स्नातकोत्तर और न्यूयॉर्क यूनिवर्सिटी से डॉक्टरेट की उपाधि प्राप्त की। 1940 में उन्होंने स्पर्धाओं में हिस्सा लेना छोड़ दिया तथा आयोवा स्थित कॉरनेल कॉलेज में शारीरिक शिक्षा के निदेशक बन गए। आगे चलकर कनिंघम और उनकी पत्नी ने मिलकर कंसास में ग्लेन कनिंघम यूथ रांच की स्थापना की, जहाँ उन्होंने करीब दस हजार गरीब बच्चों का पालन-पोषण किया। कनिंघम की मृत्यु उन्यासी वर्ष की आयु में 10 मार्च, 1988 को हो गई।

स्टीफेन हॉकिंग

(ब्रिटिश सैद्धांतिक भौतिकविज्ञानी और ब्रह्मांडविज्ञानी,
जो लू गैरियोग रोग से पीड़ित हैं)

स्टीफेन विलियम हॉकिंग को आइंस्टीन के बाद सबसे असाधारण सैद्धांतिक भौतिकविज्ञानियों में से एक माना जाता है। हॉकिंग का जन्म 8 जनवरी, 1942 को हुआ था। 1962 में ऑक्सफोर्ड यूनिवर्सिटी से बी.ए. (ऑनर्स) की डिग्री प्राप्त करने के बाद, उन्होंने कैंब्रिज के ट्रिनिटी हॉल से डॉक्टरेट प्रोग्राम की शुरुआत की। 1963 में जब हॉकिंग इक्कीस वर्ष के थे, तब उन्हें मोटर न्यूरॉन रोग से पीड़ित पाया गया, जिसे एमियोट्रॉफिक लैटरल स्क्लेरॉसिस (ए.एल.एस.) या लू गैरियोग की बीमारी के नाम से भी जाना जाता है। इसका अर्थ था कि मांसपेशियों को नियंत्रित करनेवाली तंत्रिकाएँ काम करना बंद कर रही थीं। उस समय डॉक्टरों ने कहा था कि वह बमुश्किल दो साल तक जी सकेंगे।

डॉक्टरों की इस राय से हॉकिंग बुरी तरह टूट गए, लेकिन इसके बाद कुछ ऐसी घटनाएँ हुईं, जिन्होंने इस मायूसी से निकलने में उनकी मदद की। पहले तो वह जब अस्पताल में थे तो उनके कमरे में ही एक लड़का था, जो लेकिमिया (अधिश्वेत रक्तता) से पीड़ित था। उस लड़के के भारी कष्ट को देखकर हॉकिंग को एहसास हुआ कि उसकी तुलना में उनकी बीमारी कुछ हद तक सहनीय है। दूसरा यह कि अस्पताल से छुट्टी मिलते ही हॉकिंग ने एक सपना देखा कि उन्हें फाँसी पर

चढ़ाया जा रहा है। उन्होंने आगे चलकर यह माना कि इस सपने के बाद उन्हें लगा कि जीवन में वह अभी बहुत कुछ कर सकते हैं। तीसरा यह कि बीमारी का पता चलने के कुछ दिनों बाद ही, हॉकिंग को अपनी बहन की सहेली जेन वाइल्ड से प्रेम हो गया और अक्तूबर 1964 में दोनों ने सगाई कर ली। इस सगाई ने उन्हें कुछ ऐसा दिया, जिसके लिए वह जी सकते थे। दोनों ने जुलाई 1965 में शादी कर ली।

समय के साथ ए.एल.एस. रोग का हॉकिंग की सेहत पर बहुत बुरा प्रभाव पड़ने लगा। बिना सहारे के उन्हें चलने-फिरने में दिक्कत होने लगी, और उनकी बोलचाल भी बेतुकी हो गई। धीरे-धीरे उनकी लिखने की क्षमता भी समाप्त हो गई और 1969 तक वह व्हीलचेयर पर आ गए। 1970 के दशक के अंत में उनकी बात केवल उनके परिवार और बेहद करीबी दोस्त ही समझ पाते थे। 1985 में ट्रेकियाटमी के बाद उन्होंने अपनी आवाज को हमेशा के लिए खो दिया तथा उसके बाद चौबीसों घंटे चिकित्सकीय देखरेख की आवश्यकता पड़ने लगी। हॉकिंग के लिए उस स्पीकिंग प्रोग्राम का आविष्कार एक वरदान साबित हुआ, जिसमें दिमाग या आँखों के घूमने-फिरने से बोलने की क्षमता पैदा की जाती है। इस आविष्कार की मदद से वह कंप्यूटर पर शब्दों को चुन सकते थे और फिर उसे स्पीच सिंथेसाइजर के माध्यम से लोगों तक पहुँचा सकते थे। आज, अपने शरीर पर पूरी तरह से नियंत्रण खो चुके हॉकिंग उस प्रोग्राम को चेहरे की मांसपेशी से जुड़े सेंसर के जरिए निर्देशित करते हैं।

अपनी सेहत में गिरावट के बावजूद हॉकिंग ने पूरे जोश के साथ काम किया। उनका जीवन अधिक नहीं है, इसके एहसास ने उन्हें अपने शोध पर पूरे संकल्प और समर्पण के साथ काम करने के लिए प्रेरित किया। उन्होंने मार्च 1966 में कैंब्रिज यूनिवर्सिटी से पी-एच.डी. की डिग्री हासिल की। वह गोनविले एंड केयूस कॉलेज के एक शानदार शोधकर्ता और फेलो साबित हुए। 1979 से 2009 तक उन्होंने कैंब्रिज में लुकासियन प्रोफेसर के पद पर रहे, इसी पद पर 1663 में आइजैक न्यूटन भी थे। बत्तीस वर्ष की आयु में उन्हें रॉयल सोसाइटी का फेलो घोषित किया गया।

हॉकिंग ने ब्रह्मांड विज्ञानी रॉजर पेनरोस के साथ मिलकर अभूतपूर्व खुलासे किए तथा ब्लैकहोल को लेकर दुनिया के सोचने के ढंग में एक बड़ा बदलाव किया। 1974 में हॉकिंग ने दिखाया कि ब्लैकहोल उस प्रकार के इनफॉरमेशन वैक्यूम (निर्वात) नहीं हैं जैसा कि वैज्ञानिक समझा करते थे। उन्होंने दावे के साथ कहा कि विकिरण के स्वरूप में तत्त्व किसी ध्वस्त सितारे के गुरुत्वाकर्षण से बच सकते हैं। इस विकिरण को आज हॉकिंग रेडिएशन के नाम से जाना जाता है।

जॉर्ज एलिस के साथ मिलकर लिखी गई हॉकिंग की पहली किताब 'द लार्ज स्केल स्ट्रक्चर ऑफ स्पेस टाइम' का प्रकाशन 1973 में किया गया। 1988 में अमेरिका और ब्रिटेन में छपी उनकी किताब 'अ ब्रीफ हिस्टरी ऑफ टाइम' बेहद मशहूर हुई और जल्दी ही दोनों देशों की बेस्ट सेलर लिस्ट में शामिल हो गई। इस किताब ने चार वर्षों से अधिक समय तक 'द लंदन संडे टाइम्स' की बेस्ट सेलर लिस्ट की चोटी पर अपना कब्जा बरकरार रखा। दुनिया भर में इसकी पच्चीस मिलियन से भी अधिक प्रतियाँ बिक चुकी हैं तथा चालीस से अधिक भाषाओं में इसका अनुवाद किया गया। इस किताब ने हॉकिंग को अंतरराष्ट्रीय ख्याति दिला दी। 'न्यूजवीक' ने उनकी तसवीर अपने कवर पेज पर छापी और उन्हें 'मास्टर ऑफ द यूनिवर्स' बताया।

रोजर क्रॉफोर्ड

(टेनिस चैंपियन)

रोजर क्रॉफोर्ड (जन्म 8 अक्तूबर, 1960) को जन्मजात रूप से एक्ट्रोडैक्टिलिज्म नाम की बीमारी थी। इस बीमारी के कारण उँगलियाँ और अँगूठे एक साथ जुड़ जाते हैं। उनकी हथेली थी ही नहीं, और दाहिने हाथ में अँगूठे के जैसा कुछ निकला हुआ था। उनके पाएँ पैर का तलवा सिकुड़ा हुआ था जिसमें केवल तीन उँगलियाँ थीं। इसे तब काटकर हटा दिया गया था, जब उनकी आयु पाँच वर्ष की थी।

क्रॉफोर्ड के माता-पिता चाहते थे कि वह किसी अन्य बच्चे की तरह ही एक सामान्य जीवन जी सकें। उनके पिता ने उनसे कहा, "तुम उतने ही विकलांग हो, जितना तुम होना चाहते हो।" रोजर ने अपने पिता की इस सलाह को माना और सामान्य जीवन जीने की शुरुआत की। उन्होंने एक पब्लिक स्कूल में पढ़ाई की और खेलों में हिस्सा लिया। उन्हें टेनिस खेलना काफी अच्छा लगता था। हाई स्कूल में वह एक टेनिस चैंपियन और अपनी टीम के कप्तान बन गए। चार वर्षों तक वह यूनिवर्सिटी के एथलीट भी रहे।

रोजर ने कैलिफॉर्निया के लॉस एंजिल्स में लॉयला मेरीमाउंट यूनिवर्सिटी से स्नातक की डिग्री हासिल की। एक छात्र के रूप में वह ऐसे एकमात्र एथलीट बने, जिन्होंने चार विकृत अंगों के बावजूद नेशनल कॉलेजिएट एथलेटिक एसोसिएशन (एन.सी.ए.ए.) के डिवीजन वन कॉलेज स्पोर्ट्स में हिस्सा लिया तथा अमेरिका के पेशेवर टेनिस संघ द्वारा सर्टिफिकेट भी हासिल किया।

पेशेवर टेनिस खिलाड़ी बनने के साथ ही रोजर एक पेशेवर प्रेरणादायी वक्ता भी हैं। बीस वर्षों से भी अधिक समय तक उन्होंने पूरी दुनिया में सफर किया तथा सारी बाधाओं के बावजूद जीतने की सोच को सामने रखकर श्रोताओं को अपने संदेशों से प्रेरित किया है। 'स्पोर्ट्‌स इलस्ट्रेटेड' पत्रिका ने क्रॉफोर्ड के विषय में लिखा कि वह शारीरिक अक्षमता के बावजूद दुनिया के सबसे निपुण एथलीटों में से एक हैं। उन्हें शारीरिक विकृति और अक्षमता वाले व्यक्तियों के हॉल ऑफ फेम में शामिल किया गया है। उनकी प्रेरक कहानी को 'चिकन सूप फॉर द सोल' के मौलिक धारावाहिक में दिखाया गया है।

'लैरी किंग लाइव', 'गुड मॉर्निंग अमेरिका', 'यू.एस.ए. टुडे', 'टेनिस मैगजीन' और 'मेंस फिटनेस मैगजीन' ने क्रॉफोर्ड को अपना विषय बनाया है। उन्हें एम्मा अवार्ड जीतनेवाली टेलीविजन फिल्म 'इन अ न्यू लाइट' में भी दिखाया गया है। क्रॉफोर्ड दो किताबों के भी लेखक हैं—अपनी आत्मकथा 'प्लेइंग फ्रॉम द हार्ट' तथा 'हाऊ हाई कैन यू बाउंस?'

क्रॉफोर्ड का मानना है कि ''टूटा हौसला टूटे शरीर से अधिक विकलांग बनाता है।'' वह इस बात के जीते-जागते उदाहरण हैं कि तमाम विकृतियों के बावजूद मनुष्य के अंदर अपनी क्षमता का पूर्ण लाभ उठाने तथा जीवन में उल्लेखनीय उपलब्धि प्राप्त करने की शक्ति होती है।

टैमी डकवर्थ

(अमेरिकी हाउस ऑफ रिप्रेंजेंटेटिव की पहली विकलांग महिला महारथी)

12 नवंबर, 2004 को इराक युद्ध के दौरान रॉकेट से चलाया गया ग्रेनेड उस यू.एच.-60 ब्लैक हॉक हेलीकॉप्टर से टकराया, जिसे लाड्डा टैमी डकवर्थ मुख्य पायलट के साथ मिलकर उड़ा रही थीं। इस हमले में टैमी ने कमर से नीचे अपना दाहिना पैर और घुटने से नीचे बायाँ पैर गँवा दिया। धमाके में उनका दाहिना हाथ भी टूट गया, और उसमें तीन जगहों पर फ्रैक्चर आ गया।

डकवर्थ का जन्म 1968 में थाईलैंड के बैंकॉक में हुआ था। उनके अमेरिकी पिता, फ्रैंक डकवर्थ, अमेरिकी मरीन कोर के एक माहिर सैनिक थे तथा उनकी माँ लमाई डकवर्थ थाईलैंड की निवासी हैं, जिनके पूर्वज चीनी थे। डकवर्थ ने यूनिवर्सिटी ऑफ हवाई से 1989 में राजनीति शास्त्र में बैचलर ऑफ आर्ट्‌स की डिग्री प्राप्त की तथा वॉशिंगटन, डीसी स्थित जॉर्ज वॉशिंगटन यूनिवर्सिटी से

अंतरराष्ट्रीय मामलों में मास्टर ऑफ आर्ट्स की डिग्री हासिल की। 1992 में वह अमेरिकी आर्मी रिजर्व में एक कमीशन प्राप्त अधिकारी के रूप में शामिल हुईं तथा हेलीकॉप्टर उड़ाने की जिम्मेदारी सँभाली।

2004 में जब डकवर्थ नॉर्दर्न इलिनोइस यूनिवर्सिटी से राजनीति शास्त्र में पी-एच.डी. की पढ़ाई कर रही थीं, तब उन्हें इराक में तैनात किया गया। इसी तैनाती के दौरान डकवर्थ ने दोनों पैर और अपना दाहिना हाथ गँवा दिया। इस हादसे के फौरन बाद डकवर्थ को कृत्रिम अंग लगाए गए, जिसके बाद वह पूरी तरह से चलने-फिरने लगीं। तीन वर्षों तक इलिनोइस डिपार्टमेंट ऑफ वेटरंस अफेयर्स के निदेशक पद पर रहने तथा अगले तीन वर्षों तक यू.एस. डिपार्टमेंट ऑफ वेटरंस अफेयर्स की सहायक सचिव रहने के बाद 2013 में डकवर्थ को अमेरिकी कांग्रेस में इलिनोइस राज्य का प्रतिनिधित्व करने के लिए चुना गया। कांग्रेसवूमैन के रूप में डकवर्थ अत्यंत सक्रिय रही हैं तथा भरपूर योगदान दिया है। उन्होंने इंट्रेपिड फाउंडेशन (निडर संस्थान) की स्थापना में भी सहायक भूमिका निभाई तथा अन्य घायल सैनिकों के लिए एक पुनर्वास केंद्र बनाने के लिए पैसे जुटा रही हैं। डकवर्थ आज भी इलिनोइस आर्मी नेशनल गार्ड में लेफ्टिनेंट कर्नल के पद पर तैनात हैं।

लोरेटा क्लेबोर्न

(स्पेशल ओलंपिक एथलीट)

1953 में सात भाई-बहनों में चौथे नंबर की संतान के रूप में जनमी लोरेटा क्लेबोर्न की एक टाँग पैदाइशी टेढ़ी थी। वह कुछ हद तक नेत्रहीन थीं और बुद्धि-विवेक के स्तर पर भी विकलांगता थी। चार वर्ष तक वह न तो बोल पाती थीं और न ही चल पाती थीं। आँखों की सर्जरी के बाद लोरेटा स्कूल जाने लगीं। वहाँ उनकी शारीरिक विकृति के कारण दूसरे बच्चे उन्हें चिढ़ाते थे। उनके क्लासमेट और शिक्षक उन्हें सताते और अपमानित करते थे। इस प्रकार के व्यवहार ने लोरेटा को एक एंग्री यंग वूमैन बना दिया, और आगे चलकर उन्हें स्कूल से और फिर एक नौकरी से भी निकाल दिया गया।

स्पेशल ओलंपिक के विषय में लोरेटा को सामाजिक कार्यकर्ता जेनेट मैकफारलैंड ने बताया। क्लेबोर्न का कहना था, अगर मेरे जीवन में खेल न होता, तो मैं आज वह नहीं होती जो मैं आज हूँ। पहले मैं बेहद क्रोधी हुआ करती थी और खेल के क्षेत्र ने ही मेरे व्यवहार में कायापलट कर दिया। उन्होंने छह स्पेशल

ओलंपिक में हिस्सा लिया है और आठ अलग-अलग स्पर्धाओं में दस मेडल जीते हैं, जिनमें एक मील, हाफ-मैराथन, बोलिंग तथा तीन हजार मीटर की रेस में 'गोल्ड मेडल' जीतने की उपलब्धि शामिल है। सत्रह मिनट में पाँच हजार मीटर की रेस पूरी करने का अपने आयु वर्ग की महिलाओं का मौजूदा रिकॉर्ड भी उनके ही नाम है।

1981 में क्लेबोर्न बोस्टन मैराथन में दौड़ लगानेवाली पहली स्पेशल ओलंपिक एथलीट बनीं। 2007 तक वह पच्चीस मैराथन दौड़ पूरी कर चुकी थीं। क्लेबोर्न के पास कराटे का ब्लैक बेल्ट भी है और वह चार भाषाएँ बोलने के साथ ही सांकेतिक भाषा भी जानती हैं।

1996 में क्लेबोर्न को 'ई.एस.पी.वाई. आर्थर आशे करेज अवार्ड' से सम्मानित किया गया था। वर्ष 2000 में वाल्ट डिज्नी प्रोडक्शन ने उनके जीवन पर 'द लोरेटा स्टोरी' नाम की एक फिल्म बनाई। 1996 में उन्हें स्पेशल ओलंपिक इंटरनेशनल हॉल ऑफ फेम में शामिल किया गया तथा दिसंबर 2000 में वूमैन इन स्पोर्ट्स हॉल ऑफ फेम में स्थान दिया गया।

निक वुजिसिक

(ऑस्ट्रेलियाई ईसाई धर्म प्रचारक, जिनके न दोनों हाथ हैं, न दोनों पैर)

निक वुजिसिक का जन्म 4 दिसंबर, 1982 को हुआ था। उन्हें जन्म से ही टेट्रा अमेलिया सिंड्रोम था, जो ऐसी कभी-कभार होनेवाली बीमारी है, जिसमें शरीर के सभी चार अंग नहीं रहते हैं। उनके पैर नहीं थे, लेकिन दो छोटे तलवे थे, जिसमें से एक में दो अँगूठे थे। वुजिसिक का जन्म और लालन-पालन ऑस्ट्रेलिया के मेलबर्न में हुआ था। प्राथमिक स्कूल में पढ़ाई करने के दौरान उनके स्कूल के दबंग लड़के चारों अंगों की गैर-मौजूदगी के कारण उनकी खिल्ली उड़ाया करते थे। इस कारण वह बुरी तरह ड्रिपेशन में चले गए। वह जब दस वर्ष के थे, तब उनके मन में खुदकुशी करने का विचार आया और उन्होंने बाथ टब में अपने आपको डुबाकर मारने का फैसला कर लिया। एक-दो बार की कोशिश के बाद वुजिसिक को एहसास हुआ कि 'वे अपने प्रिय लोगों को उस बोझ और अपराध-बोध के साथ छोड़कर नहीं जाना चाहते, जो उनकी खुदकुशी से उत्पन्न होगा।'

धीरे-धीरे वुजिसिक ने हाथ-पैर के बिना भी जीवन को पूरी तरह जीने के तरीकों को ढूँढ़ लिया। उन्होंने अपने बाएँ पैर के दो अँगूठों से लिखना सीखा, साथ ही 'एड़ी औ अँगूठे' की तकनीक से कंप्यूटर चलाना और चालीस शब्द प्रति मिनट

टाइप करना सीख लिया। वह टेनिस बॉल फेंकने, ड्रम पैडल बजाने, कंघी करने, अपने दाँत साफ करने, दाढ़ी बनाने और फोन पर बात करने में भी दक्ष हो गए। इनके साथ ही उन्होंने गोल्फ और फुटबॉल खेलना तथा तैराकी और स्काईडाइविंग भी सीख ली।

वुजिसिक जब सत्रह वर्ष के थे, तब उन्होंने एक परोपकारी संस्था 'लाइफ विदाउट लिंब' की स्थापना की, जिससे कि वह दुनिया भर में विश्वास और उम्मीद के अपने संदेशों का प्रसार कर सकें। इक्कीस वर्ष की आयु में उन्होंने ग्रिफिथ विश्वविद्यालय से अकाउंटिंग और फाइनांस प्लानिंग में डबल मेजर किया। उन्होंने स्पीकिंग कोच की सहायता ली और वक्तृत्व कला को निखारा। उन्होंने प्रेरक भाषण देने के लिए एटीट्यूड इज एल्टीट्यूड नाम की कंपनी बनाई। एक प्रेरक वक्ता के रूप में उन्होंने पाँच महादेशों के पैंतालीस से भी अधिक देशों के 30 लाख से भी अधिक लोगों को संबोधित किया है। वुजिसिक अपने प्रेरक संबोधनों में यह प्रमुख संदेश देते हैं, "मेरे दोस्तो, बड़े सपने देखो और कभी हार मत मानो। एक बार में एक दिन के विषय में सोचो। सकारात्मक सोच, संभावना, सिद्धांतों और उस सत्य को अपनाओ जो मैं कह रहा हूँ, और तुम भी मुश्किलों से उबर जाओगे।"

उनकी किताब 'लाइफ विदाउट लिंब्स : इंस्पीरेशंस फॉर अ रिडिक्यूलसली गुड लाइफ' का प्रकाशन 2010 में हुआ। उन्होंने एक प्रेरक डी.वी.डी. तैयार किया है, 'लाइफ्स ग्रेटर परपज', जो एक संक्षिप्त डॉक्यूमेंट्री है, जिसमें उनके घरेलू जीवन और नियमित गतिविधियों को दिखाया गया है। उनकी एक और डी.वी.डी. युवाओं को ध्यान में रखकर तैयार की गई है, जिसका शीर्षक है—'नो आर्म्स, नो लेग्स,' 'नो वरीज : यूथ वर्जन'। वुजिसिक ने 'द बटरफ्लाई' नाम की फिल्म में भी भूमिका निभाई है और 2009 में उन्हें मेथड फेस्ट फिल्म फेस्टिवल में 'बेस्ट एक्टर' का अवार्ड भी मिला है।

वुजिसिक फिलहाल कैलिफॉर्निया के लॉस एंजिल्स में रह रहे हैं। 12 फरवरी, 2012 को उन्होंने कमाल मुजाहरा से शादी की तथा 13 फरवरी, 2013 को उनके पुत्र कियोशी वुजिसिक का जन्म हुआ।

सोफिया एफिमोवना बारेल्को

(लगभग नेत्रहीन, किर्गिस्तान की स्कूल शिक्षिका)

सोफिया एफिमोवना बारेल्को किर्गिस्तान के बिशकेक में एक स्कूल टीचर हैं। वह जन्म से ही लगभग नेत्रहीन हैं तथा वह इतना कम देख पाती हैं कि किसी

के बिना वह कहीं भी आ-जा नहीं सकती हैं। इस कमी के बावजूद सोफिया एफिमोवना ने अंग्रेजी, इतालवी, हिब्रू, लैटिन और किर्गिज समेत छह भाषाएँ सीखीं। पढ़ाने के उनके अनोखे और प्रभावी तरीके के कारण उन्हें किर्गिस्तान की सबसे होनहार शिक्षक माना जाता है। उनके छात्र उनसे शिक्षा ग्रहण कर अपने आपको खुशनसीब समझते हैं। उनमें से कई छात्र स्कूल की पढ़ाई पूरी करने के बरसों बाद भी उनसे मिलने आते हैं।

सोफिया एफिमोवना की आवाज बेहद सुंदर और मीठी है तथा वह सुरीले गीत भी गाती हैं। उन्हें जोसेपी वरदी और उनके ओपेरा बेहद पसंद हैं। वह दिन-रात पढ़ती रहती हैं और उन्हें कई क्षेत्रों के विषय में अच्छी जानकारी है। अपनी सीमित दृष्टि के बावजूद उन्होंने काफी कुछ हासिल कर लिया है।

सुधा चंद्रन

(भारतीय फिल्म और टी.वी. एक्ट्रेस तथा भरत नाट्यम नृत्यांगना, जिनका एक पैर कृत्रिम है)

सुधा चंद्रन का जन्म भारत के केरल राज्य में 21 सितंबर, 1964 को हुआ था। सोलह वर्ष की उम्र में जब सुधा सड़क के रास्ते घूमने जा रही थीं, तब वह दो वाहनों के आमने-सामने की टक्कर का शिकार हुईं। इस हादसे के बाद उनका दाहिना पैर काट दिया गया। चार वर्ष की आयु से ही उन्होंने भरत नाट्यम नृत्य का प्रशिक्षण प्राप्त किया था तथा इस नृत्य की साधना में अपना सबकुछ लगा दिया था। इस हादसे ने नृत्य के उनके कॅरियर को बहुत बड़ा झटका दिया था, इसके बावजूद सुधा के मन में वह सपना पलता रहा कि वह नृत्य की अपनी साधना को एक मुकाम तक पहुँचाकर ही दम लेंगी। उन्होंने तय किया कि जब तक वह डांस के स्टेज पर नहीं पहुँच जातीं, तब तक आराम से नहीं बैठेंगी। इस बीच, जब वह अस्पताल में इलाज से गुजर रही थीं, तभी उन्होंने स्थानीय अखबार में पढ़ा कि हड्डियों के सर्जन डॉ. पी.के. सेठी को जयपुर फुट का आविष्कार करने के लिए 'मैगसेसे पुरस्कार' से सम्मानित किया गया है। यह एक ठोस और लचीला कृत्रिम पैर था। सुधा ने तय किया कि वह हर हाल में इस कृत्रिम पैर को अपनाएँगी तथा इसका प्रयोग केवल चलने-फिरने के लिए ही नहीं, बल्कि नृत्य के लिए भी करेंगी।

एक बार उन्होंने लक्ष्य तय कर लिया और उनका संकल्प दृढ़ हो गया, तो सुधा ने पलटकर नहीं देखा। उन्होंने दो वर्षों तक डॉ. सेठी और उनके सहायकों

की मदद ली तथा कृत्रिम अंग को साधने का भरपूर अभ्यास किया। डॉ. सेठी यह सुनकर हैरत में पड़ गए कि सुधा ने कृत्रिम पैर का प्रयोग केवल चलने-फिरने के लिए नहीं बल्कि अपने नृत्य की ओर लौटने तथा भरत नाट्यम में पारंगत होने के लिए भी करने का फैसला किया है। डॉ. सेठी ने किसी भी मरीज के साथ इस तरह का प्रयास नहीं किया था, फिर भी उन्होंने सुधा की मदद का और उनके सपने को सच करने में सहायता का भरोसा दिया। उन्होंने अपने स्टाफ के साथ मिलकर कड़ी मेहनत की और कृत्रिम पैर के हिस्सों को लचीला बनाने के लिए स्प्रिंग में फेर-बदल किया, ताकि सुधा की गतिशीलता बनी रहे।

सुधा ने अपने लक्ष्य की प्राप्ति के लिए असाधारण साहस और आत्म-अनुशासन का परिचय दिया। कई महीनों तक अपने नृत्य के अभ्यास के दौरान कृत्रिम पैर उनकी मांसपेशियों को रगड़ देता था, जिससे जबरदस्त तरीके से खून बहने लग जाता था। इस कष्ट और दर्द के बावजूद सुधा ने न केवल अपने प्रदर्शन के लिए कठोर अभ्यास जारी रखा, बल्कि उन्होंने अपनी पढ़ाई भी जारी रखी तथा बॉम्बे यूनिवर्सिटी से अर्थशास्त्र में एम.ए. भी किया।

आज सुधा पूरी दुनिया की मीडिया की आँखों का तारा हैं। उन्होंने भारत, अमेरिका, कनाडा, यूरोप, मध्य-पूर्व, मलेशिया, थाईलैंड, दक्षिण अफ्रीका तथा मॉरीशस में बारह सौ से भी अधिक स्टेज शो किए हैं, और एक प्रकार से भारत के सांस्कृतिक दूत की भूमिका भी निभाई है। भरत नाट्यम नृत्य के अतिरिक्त, सुधा ने बॉलीवुड की फिल्मों और भारतीय टेलीविजन पर भी अपनी छाप छोड़ी है। उन्होंने हिंदी, तेलगू, तमिल, कन्नड़, मलयालम, मराठी, बंगाली, अवधी और गुजराती भाषा की अड़सठ से भी अधिक फिल्मों में काम किया है। साथ ही हिंदी, बंगाली, मराठी, तमिल और मलयालम भाषा की तिरासी टी.वी. सीरियलों में भी अभिनय किया है। उन्होंने चार सौ से भी अधिक मंचों पर अंग्रेजी तथा विभिन्न भारतीय भाषाओं के नाटकों में भी एक्टिंग की है। अपनी पहली फिल्म 'मयूरी' में अपनी कहानी को शानदार तरीके से पेश करने के लिए, 1985 मे उन्हें 'राष्ट्रीय फिल्म पुरस्कार' दिया गया।

लिस्टवर्स.कॉम ने सुधा को दस असाधारण अक्षम लोगों की सूची में रखा है, जिनमें हेलेन केलर, लुडविग वान बीथोवेन, विंसेंट वान गोह और स्टीफेन हॉकिंग भी शामिल हैं। मैकमिलन ने अपनी नई किताब, 'नॉकआउट चैलेंजेज' में सुधा पर एक अध्याय रखा है। सुधा की प्रेरक कहानी भारत के स्कूलों की पाठ्य-पुस्तकों में भी शामिल की गई है।

आप भी बाधाओं को पार कर सकते हैं—

- बाधाओं का सामना करने के लिए साहस, आत्मविश्वास और इच्छाशक्ति पैदा कीजिए।
- बाधाओं को पार करने के लिए आक्रामक रणनीति तय कीजिए। यह तय कर लीजिए कि आप रुकावटों को अपने रास्ते का रोड़ा बनने नहीं देंगे तथा अपनी शक्ति, कौशल, संसाधनों और हुनर से उन्हें पार कर लेंगे।
- अपनी सोच पर अटल रहें और विफल होने पर पूरी ताकत से वापसी करें।
- झटकों, कमियों और असफलताओं को अपने लक्ष्य की ओर किए जा रहे प्रयासों से अपने को भटकाने न दें।
- अपनी विफलता या पिछली गलतियों को लेकर मत बैठिए। इसकी बजाय उन अनुभवों से मूल्यवान सबक सीखकर अपने लक्ष्य को प्राप्त कीजिए।
- उन सफल लोगों की प्रेरक कहानियों से सबक लीजिए, जिन्होंने अपने लक्ष्यों को प्राप्त किया है। अपने लक्ष्य की प्राप्ति के लिए उनका अनुकरण कीजिए।

□

10

सफल लोग समय का बेहतरीन प्रबंधन करते हैं

''क्या तुम जिंदगी से प्यार करते हो? तो फिर समय न गँवाओ, क्योंकि समय वह चीज है, जिससे जिंदगी बनी है।''

—बेंजामिन फ्रैंकलिन

''सफल होने और असफल होने के बीच का अंतर इस पर निर्भर करता है कि आप अपने दैनिक 24 घंटे के कोटे का इस्तेमाल कैसे करते हैं।''

—बी यूजीन ग्रीसमैन

समय का प्रबंधन सदा से ही मेरा ध्यान आकर्षित करता रहा है, क्योंकि 24 घंटे हम सभी को समान रूप से मिलते हैं, मुझे अचरज इस बात पर होता है कि कैसे जीवन में कुछ लोग अन्य लोगों की अपेक्षा इतना कुछ हासिल कर लेते हैं। मैं इस नतीजे पर पहुँचा कि उनकी उपलब्धियों के पीछे का गुप्त रहस्य समय का प्रबंधन है। बेंजामिन फ्रैंकलिन, लॉरेंस समर्स, डैनियल स्टील तथा इस अध्याय में जिन लोगों की चर्चा है, उनके उदाहरण से मेरे नतीजे की पुष्टि हो जाएगी।

इस अध्याय से आप समय प्रबंधन में महारत रखनेवाले लोगों के 18 सरल उपायों को सीख सकेंगे। मुझे संदेह नहीं कि इन सरल उपायों से आपको अपने दैनिक जीवन में समय के प्रबंधन का प्रयोग कुशलता से करने में मदद मिलेगी। इन उपायों के विधिवत् अभ्यास से मुझे यकीन है कि न केवल अपने पेशेवर बल्कि निजी जीवन में भी आप कई प्रकार की उपलब्धियाँ हासिल करने की स्थिति में

आ जाएँगे। मुझे इसमें भी संदेह नहीं है कि यह सभी 18 उपाय आपकी पहुँच के भीतर हैं, जिनसे आप अपने जीवन की गुणवत्ता को बढ़ा सकते हैं।

समय का कुशल प्रबंधन करनेवाले सफल लोगों के सामान्य लक्षण—

- वे हर दिन के विशेष कार्यों को लिख लेते हैं। वे साफ-संक्षिप्त भाषा में लिख लेते हैं कि वे क्या करना चाहते हैं।
- वे प्राथमिकता तय कर लेते हैं। एक बार कार्य निश्चित हो जाता है तो वे यह तय करते हैं कि उनमें सबसे महत्त्वपूर्ण क्या है।
- वे किए जानेवाले कार्यों की एक सूची तैयार करते हैं। हर रात वे अगले दिन किए जानेवाले कार्यों की लिस्ट बना लेते हैं।
- वे चेकलिस्ट पर भरोसा करते हैं। वे एक के बाद एक की जानेवाली गतिविधियों के साथ ही उन कार्यों की चेकलिस्ट बनाते हैं, जो नियमित रूप से नहीं किए जाते हैं। इस प्रकार की चेकलिस्ट रखने से वे अपने कार्यों को बिना समय गँवाए कुशलता से कर लेते हैं।
- वे घर में तथा काम की जगह पर चीजों को साफ-सुधरे और एक क्रम में व्यवस्थित करते हैं, जिससे कि वे उन चीजों को आवश्यकता पड़ने पर निकाल सकें। इस प्रकार, उन्हें उन चीजों को ढूँढ़ने में समय नहीं गँवाना पड़ता है।
- वे उलटे क्रम में काम करते हैं, जिससे कि वे उठाए जानेवाले कदमों और उन्हें पूरा करने में लगनेवाले समय का अनुमान लगा सकें। वे अपने नियंत्रण से बाहर की किसी आपात स्थिति के लिए भी 10 फीसदी समय निकालकर चलते हैं। उनकी यथार्थवादी सोच उनके द्वारा किए जानेवाले कार्यों और निभाई जानेवाली जिम्मेदारियों को पूरा करने की स्थिति पर उन्हें पूर्ण नियंत्रण देती है।
- वे द्रुत गति से सीखते और पढ़ते हैं। वे सीखने की तकनीकों और फ्लैशकार्ड, कल्पनाशक्ति बढ़ाने के अभ्यास, समीक्षा और चुनाव जैसे उपायों से अपने सीखने की क्षमता को बढ़ाते हैं। वे विभिन्न तरीकों के इस्तेमाल से तेज गति से पढ़ना भी सीख लेते हैं तथा पढ़ते समय अंडरलाइन और हाईलाइट करना भी नहीं भूलते।
- वे 'पिग्गीबैक सिद्धांत' का प्रयोग करते हैं। वे इस युक्ति का प्रयोग अनेक परिस्थितियों में करते हैं। एक तरीका भौगोलिक अर्थव्यवस्था को लागू

करने का है, जिसमें वे तब तक प्रतीक्षा करते हैं, जब तक कि उनके लिए एक ही इलाके में कई काम इकट्ठा नहीं हो जाते, और फिर वे एक ही बार में सबको निपटा देते हैं। इस तरह उन्हें बार-बार आना-जाना नहीं पड़ता है। उदाहरण के लिए, वे एक इलाके में किए जानेवाले कामों की लिस्ट तैयार करते हैं और फिर एक ही बार में उन सभी को निपटा देते हैं।

- वे छिपे समय को ढूँढ़ निकालते हैं। वे अपने रुकने और बीच के समय का अच्छा उपयोग करते हैं। उदाहरण के लिए, डॉक्टर के पास जाने की प्रतीक्षा के दौरान या लाइन में खड़े-खड़े किताब पढ़ना, हवाई सफर के दौरान लिखना या रिपोर्ट को ठीक करना या चलते हुए फोन कॉल करना। वे आने-जाने के समय का भी प्रयोग अच्छी तरह करते हैं।
- वे समय के छोटे-छोटे टुकड़े बनाते हैं। वे समय के ऐसे खंड बनाते हैं, जब उन्हें कोई परेशान नहीं करेगा, ताकि वे उस दौरान अपने काम पर ध्यान दे सकें। वे ऐसा दफ्तर जल्दी पहुँचकर या देर तक दफ्तर में रुककर या घर पर काम निपटाकर करते हैं।
- वे उलटी धारा में चलते हैं। वे अपने जीवन में उलटी धारा के सिद्धांत का प्रयोग करते हैं, जिसका अर्थ यह हुआ कि वे किसी काम को ऐसे समय में करते हैं, जब दूसरे उन कामों को नहीं कर रहे होते हैं। उदाहरण के लिए, वे खरीदारी के लिए भीड़-भाड़ वाले समय में नहीं जाते। वे होटल तब छोड़ते हैं, जब दूसरे नहीं छोड़ रहे होते। वे ऑफ सीजन में तोहफे खरीदते हैं और उन्हें त्योहारों के लिए रख लेते हैं। वे कम भीड़-भाड़ वाले समय में हवाई सफर की योजना बनाते हैं। जब सड़कें खाली होती हैं, तब वाहन लेकर निकलते हैं।
- वे पारकिंसन के नियम को जानते हैं। वे ब्रिटिश इतिहासकार, सी. नॉर्थकोट पारकिंसन से सहमत होते हैं, जिन्होंने यह नियम ईजाद किया था कि "काम का विस्तार इस प्रकार होता है कि वह उसे पूरा करने के लिए उपलब्ध समय को भर देता है।" वे यह जानते हैं कि बहुत अधिक समय होने पर वे सुस्त और कम उत्पादक हो सकते हैं। इस नियम से बचने के लिए वे काम को अच्छी तरह और समय का सदुपयोग करते हुए पूरा करते हैं। उदाहरण के लिए, कई सफल लोग लंबे समय तक बिना किसी बाधा बहुत अधिक काम को निपटाते हैं।

- वे समय नष्ट करनेवाली गतिविधियों से बचते हैं। वे ऐसे किसी काम को नहीं करते जो करने लायक नहीं होता, क्योंकि उन कामों से उनका समय और ऊर्जा उन कामों से भटक जाती है, जिनसे वे दूसरे उपयोगी काम कर सकते हैं।
- वे दूसरों को अपना समय नष्ट नहीं करने देते। उनकी एक रणनीति होती है कि "वे दूसरे लोगों के झमेले में नहीं पड़ते।" इसका अर्थ यह हुआ कि वे उन समस्याओं या जिम्मेदारियों से दूर रहते हैं, जिन्हें सुलझाना या उठाना दूसरों का कर्तव्य होता है। वे उन मुलाकातों, बातचीत और सामाजिक समारोहों से बचते हैं, जिनमें समय व्यर्थ होता है। यदि आवश्यकता पड़ती है तो उनमें नहीं कहने का भी साहस होता है।
- वे बुरी आदतों को छोड़ देते हैं। वे उन बुरी आदतों का पता लगाते हैं, जिनसे समय नष्ट होता है और जिसका उन पर तथा दूसरों पर नकारात्मक प्रभाव पड़ता है। वे उन सकारात्मक परिणामों पर मंथन करते हैं, जिन्हें वे हासिल कर सकते हैं बशर्ते वे बुरी आदतों को छोड़ दें, और फिर नियमित अभ्यास से उन्हें दूर कर लेते हैं।
- वे दूसरों को भी काम सौंपते हैं। सफल लोग कुछ काम उन लोगों को सौंपते हैं, जो उन्हें बेहतर तरीके से और तेजी से या फिर कम खर्च में कर सकते हैं। ऐसे लोग जिन्हें काम सौंपे जाते हैं, उनमें शामिल हैं—स्टाफ, सहयोगी, निजी सहायक, इंटर्न, छात्र, एक्सपर्ट, सफाईकर्मी और स्वयंसेवी। वे पहले तय करते हैं कि किस काम को सौंपना है और फिर उस जिम्मेदारी का दायरा स्पष्ट करते हैं, साथ ही समय सीमा भी निर्धारित करते हैं। वे काम सौंपने के बाद उसका हिसाब भी लेते हैं और आवश्यकता पड़ने पर सहयोग भी करते हैं।
- वे पारेटो के 80-20 के नियम को लागू करते हैं। अनेक सफल लोग पारेटो के 80-20 नियम को अपनाते हैं, जिसके अनुसार उनके 20 प्रतिशत काम उनके 80 प्रतिशत लक्ष्य को प्राप्त करने में सहायक होते हैं।
- वे टेलीविजन देखने का समय कम कर देते हैं। एक अनुमान के अनुसार अमेरिका में एक औसत व्यक्ति हर हफ्ते लगभग तीस घंटे तक टी.वी. देखता है। इसका अर्थ हुआ कि औसतन एक व्यक्ति साल में पैंसठ दिन टी.वी. देखकर बिताता है! सफल लोग यह समझते हैं कि टी.वी. देखने के समय में हर दिन एक घंटे की कटौती से वे साल में 365 घंटे

या दो महीने का अतिरिक्त समय निकाल लेते हैं, और वे उस समय का सदुपयोग करते हैं। वे इस अतिरिक्त समय का इस्तेमाल किसी नई भाषा को सीखने, पढ़ने या लिखने, किसी वाद्य यंत्र को बजाने की शिक्षा लेने या अपने परिवार के साथ अच्छा समय बिताने के लिए करते हैं।

समय का कुशल प्रबंधन करनेवाले लोगों के उदाहरण—

बेंजामिन फ्रैंकलिन

(अमेरिका की नींव रखनेवालों में से एक)

17 जनवरी, 1706 को जनमे बेंजामिन फ्रैंकलिन एक जाने-माने लेखक, प्रकाशक, राजनीतिक सिद्धांतवादी, नेता, पोस्टमास्टर, वैज्ञानिक, आविष्कारक नागरिक अधिकार कार्यकर्ता, राजनेता और कूटनीतिज्ञ थे। एक वैज्ञानिक के रूप में उन्हें बिजली से जुड़े आविष्कारों और सिद्धांतों के लिए जाना जाता है। एक आविष्कारक के रूप में उन्हें तड़ित चालक, बाइफोकल और फ्रैंकलिन स्टोव समेत अनेक आविष्कारों के लिए जाना जाता है। उन्होंने अनेक नागरिक संगठनों की स्थापना में महत्त्वपूर्ण भूमिका निभाई, जिनमें फिलाडेल्फिया के फायर डिपार्टमेंट तथा एक विश्वविद्यालय शामिल हैं। फ्रैंकलिन ब्रिटिश उपनिवेश के एक महत्त्वपूर्ण शहर फिलाडेल्फिया के एक सफल समाचार-पत्र के संपादक तथा प्रकाशक थे। वह 'पेंसिलवेनिया क्रॉनिकल' नाम के समाचार-पत्र का प्रकाशन करते थे, जिसे अपने क्रांतिकारी तेवर तथा ब्रिटिश सरकार की नीतियों की आलोचना के लिए जाना जाता था। उन्होंने 'पूअर रिचर्ड्स अल्मनैक' और 'पेंसिलवेनिया गजट' का भी प्रकाशन किया।

फ्रैंकलिन ने पेंसिलवेनिया यूनिवर्सिटी की स्थापना में भी एक बड़ी भूमिका निभाई तथा अमेरिकी थियोसोफिकल सोसाइटी के पहले अध्यक्ष चुने गए। एक माहिर कूटनीतिज्ञ होने के कारण फ्रांसीसी लोग उनकी सराहना में उन्हें पेरिस का अमेरिकी मंत्री कहते थे। कई वर्षों तक वह उपनिवेशों में ब्रिटिश पोस्टमास्टर थे। वह सामुदायिक, औपनिवेशिक तथा देश के राजनीतिक मामलों के साथ ही राष्ट्रीय तथा अंतरराष्ट्रीय मामलों में भी सक्रिय थे। 1785 से 1788 तक उन्होंने पेंसिलवेनिया के गवर्नर के रूप में काम किया।

फ्रैंकलिन एक साथ इतने प्रकार के कार्यों से जुड़ी उपलब्धि केवल समय के बेहतर प्रबंधन के कारण ही हासिल कर सके। उन्होंने अपने चरित्र का विकास

तेरह गुणों को प्राप्त करने की योजना के तहत किया, जिसका एहसास उन्हें बीस वर्ष (1726 में) की आयु में हुआ और वह पूरा जीवन उसका अभ्यास करते रहे। उनमें से एक गुण व्यवस्थित रहने का था। उन्होंने कहा था, ''अपनी सारी चीजों को उनकी जगह पर रखो। अपने सारे कार्यों का एक सही समय निश्चित करो।'' समय के प्रबंधन की अपनी तकनीक के तहत उन्होंने 'क्रम का एक नियम' बनाया, जिसकी सहायता से वह, जहाँ तक संभव होता था, अपने दिन के कार्यक्रम को भर दिया करते थे।

लॉरेंस समर्स

(क्लिंटन प्रशासन में वित्त मंत्री)

लॉरेंस 'लैरी' समर्स (30 नवंबर, 1954 को कनेक्टिकल के न्यू हेवन में जन्म) 1983 से 1991 तक हारवर्ड यूनिवर्सिटी में अर्थशास्त्र के प्रोफेसर थे। उन्होंने 2001 से 2006 के बीच हारवर्ड यूनिवर्सिटी के सत्ताईसवें अध्यक्ष की भूमिका भी निभाई। समर्स जिन अन्य बड़े पद या ओहदे पर रहे, उनमें वर्ल्ड बैंक के प्रमुख अर्थशास्त्री, क्लिंटन प्रशासन में वित्त मंत्री तथा राष्ट्रपति ओबामा की राष्ट्रीय आर्थिक परिषद् में निदेशक का पद शामिल है।

समर्स जब हारवर्ड में पढ़ा रहे थे और जब छात्रों ने उनसे कहा कि उन्हें अपना काम समय पर पूरा करने में दिक्कत आ रही है, तब समर्स ने उन्हें अपने काम का लेखा-जोखा रखने की सलाह दी, ठीक उसी तरह जैसे वकील और अकाउंटेंट रखते हैं। उदाहरण के लिए, यदि वे वास्तव में किसी प्रोजेक्ट पर तीस मिनट काम करते हैं, तो वे उस तीस मिनट को लिख लेंगे। समर्स ने छात्रों को सलाह दी कि वे उतना ही समय दर्ज करें, जितना वे नैतिक रूप से किसी क्लाइंट को दे सकते हैं। यदि उन्होंने नाश्ते का ब्रेक लिया, तो उसे लॉग से हटा दें। इस रणनीति को अपनाने के बाद छात्रों को यह एहसास हुआ कि अब वे प्रोजेक्ट पर पहले की अपेक्षा अधिक समय दे पा रहे हैं।

डैनियल स्टील

(अमेरिकी उपन्यासकार)

अमेरिकी उपन्यास लेखिका डैनियल स्टील का जन्म 14 अगस्त, 1947 को

न्यूयॉर्क के न्यूयॉर्क सिटी में हुआ था। वह सबसे ज्यादा पढ़ी जानेवाली लेखिका हैं, जो जीवित हैं तथा अब तक की चौथी सबसे अधिक पढ़ी जानेवाली लेखिका हैं, जिनकी आठ सौ मिलियन से भी अधिक पुस्तकें बिक चुकी हैं। स्टील को एक साल में कई पुस्तकें लिख डालने के लिए जाना जाता है, और वह अकसर एक साथ पाँच प्रोजेक्ट पर किसी बाजीगर की तरह काम करती हैं। बेस्ट सेलिंग उपन्यास लिखने के साथ ही स्टील ने बच्चों की कहानी और कविताएँ भी लिखी हैं। उनकी किताबों का अट्ठाईस भाषाओं में अनुवाद किया गया है तथा बाईस पर टी.वी. कार्यक्रम बन चुके हैं, जिनमें से दो को गोल्डन ग्लोब का नॉमिनेशन भी मिल चुका है।

स्टील समय की बचत के लिए 'भौगोलिक अर्थशास्त्र' की तकनीक का प्रयोग करती हैं। वह तब तक प्रतीक्षा करती हैं, जब तक कि शहर के किसी इलाके में किए जानेवाले कई काम इकट्ठा नहीं हो जाते और वे बार-बार जाने की बजाय उन्हें एक बार जाकर ही निपटा देती हैं।

हेमा मालिनी

(बॉलीवुड अभिनेत्री)

हेमा मालिनी (16 अक्तूबर, 1948 को जन्म) एक बॉलीवुड एक्ट्रेस हैं। 'ड्रीम गर्ल' के नाम से मशहूर मालिनी ने चालीस साल के कॅरियर में एक सौ पचास से भी अधिक हिंदी फिल्मों में काम किया है। मालिनी भारतीय शास्त्रीय नृत्य की तीन शैलियों—भरत नाट्यम, कुचिपुडी और ओडिसी में पारंगत हैं। इसके साथ ही उन्होंने भारत तथा दुनिया के अनेक देशों में अनगिनत मंचों पर अपने नृत्य की भी प्रस्तुति की है। उन्होंने बॉलीवुड की फिल्म 'दिल आशना है' का निर्देशन भी किया है।

भारतीय जनता पार्टी (बीजेपी) की सदस्य होने के नाते मालिनी भारतीय राजनीति में भी पूरी तरह सक्रिय हैं। भारतीय संसद् के ऊपरी सदन राज्यसभा में छह साल का पहला टर्म पूरा करने के बाद 2014 में वह निचले सदन लोकसभा के लिए भी निर्वाचित हुईं। मालिनी एक समर्पित गृहिणी भी हैं। उनकी दो बेटियाँ हैं और उनके पति धर्मेंद्र बॉलीवुड एक्टर हैं।

मालिनी यह मानती हैं कि उन्होंने इतने तरह की गतिविधियाँ करने की उपलब्धि इस कारण हासिल की, क्योंकि वह समय का प्रबंधन बहुत अच्छी तरह करती हैं। बॉलीवुड की ब्यूटी क्वीन कहती हैं, ''मैं सबकुछ समय पर करती हूँ।''

डॉ. श्रीकुमारन नायर

(मेयो क्लीनिक में मेडिसिन के प्रोफेसर)

डॉ. श्रीकुमारन नायर मिनेसोटा के रोचेस्टर में प्रतिष्ठित मेयो क्लीनिक में मेडिसिन के विख्यात प्रोफेसर हैं। लगभग तीन दशक से डॉ. नायर के रिसर्च कार्यक्रम ने ऊर्जा चयापचय और डायबिटीज तथा बुढ़ापे में प्रोटीन में बदलाव पर अपने आपको केंद्रित रखा है। न्यूयॉर्क स्टेट यूनिवर्सिटी से एम.डी. करने के अलावा डॉ. नायर ने एम.आर.सी.पी. (यू.के.) और लंदन स्थित काउंसिल ऑफ नेशनल एकेडमिक अवॉर्ड्स से लाइफ साइंस में पी-एच.डी. किया है।

डॉ. नायर के मित्रों और सहकर्मियों ने सदा ही उनके समय-प्रबंधन के कौशल की सराहना की है। उदाहरण के लिए—डॉ. विजय कंदमपुल्ली, जो केरल में त्रिवेंद्रम मेडिकल कॉलेज में डॉ. नायर के क्लासमेट और अभिन्न मित्र थे, कहते हैं, ''आप जब इस व्यक्ति को लंबे समय तक काम करते हुए, एक प्रोफेसर के रूप में छात्रों को पढ़ाते हुए, अपनी लैब में रिसर्च करते हुए, विभिन्न देशों में बैठकों में शामिल होते हुए, वर्ल्ड डायबेटिक एसोसिएशन के अध्यक्ष पद पर रहते हुए, मेयो क्लीनिक जिम में नियमित रूप से व्यायाम करते हुए और परिवार के साथ समय बिताने के लिए घर आते हुए देखेंगे, तो आप समझ जाएँगे कि ये सारे काम समय के प्रबंधन से ही संभव होते हैं।''

डॉ. कंदमपुल्ली को यह भी अच्छी तरह याद है कि छात्र जीवन से ही डॉ. नायर समय का बेहतर प्रबंधन करते थे। वह कहते हैं, ''मेडिकल की पढ़ाई के चौथे वर्ष में डॉ. नायर त्रिवेंद्रम मेडिकल कॉलेज के सेक्रेटरी थे। फिर उन्हें ऑल इंडिया मेडिकल स्टूडेंट्स के सचिव के रूप में चुना गया और उन्होंने 1971 में कोपनहेगन में आयोजित इंडियन मेडिकल स्टूडेंट कॉन्फ्रेंस में भारत का प्रतिनिधित्व किया। डॉ. नायर ने 1971 में त्रिवेंद्रम मेडिकल कॉलेज में पहली मेडिकल प्रदर्शनी का आयोजन भी किया, जिसे जबरदस्त सफलता मिली। वह इतने सारे काम अपनी पढ़ाई के साथ-साथ कर रहे थे और उन्होंने उतने ही समय में सारी परीक्षाओं में अच्छे अंक भी प्राप्त किए।''

डॉ. राजन नारायणन मेलकरियथ

(फैमिली फिजीशियन)

डॉ. राजन नारायणन मेलकरियथ (उनके पेशेंट उन्हें डॉ. राजन कहते हैं)

केयरफिली के बेडवास में एक फैमिली फिजीशियन हैं, जो ब्रिटेन के वेल्स स्थित कारडिफ का बाहरी सुदूर इलाका है। 1986 में उन्होंने जब केयरफिली में प्रैक्टिस शुरू की तब एक भी मरीज नहीं था और फिर धीरे-धीरे उनके पास आनेवाले मरीजों की संख्या आठ हजार तक पहुँच गई तथा उनके साथ छह और डॉक्टर जुड़ गए। वह अपनी मेडिकल प्रैक्टिस में कई घंटे गुजार देते हैं। कई बार लंबे समय से चली आ रही बीमारियों का इलाज पूरी तरह करने के लिए सरल तरीकों का प्रयोग करते हैं। वास्तव में डॉ. राजन का जोर हमेशा से ही अपने मरीजों की बीमारी को दूर करना रहा है, न कि अस्थायी राहत देकर काम खत्म कर लेना। इस मकसद से वह एक्यूपंक्चर और इलेक्ट्रोएक्यूपंक्चर जैसे वैकल्पिक उपायों को अपनाते हैं।

सुबह 8 बजे से शाम 6 बजे तक पूर्णकालिक फैमिली डॉक्टर के रूप में काम करने के साथ ही, डॉ. राजन वीकेंड और शाम को अतिरिक्त समय में भी चिकित्सा का कार्य करने लगे। वह साउथ वेल्स में पुलिस सर्जन भी थे। डॉ. राजन एक माली भी हैं और वह अपने घर के पीछे स्थित बगीचे में स्ट्रॉबेरी, शतावरी तथा टमाटर उपजा लेते हैं। इसके साथ ही वह सामाजिक रूप से भी सक्रिय हैं। उदाहरण के लिए, उन्होंने वेल्स में त्रिवेंद्रम मेडिकल ग्रेजुएट्स संघ की स्थापना में सहायता की और वह कमेटी के सक्रिय सदस्य भी हैं। अपने पेशेवर और निजी जीवन में डॉ. राजन की सफलता मुख्य रूप से उनके समय के बेहतर प्रबंधन, समय से आगे सोचने की उनकी क्षमता तथा धन के प्रबंधन के साथ ही वर्तमान और अतीत के अपने सहकर्मियों तथा मित्रों के साथ जुड़े रहने के कारण हासिल हुई है।

एम.एम. मोनाय

(भारतीय वकील और कार्टूनिस्ट)

एम.एम. मोनाय एक प्रतिष्ठित और सफल वकील हैं, जो भारत के केरल उच्च न्यायालय में वकालत करते हैं। केरल के एर्नाकुलम में 28 नवंबर, 1955 को जनमे मोनाय एक जाने-माने कार्टूनिस्ट भी हैं। दैनिक अखबार 'मलाया मनोरमा' तथा 'देशाभिमानी' में छपनेवाले उनके कार्टून बेहद लोकप्रिय हैं। उन्हें ऑयल और वाटर कलर पेंटिंग का भी जबरदस्त शौक है तथा पेंटिंग बनाकर वह हर दिन अपने आपको एक सुकून देते हैं।

मोनाय राजनीतिक रूप से सक्रिय हैं और 2006 से 2011 तक वह केरल विधानसभा के सदस्य भी थे। वह केरल के सहकारी आंदोलन से भी पूरी तरह

जुड़े रहे तथा 2011 तक लगातार बीस वर्षों की अवधि के दौरान एर्नाकुलम जिला सहकारी बैंक के अध्यक्ष थे। उनके नेतृत्व में बैंक ने भारी मात्रा में सुरक्षित धन जुटा लिया।

मोनाय द्वारा एक वकील, कार्टूनिस्ट तथा सामाजिक कार्यकर्ता के रूप में जीवन में जबरदस्त सफलता प्राप्त करने का रहस्य उनके कुशल समय प्रबंधन को ही माना जा सकता है। उनकी जीवनशैली अत्यंत अनुशासित तथा व्यवस्थित है। यही नहीं, उनका दैनिक जीवन भी चरणबद्ध होता है। एकदम जमीनी व्यक्तित्व के कारण मोनाय का व्यवहार एकदम शांत और सुखद होता है तथा जीवन के प्रति उनकी सोच गरिमामयी है।

आप भी समय का कुशल प्रबंधन कर सकते हैं—

- हर दिन किए जानेवाले कार्यों की सूची बनाएँ तथा उनके महत्त्व के अनुसार उन्हें प्राथमिकता दें।
- दौरे, दैनिक रूटीन और उन कार्यों की चेकलिस्ट तैयार करें, जो नियमित रूप से नहीं किए जाते। इस पद्धति के प्रयोग से आप समय की बचत कुशलता से कर सकेंगे।
- घर और अपने काम की जगह पर चीजों को साफ, व्यवस्थित ढंग से रखें, जिससे कि आवश्यकता पड़ने पर आप आसानी से उन्हें हासिल कर सकें।
- काम को उलटे क्रम में करें, ताकि उनके लिए उठाए जानेवाले कदमों और आवश्यक समय का अनुमान लग सके।
- विभिन्न तकनीकों और अभ्यासों से द्रुत गति से सीखना और पढ़ना सीखें।
- अधिकांश परिस्थितियों में 'पिग्गीबैक सिद्धांत' को अपनाएँ। उदाहरण के लिए, किसी विशेष इलाके में किए जानेवाले कामों की सूची तैयार करें, जिससे कि एक बार जाकर ही आप उन सभी को निपटा सकें।
- अपने छिपे समय का सही उपयोग करने के लिए किसी की प्रतीक्षा करते समय या लाइन में खड़े रहते समय पढ़ने, हवाई सफर में लिखने या चलते समय फोन करें।
- किसी कार्य को बिना बाधा पूर्ण करने के लिए समय को खंडों में बाँट लें।

- सबसे कठिन या जटिल कार्य को पहले निपटाएँ और आसान कार्यों को पहले निपटाने का विचार लाकर कार्यों के बीच भेदभाव करने से बचें।
- सदुपयोगी कार्यों में अपने समय और अपनी ऊर्जा को लगाने की बजाय समय व्यर्थ करनेवाले कार्यों को करने से बचें।
- दूसरों को अपना समय बरबाद करने न दें। उदाहरण के लिए, दूसरों की समस्याएँ और जिम्मेदारियाँ मोल न लें। बैठकों, मुलाकातों और ऐसे सामाजिक समारोहों से बचें जो समय बरबाद कर सकते हैं। इसके साथ ही, अगर आवश्यक हो तो 'न' कहने से भी नहीं हिचकें।
- अपनी बुरी आदतों की सूची बना लें, जो समय बरबाद करते हैं तथा नकारात्मक प्रभाव डालते हैं। और फिर उन बुरी आदतों को दूर करने का फैसला कर लें।
- उन कार्यों को दूसरों को सौंप दें, जो उन्हें अच्छी तरह और तेजी से निपटा सकते हैं। इससे आपको उन कार्यों के लिए समय मिल जाएगा जिन पर आपको पूरा ध्यान लगाना है।
- अपने टी.वी. देखने के समय को कम करें तथा बचे हुए समय का सदुपयोग उत्पादक कार्यों में करें।

□

11

सफल लोग सुबह उठते हैं

"जल्दी सोने और सुबह जल्दी उठने से व्यक्ति स्वस्थ, धनी और बुद्धिमान बनता है।"

—बेंजामिन फ्रैंकलिन

"सुबह का एक घंटा नष्ट कर दीजिए, और फिर आप पूरे दिन उसे ढूँढ़ते रहेंगे।"

—रिचर्ड व्हाटले

अनेक सफल लोगों की आदत होती है कि वे एकदम सुबह उठते हैं। राजनेता, राजनीतिज्ञ, सामुदायिक और धार्मिक हस्तियाँ, लेखक, कलाकार और खिलाड़ियों के साथ ही जीवन के सभी क्षेत्रों से आनेवाले लोग इनमें शामिल होते हैं। सामान्य रूप से ये लोग सुबह 5 बजे या उससे भी पहले उठते हैं। उन्हें सुबह उठने के तमाम फायदों की जानकारी होती है। पहली बात यह कि रात भर अच्छी नींद लेने के कारण उनका शरीर और मन तरोताजा, स्वच्छ, शांत और ऊर्जा से भरपूर रहता है। दूसरा, सुबह का समय शांत और स्थिर होता है, जिसमें किसी प्रकार का भटकाव या बाधा नहीं होती। तीसरा, समय पर बेहतर नियंत्रण संभव हो पाता है और वे काफी कुछ हासिल कर पाते हैं। इन कारणों से उनके सुबह के घंटे अधिक उत्पादक और केंद्रित होते हैं तथा वे अधिक एकाग्रता और ध्यान लगाकर काम कर पाते हैं।

पोप फ्रांसिस, अर्नेस्ट हेमिंग्वे, जॉन ग्रिशम जूनियर, टोनी मॉरिसन, टिम कुक, और रॉबर्ट इगर के विषय में जानकर आप उनके मार्ग पर चलने से मिलनेवाले फायदों पर यकीन कर लेंगे।

सुबह उठनेवाले लोगों के सामान्य लक्षण—

- वे अपने पसंदीदा काम के लिए एकदम सुबह के समय का इस्तेमाल करते हैं। उदाहरण के लिए, अपनी अभिरुचि के अनुसार वे इस समय का उपयोग पढ़ने, लिखने, व्यायाम करने, पेंटिंग, स्केचिंग, संगीत का अभ्यास करने, योगाभ्यास, टहलने, साइकिल चलाने, तैराकी या दौड़ने के लिए करते हैं। उनमें सुबह में जागने की प्रेरणा होती है। एक बार उन्हें सुबह उठने की आदत पड़ जाती है, तो वे इस बहुमूल्य समय के उपयोग के लिए तत्पर रहते हैं। चूँकि वे स्वत: प्रेरित होते हैं और जो कुछ करते हैं उसका भरपूर आनंद उठाते हैं, इसलिए वे इस समय को बिल्कुल बरबाद नहीं करना चाहते हैं। उनमें से कई इस समय का उपयोग अपने कॅरियर को बेहतर बनाने, कारोबार को फैलाने या नए विचारों और नई परियोजनाओं पर मंथन के लिए करते हैं। वे नए शौक के लिए या अपने शौक को आगे बढ़ाने के लिए भी इस समय का इस्तेमाल करते हैं।
- सुबह उठने की इस आदत को बनाए रखने के लिए सफल लोग सोने के लिए जाने के समय का पालन पूरी सख्ती और अनुशासन से करते हैं। वे स्वास्थ्यवर्धक भोजन करते हैं और शाम को उत्तेजकों का प्रयोग नहीं करते।

सुबह जल्दी उठनेवाले लोगों के उदाहरण—

पोप फ्रांसिस

(कैथोलिक चर्च के वर्तमान पोप)

जॉर्ज मारियो बरगॉगलियो के रूप में 17 दिसंबर, 1936 को जनमे पोप फ्रांसिस कैथोलिक चर्च के पोप हैं। अर्जेंटीना के ब्यूनस आयर्स में जनमे बरगॉगलियो को 1969 में एक कैथोलिक पादरी बनाया गया, 1998 में वह ब्यूनस आयर्स आर्चबिशप बने तथा 2001 में पोप जॉन पॉल ने उन्हें कार्डिनल बनाया। 28 फरवरी, 2013 को पोप बेनेडिक्ट चौदहवें के इस्तीफे के बाद, पोप की एक सभा ने बरगॉगलियो को 13 मार्च, 2013 को उनका उत्तराधिकारी चुना। पोप के रूप में उन्होंने असीसी के संत फ्रांसिस के सम्मान में अपना नाम फ्रांसिस रखा। फ्रांसिस पहले जेसुइट पोप हैं, जो अमेरिका से आनेवाले पहले पोप हैं। दक्षिणी गोलार्ध से आनेवाले पहले पोप हैं

तथा 741 में पोप ग्रेगरी तृतीय के बाद पहले गैर-यूरोपीय पोप हैं। पोप फ्रांसिस को उनकी विनम्रता और गरीबों का खयाल रखने के लिए जाना जाता है। वह पोप के पद को लेकर बेहद सादगी भरी सोच और कम-से-कम औपचारिकता भरा रवैया रखने के लिए जाने जाते हैं। पोप फ्रांसिस लंबे समय से प्रार्थना के प्रति समर्पित हैं और वह उसके लिए पर्याप्त समय निकालते हैं। वह सुबह 4:30 बजे उठते हैं, ताकि उन्हें हर दिन ध्यान लगाने के लिए किसी प्रकार की हड़बड़ी न करनी पड़े।

नरेंद्र मोदी

(भारत के प्रधानमंत्री)

नरेंद्र मोदी का जन्म 17 सितंबर, 1950 को भारत के राज्य, गुजरात के मेहसाणा में किराना का कारोबार करनेवाले एक परिवार में हुआ था। 26 मई, 2014 को वह भारत के 15वें प्रधानमंत्री बने। इससे पहले वह 2001 से मई 2014 तक गुजरात के मुख्यमंत्री थे। मोदी की प्रशंसा उनकी आर्थिक नीतियों के लिए की गई है, जिन्हें गुजरात में विकास की उच्च दर के लिए माहौल तैयार करने का श्रेय दिया जाता है।

मोदी हर दिन सुबह 5 बजे जागते हैं और योग के आसन तथा प्राणायाम करते हैं। वह कहते हैं कि योग और प्राणायाम के कारण ही वह हर रात कुछ घंटे सोकर ही तरोताजा रहते हैं।

जॉन ग्रिशम जूनियर

(अमेरिकी उपन्यासकार)

8 फरवरी, 1955 को जनमे जॉन ग्रिशम जूनियर अमेरिका के एक जाने-माने लेखक हैं, जिनके कानून पर आधारित थ्रिलर मशहूर हैं। 2012 तक की बात करें तो दुनिया भर में उनकी 275 मिलियन से अधिक पुस्तकें बिक चुकी थीं। ग्रिशम 'गैलेक्स ब्रिटिश बुक अवॉर्ड्स' विजेता हैं, जो तीन लेखकों में से एक हैं, जिनकी किताब की पहली ही प्रिंट की दो मिलियन प्रतियाँ बिक गईं। अन्य दो में टॉम क्लांसी और जे.के. राउलिंग शामिल हैं।

आधुनिक कानूनी थ्रिलर के तौर पर लोकप्रिय होने से बहुत पहले ही, ग्रिशम मिसिसिपी के साउथेवेन में एक वकील के तौर पर हर हफ्ते साठ से सत्तर घंटे काम

कर रहे थे। अपनी भयंकर व्यस्तता के बावजूद ग्रिशम एक उपन्यास लिखना चाहते थे। इस सपने को सच करने के लिए उन्होंने दिनचर्या में तब्दीली की और सुबह 5 बजे उठकर अपने उपन्यास को लिखना शुरू किया। एक साल के भीतर ग्रिशम की पांडुलिपि तैयार हो चुकी थी और वह प्रकाशकों के पास भेजी जा सकती थी। पूर्णकालिक लेखक बनने के बाद भी, वह आज भी सुबह 5 बजे ही उठ जाते हैं।

टोनी मॉरिसन

(अमेरिकी उपन्यासकार)

टोनी मॉरिसन का जन्म 18 फरवरी, 1931 को ओहिया के लोरेन में हुआ था। उन्होंने 1953 में होवार्ड यूनिवर्सिटी से अंग्रेजी में बी.ए. की डिग्री हासिल की। 1955 में उन्होंने कॉरनेल यूनिवर्सिटी से अंग्रेजी में एम.ए. किया। वह टेक्सास के ह्यूस्टन में टेक्सास सदर्न यूनिवर्सिटी, होवार्ड यूनिवर्सिटी, येल यूनिवर्सिटी और बार्ड कॉलेज में पढ़ा चुकी हैं। मॉरिसन के सबसे लोकप्रिय उपन्यासों में शामिल हैं—'द ब्लूएस्ट आई', 'सुला', 'सॉन्ग ऑफ सोलोमन' और 'बिलवेड'। बिलवेड के लिए उन्हें 1988 में 'पुलित्जर पुरस्कार' मिला तथा 1993 के साहित्य के 'नोबेल पुरस्कार' से भी सम्मानित किया गया।

मॉरिसन ने लिखने के लिए सुबह 5 बजे उठना शुरू किया, ताकि बच्चे खलल न डालें; लेकिन समय के साथ यह उनकी आदत बन गई।

हारुकी मुराकामी

(समकालीन जापानी लेखक)

हारुकी मुराकामी का जन्म 12 जनवरी, 1949 को जापान के क्योटो में हुआ था। मुराकामी ने टोक्यो स्थितं वसेदा यूनिवर्सिटी में ड्रामा की पढ़ाई की, जहाँ उनकी मुलाकात अपनी होनेवाली पत्नी योको से हुई। मुराकामी एक समर्पित मैराथन धावक और ट्रायथलन प्रेमी भी हैं। मुराकामी न केवल जापान के सबसे प्रयोगवादी उपन्यासकार हैं, जिनके उपन्यासों का अनुवाद पचास भाषाओं में किया गया, बल्कि उनकी लोकप्रियता भी सबसे अधिक है, जिनके उपन्यास लाखों की संख्या में दुनिया भर में बिक चुके हैं। मुराकामी के सबसे उल्लेखनीय उपन्यासों में 'अ वाइल्ड शिप चेज', 'नॉरवेयन वुड', 'द वाइंड अप बर्ड क्रॉनिकल', 'काफ्का ऑन द शोर' और

'आईक्यू 84' शामिल हैं। मुराकामी सुबह 4 बजे उठते हैं और फिर कई घंटे तक काम करते हैं। वह दोपहर में दौड़ लगाते हैं और रात 9 बजे बिस्तर पर चले जाते हैं।

टिम कुक

(एप्पल के सी.ई.ओ.)

टिमोथी डोनाल्ड कुक एक अमेरिकी बिजनेस एग्जीक्यूटिव हैं, जिन्होंने स्टीव जॉब्स के बाद 24 अगस्त, 2011 को एप्पल के सी.ई.ओ. का पद सँभाला। उनका जन्म 1 नवंबर, 1960 को अमेरिका के अलाबामा के मोबाइल में हुआ था। 1982 में उन्होंने ऑबर्न यूनिवर्सिटी से इंडस्ट्रियल इंजीनियरिंग में बी.एस. की डिग्री हासिल की तथा 1988 में ड्यूक यूनिवर्सिटी से एम.बी.ए. किया।

कुक ने 12 वर्ष आई.बी.एम. के पर्सनल कंप्यूटर बिजनेस में बिताया, जिसमें अंततः उन्होंने नॉर्थ अमेरिकन फुलफिलमेंट के निदेशक का पद सँभाला। बाद में उन्होंने इंटेलिजेंट इलेक्ट्रॉनिक्स के कंप्यूटर रिसेलर डिवीजन में सी.ई.ओ. के पद पर काम किया, तथा कॉमपैक के कॉरपोरेट मैटेरियल्स में वह उपाध्यक्ष बने।

कुक सुबह 4:30 बजे उठ जाते हैं और अपने दिन के कार्यक्रम सुबह-सुबह ही तय कर लेते हैं।

रॉबर्ट इगर

(वाल्ट डिज्नी कंपनी के सी.ई.ओ.)

रॉबर्ट इगर एक अमेरिकी कारोबारी तथा द वाल्ट डिज्नी कंपनी के चेयरमैन और सी.ई.ओ. हैं। इगर का जन्म 10 फरवरी, 1951 को न्यूयॉर्क के लॉन्ग आईलैंड में हुआ था। इगर ने ग्रेजुएशन से पहले की पढ़ाई इथाका कॉलेज से की, जहाँ उन्होंने टेलीविजन और रेडियो में मैग्ना कम लाउडे, यानी जबरदस्त अंकों से बैचलर ऑफ साइंस की डिग्री हासिल की।

इगर ने डिज्नी के कभी न भूलनेवाली कहानियों को सुनाने की समृद्ध परंपरा को आगे बढ़ाया है और इसके लिए उन्होंने मनोरंजन उद्योग की तीन सबसे महान् कंपनियों पिक्सर (2006), मारवेल (2009) और लुकासफिल्म (2012) का अधिग्रहण किया। उन्होंने नए और विभिन्न प्रकार के मंचों पर रचनात्मक विषयवस्तु की प्रस्तुति से डिज्नी को मनोरंजन जगत् की सबसे लोकप्रिय कंपनी बना दिया है।

इगर नियमित रूप से सुबह 4:30 बजे उठते हैं और सुबह के इस समय का उपयोग उस दिन की अपनी गतिविधियों की योजना बनाने के लिए करते हैं।

अल शार्पटन जूनियर

(अमेरिकी बैपटिस्ट पादरी, नागरिक अधिकार कार्यकर्ता)

अल्फ्रेड शार्पटन जूनियर एक अमेरिकी बैपटिस्ट पादरी, नागरिक अधिकार कार्यकर्ता तथा टेलीविजन और रेडियो टॉक शो होस्ट हैं। उनका जन्म 3 अक्तूबर, 1954 को न्यूयॉर्क सिटी के ब्रुकलिन में ब्राउंसविले इलाके में हुआ था। शार्पटन ने अपनी स्कूली शिक्षा ब्रुकलिन के सैमुएल जे. टिल्डेन हाई स्कूल से प्राप्त की, और फिर ब्रुकलिन कॉलेज में दाखिला लिया। 1975 में उन्होंने कॉलेज की पढ़ाई दो साल के लिए बीच में ही छोड़ दी। न्यूयॉर्क सिटी के पूर्व मेयर एड कोच ने कहा कि काले अमेरिकियों के बीच शार्पटन को जो सम्मान मिलता है, वह उसके हकदार हैं—"वह उनके लिए जेल जाने को तैयार रहते हैं और जब भी आवश्यकता पड़ती है, वह हाजिर रहते हैं।" राष्ट्रपति बराक ओबामा ने कहा, "शार्पटन बेजुबानों की जुबान हैं और बेसहारा लोगों के रक्षक हैं।"

शार्पटन सुबह लगभग 5 बजे उठ जाते हैं और सुबह 6 बजे तक वह न्यूयॉर्क सिटी के अपर वेस्ट साइड अपार्टमेंट स्थित जिम में पहुँच जाते हैं।

मार्गरेट थैचर

(ब्रिटेन की पूर्व प्रधानमंत्री)

मार्गरेट थैचर (1925-2013) 1979 से 1990 तक ब्रिटेन की प्रधानमंत्री और 1975 से 1990 तक कंजरवेटिव पार्टी की नेता थीं। वह बीसवीं सदी की ब्रिटेन की सबसे लंबे समय तक काम करनेवाली प्रधानमंत्री थीं तथा उस पद पर रहनेवाली वह एकमात्र महिला थीं। एक सोवियत पत्रकार ने उन्हें 'द आयरन लेडी' कहा। ये नाम कभी ने झुकनेवाली राजनीति और नेतृत्व शैली का प्रतीक बन गया। प्रधानमंत्री के रूप में उन्होंने जिन नीतियों को लागू किया, उन्हें थैचरवाद के नाम से जाना जाता है। थैचर मूल रूप से एक रिसर्च केमिस्ट थीं, जिसके बाद वह एक वकील बनीं। थैचर को सुबह जल्दी उठने की आदत थी और उनके दिन की शुरुआत सुबह 5 बजे हो जाती थी।

थॉमस जेफरसन

(अमेरिका के संस्थापक)

थॉमस जेफरसन (1743-1826) अमेरिका के संस्थापक, स्वतंत्रता की घोषणा (1776) के प्रमुख लेखक, अमेरिका के तीसरे राष्ट्रपति (1801-09) तथा वर्जीनिया यूनिवर्सिटी की संस्थापक थे। उन्होंने एक नए अमेरिका की आवाज जोर-शोर से उठाई और इस माँग को उठाने में उनका कोई सानी नहीं था। एक सरकारी अधिकारी, इतिहासकार, दार्शनिक तथा बागान के मालिक के रूप में उन्होंने पाँच दशकों से भी अधिक समय तक अपने देश की सेवा की।

जेफरसन हर दिन एकदम सुबह उठ जाया करते थे। वह कहते थे, ''चाहे मैं बिस्तर पर जल्दी जाऊँ या फिर देर से, लेकिन मेरी नींद सूरज की पहली किरण के साथ ही खुल जाती है।''

जॉज वॉशिंगटन कार्वर

(अमेरिकी वैज्ञानिक)

जॉर्ज वॉशिंगटन कार्वर (1864-1943) एक अमेरिकी वैज्ञानिक, वनस्पति विज्ञानी, शिक्षाविद् और आविष्कारक थे। कार्वर का जन्म मिसौरी के डायमंड में गुलामी में ही हुआ। उन्होंने 1896 में आयोवा स्टेट कॉलेज से एग्रीकल्चर में मास्टर डिग्री हासिल की। वह बुकर टी. वॉशिंगटन के टस्केगी इंस्टीट्यूट में लगभग बीस वर्षों तक कृषि विभाग के विभागाध्यक्ष रहे। कार्वर की पहचान कपास की बजाय मूँगफली, सोयाबीन और शकरकंद जैसी वैकल्पिक फसलों से जुड़े शोध से बनी। इस शोध के फलस्वरूप खेती करनेवाले किसान परिवार के सदस्यों का पोषण बेहतर हुआ। वह चाहते थे कि किसान वैकल्पिक फसलों की खेती करें, जिससे कि न केवल उनकी आमदनी बढ़े बल्कि उनसे कुछ ऐसे उत्पाद भी तैयार हों, जिनसे उनके जीवन-स्तर में सुधार हो। कार्वर ने मूँगफली के प्रयोग से लगभग सौ उत्पाद तैयार किए, जिनमें डाई, प्लास्टिक और पेट्रोल शामिल हैं।

कार्वर को सुबह जल्दी उठने की आदत थी। उन्होंने कहा था कि वह सुबह उठते हैं, ताकि ईश्वर से बात कर यह पूछ सकें कि उस दिन के लिए उनका क्या आदेश है।

अर्नेस्ट हेमिंग्वे

(अमेरिकी उपन्यासकार)

अर्नेस्ट हेमिंग्वे (1899-1961) बीसवीं सदी के महान् उपन्यासकारों में से एक थे। उनकी ख्याति 'द सन ऑलसो राइजेज', 'अ फेयरवेल टू आर्म्स', 'फॉर हूम द बेल टॉल्स' और 'द ओल्ड मैन एंड द सी' जैसे उपन्यासों के कारण फैली, जिसने उन्हें 1953 का 'पुलित्जर पुरस्कार' भी दिलाया। 1954 में हेमिंग्वे को साहित्य का 'नोबेल पुरस्कार' भी मिला। उनके सादगी भरे जीवन तथा आडंबररहित शैली ने बीसवीं सदी के उपन्यास पर एक अमिट छाप छोड़ी। यही नहीं, उनका रोमांचपूर्ण और सार्वजनिक जीवन आनेवाली पीढ़ी के लिए एक आदर्श भी बना। हेमिंग्वे को एकदम सुबह उठकर लिखने की आदत थी, क्योंकि उस वक्त न ध्यान भटकता है और न ही किसी प्रकार की खलल पड़ती है। अमूमन वह सुबह 5 बजे से 6 बजे के बीच लिखना शुरू कर देते थे और फिर दोपहर तक लेखन में जुटे रहते थे।

आप भी सुबह जल्दी उठने की आदत डाल सकते हैं--

- सुबह उठने की इच्छाशक्ति पैदा कीजिए और आदत डालिए।
- इसकी शुरुआत के लिए अपने सोने जाने के समय से एक घंटे पहले बिस्तर पर जाना शुरू कीजिए, ताकि आप अपने उठने के सामान्य समय से एक घंटा पहले उठ सकें।
- आपको जो अच्छा लगता हो या आपको जिसका शौक हो, वह काम एकदम सुबह उठकर कीजिए। उन कामों की वजह से आपको सुबह उठने की प्रेरणा मिलेगी।
- अनुशासित जीवन जिएँ और रात को बिल्कुल सही समय पर सोने चले जाएँ।
- स्वास्थ्यवर्धक भोजन करें और शाम को उत्तेजक ग्रहण न करें।
- एक बार आपको सुबह जल्दी उठने की आदत पड़ जाए तो आप उस समय में अपने किसी भी सपने को साकार करने से जुड़े काम कर सकते हैं।

□

12

सफल लोग उत्कृष्टता का ध्येय रखते हैं

''यदि लोग यह जान लें कि महारत हासिल करने के लिए मुझे कितनी कड़ी मेहनत करनी पड़ी तो उन्हें मेरे कार्य को देख कोई आश्चर्य नहीं होगा।''

—माइकल एंजेलो

''सामान्य व्यक्ति अपने काम में अपनी सिर्फ 25 प्रतिशत ऊर्जा और क्षमता को लागू करता है। यह संसार उन लोगों को सलाम करता है, जो अपनी क्षमता का 50 प्रतिशत से अधिक इस्तेमाल करते हैं और उन बिरले लोगों के आगे नतमस्तक हो जाता है, जो अपना 100 प्रतिशत लगा देते हैं।''

—एंड्रयू कारनेगी

''अपना पूरा मन उस काम के प्रति एकाग्रता से लगा दें, जो आपको करना है। सूरज की किरणें भी तब तक नहीं जलातीं, जब तक कि उन्हें एक केंद्रित किरण का रूप नहीं दे दिया जाता है।''

—एलेग्जेंडर ग्राहम बेल

उत्कृष्टता का ध्येय रखना सफल लोगों के जीवन का अभिन्न अंग होता है। वे इस बात को अच्छी तरह समझते हैं कि उत्कृष्टता का लक्ष्य रखना एक सराहनीय कार्य है और उत्कृष्टता प्राप्त करने के लिए उन्हें अपने मन-मस्तिष्क को उस कार्य में लगा देना चाहिए, जो उन्हें सौंपा जाता है। अपने ध्यान को एकाग्रचित्त रखने के साथ ही वे औसत स्तर को अनदेखा करते हैं और अपने वादों को पूरा करने के लिए अधिक-से-अधिक परिश्रम करते हैं। वे आत्म-अनुशासित होते हैं,

कड़ी मेहनत करते हैं तथा अपने प्रदर्शन में निरंतर सुधार करते रहते हैं।

माइकल एंजेलो, चार्ली चैपलिन, विंस लोम्बार्डी, रे क्रोक और माइकल जैक्सन उन चुनिंदा सफल लोगों में शामिल हैं, जिन्होंने उत्कृष्टता के लिए अथक परिश्रम किया। उनके जीवन से प्रेरणा लेकर ही हम उत्कृष्टता का ध्येय रखते हैं और जीवन में सफल होते हैं।

उत्कृष्टता का ध्येय रखनेवाले सफल लोगों के सामान्य लक्षण—

- वे उत्कृष्टता को अपनाते हैं। वे औसत स्तर को तुच्छ समझते हैं और उस काम से संतुष्ट नहीं होते, जो किसी तरह से अच्छा होता है। जब वे किसी काम को करते हैं या जिम्मेदारी निभाते हैं तो वे उसे उत्कृष्ट बनाने के रास्ते तलाशते हैं, जिससे कि उनका काम एकदम अलग दिखाई दे।
- वे दूसरों से आगे जाकर मेहनत करते हैं। वे निरंतर रूप से अपने वादों को जरूरत से अधिक पूरा करते हैं। वे जानते हैं कि उम्मीद से अधिक काम करने से वे खुद को अधिक मूल्यवान और ऐसा बना देते हैं कि उनका होना अनिवार्य हो जाता है। उन्हें प्रमोशन, बोनस, वेतनवृद्धि और अतिरिक्त भत्ता और पहचान जैसे फायदे मिलते हैं। वे इस आत्मविश्वास के साथ बिना कोई लाभ लिये ही अतिरिक्त प्रयास करते हैं कि अंततः उन्हें उनके प्रयासों से पहचान और लाभ अवश्य मिलेगा।
- वे कड़ी मेहनत करते हैं। बेहतरीन कार्य करने की दिशा में वे बिना रुके कड़ी मेहनत करने के लिए तैयार रहते हैं। उत्कृष्टता की प्राप्ति के लिए वे धैर्य, दृढ़ता, जोश, लगन और उत्साह का परिचय देते हैं।
- वे आत्म-अनुशासित होते हैं। वे उत्कृष्टता का प्रयास अनुशासन के साथ करते हैं तथा अपने ऊपर पूर्ण नियंत्रण रखते हैं। वे अपने काम की योजना अच्छी तरह बनाते हैं और फिर उसे लागू करते हैं।
- वे निरंतर सुधार करते रहते हैं। वे अपने आचरण, कौशल, ज्ञान और प्रदर्शन में सुधार के प्रति पूर्णतया समर्पित रहते हैं। प्रतिदिन वे इस बात के लिए प्रयास करते हैं कि वे अपने जीवन के हर क्षेत्र में पिछले दिन की तुलना में कुछ बेहतर करें, चाहे बात नौकरी, परिवार, शादीशुदा जीवन और संबंधों की ही बात क्यों न हो। वे जो कुछ भी करते हैं, उसमें उत्कृष्ट प्रदर्शन करना चाहते हैं।
- वे समय पर बेहतर नियंत्रण रखते हैं। वे सबसे चुनौतीपूर्ण परिस्थिति से

निपटने को सबसे पहली प्राथमिकता देते हैं। आवश्यकता पड़ने पर वे 'नहीं' कहने से भी नहीं हिचकते, क्योंकि वे जानते हैं कि परिस्थिति के अनुसार अकसर 'नहीं' कहने से समय की काफी बचत होती है।

- वे जो भी करते हैं, उसे पूरा ध्यान लगाकर करते हैं। अनेक चीजों पर अपना ध्यान भटकाने की बजाय वे एक बार पूरी तरह से एक विषय पर ही ध्यान लगाते हैं।
- वे पूरी तरह से कर्मठ होते हैं। अपनी गतिविधियों को लेकर उनमें पूर्ण समर्पण और अनुराग होता है। उत्कृष्ट परिणाम प्राप्त करने के लिए वे उतार-चढ़ावों का सामना पूरी ताकत, उत्साह और प्रबलता के साथ करने के लिए तैयार रहते हैं।
- वे सकारात्मक सोच रखते हैं। वे समस्याओं का सामना भी खुश होकर करते हैं। असफल होने पर भी वे साहस का परिचय देते हैं और किसी भी संकट को शानदार प्रदर्शन न कर पाने का बहाना नहीं बनाते।
- वे जो भी हासिल करना चाहते हैं, उसे अपनी आँखों के सामने होते देख पाते हैं, वे जानते हैं कि क्या कदम उठाने हैं। किसी भी काररवाई को व्यावहारिक रूप देने से पहले वे मन-ही-मन उसका अभ्यास कर लेते हैं।
- बाधाओं को पार करने की अपनी क्षमता को लेकर वे आश्वस्त रहते हैं तथा वे जिसमें चाहते हैं, उसमें ही उत्कृष्टता हासिल कर लेते हैं।

वे भटकावों पर काबू रखते हैं। वे भटकावों को किसी भी प्रकार अपने कार्यों की गुणवत्ता और अपने प्रदर्शन को प्रभावित नहीं करने देते। ध्यान भंग करनेवाली परिस्थिति में भी वे अपने काम के प्रति पूरी तरह एकाग्रचित्त रहते हैं।

माइकल एंजेलो

(इटली के मूर्तिकार, चित्रकार, वास्तुकार और कवि)

माइकल एंजेलो बुएनारोत्ती को उनके समय का सबसे महान् कलाकार माना जाता था और अब उन्हें इतिहास का महानतम कलाकार गान लिया गया है। एक कलाकार के तौर पर पश्चिम की कला पर उनका बड़ा जबरदस्त प्रभाव है। माइकल एंजेलो का जन्म 6 मार्च, 1475 को इटली के कैपरेसे में हुआ था। बचपन में स्कूल जाने की बजाय उन्हें अपने घर के करीब चर्च में पेंट करनेवालों की कलाकारी

देखने में मजा आता था। माइकल एंजेलो जब तेरह वर्ष के थे, तब पेंटिंग में उनकी दिलचस्पी को देखते हुए उनके पिता ने उन्हें फ्लोरेंस में चित्रकार डोमेनिको गिरलांदो के वर्कशॉप में भेजा, जहाँ उन्होंने एक प्रशिक्षु के रूप में काम किया। करीब एक साल तक फ्रेस्को की कला को सीखने के बाद वह वास्तुकला की शिक्षा लेने के लिए मेडिसी गार्डन पहुँचे।

सोलह साल की उम्र तक माइकल एंजेलो ने दो कलाकृतियाँ तैयार कर ली थीं— 'द बैटल ऑफ द सेंटार्स' और 'द मैडोना ऑफ द स्टेयर्स'। उनकी सबसे मशहूर कृतियों में से एक 'पीएता', जो संगमरमर से बनी रचना थी, उनके पच्चीस वर्ष के होने से पहले ही तैयार हो गई थी। कला के अनेक पारखी 'पीएता' को अब तक की सबसे महान् कलाकृति बताते हैं। 1550 में प्रकाशित किताब 'लाइव्स ऑफ द आर्टिस्ट्स' के लेखक जॉर्जो वसारी ने कहा, ''किसी वास्तुविद् या स्थापत्य कला के माहिर के लिए संभव नहीं कि वह कभी इस कला की इस अनुपम कृति से बेहतर रचना कर सके या फिर संगमरमर को उतनी ही कुशलता से काटे और तराश सके जिस खूबसूरती का परिचय माइकल एंजेलो ने दिया, चाहे वह कितना ही शानदार कलाकार क्यों न हो!'' अपनी बनाई मूर्ति 'डेविड' की रचना के साथ ही माइकल एंजेलो ने यह साबित कर दिया कि वह यूनानियों और रोमनों, यहाँ तक कि आधुनिक कलाकारों को भी अपनी सशक्त अभिव्यक्ति, अर्थ और सुंदरता के समावेश से पीछे छोड़ चुके हैं।

बहुमुखी प्रतिभा के धनी कलाकार के रूप में माइकल एंजेलो अपने हर काम को उत्कृष्ट बनाने का प्रयास करते थे। उदाहरण के लिए 1508 में पोप जूलियस द्वितीय ने उनसे बारह धर्मदूतों के चित्र बनाने तथा सिस्टाइन चैपल की छत पर सजावट करने को कहा। शुरुआत में इस आग्रह को ठुकराने के बाद माइकल एंजेलो चित्र बनाने के लिए तैयार हो गए। उन्होंने पोप से कह दिया कि उन्हें अपनी इच्छा के अनुसार चित्र बनाने की छूट दी जाए। शुरुआत में बारह चित्र बनाने की योजना थी, लेकिन माइकल एंजेलो ने सिस्टाइन चैपल की छत को तीन सौ आकृतियों और बाइबल की कहानियों से पाट दिया, जिनमें धरती और तारों की रचना, विनाशकारी बाढ़, और आदम की सृष्टि शामिल थी। चार वर्षों (1508-12) तक अपनी पीठ के बल लेटे-लेटे उन्होंने कला के इस शानदार नमूने की रचना पूरी की। इस कड़ी मेहनत वाले काम के कारण उनकी आँखों की रोशनी कमजोर पड़ गई तथा उनकी सेहत भी बुरी तरह बिगड़ गई। माइकल एंजेलो ने कहा, ''मैं अपने आपको यिर्मयाह के जितना बूढ़ा और थका महसूस करने लगा था। मैं महज 37

का था, फिर भी मेरे साथी मुझे नहीं पहचान पा रहे थे, क्योंकि मैं एकदम बूढ़ा हो गया था।'' इसी प्रकार उत्कृष्टता के प्रयास में माइकल एंजेलो ने सिस्टाइन चैपल की वेदी पर विशाल भित्ति-चित्र 'द लास्ट जजमेंट' को पूरा करने में छह साल (1535-41) का वक्त लिया।

सोलहवीं सदी में सबसे अधिक चर्चित और कलमबंद कलाकार माइकल एंजेलो की मृत्यु अठासी वर्ष की आयु में 18 फरवरी, 1564 को हुई।

चार्ली चैपलिन

(ब्रिटिश हास्य अभिनेता)

फिल्म उद्योग के इतिहास में चार्ली चैपलिन अब तक के सबसे प्रमुख फिल्मी हस्तियों में से एक माने जाते हैं। वह अब तक के सबसे लोकप्रिय हास्य अभिनेताओं में से एक भी हैं। मूक फिल्मों के युग की एक पहचान के रूप में मशहूर चैपलिन का जन्म 16 अप्रैल, 1889 को इंग्लैंड के लंदन में हुआ था। उनके पिता चार्ली चैपलिन सीनियर एक एक्टर और गायक थे। वह शराबी थे और उन्हें परिवार की कोई परवाह नहीं थी। उनकी माँ हाना भी एक अभिनेत्री थीं, लेकिन नियमित रूप से काम न मिल पाने के कारण परेशान रहती थीं तथा एक मानसिक रोग संस्थान में भर्ती करा दी जाती थीं। इस कारण चैपलिन और उनके भाई सिडनी का बचपन अधिकांशतया बेसहारा बच्चों के एक संस्थान में गुजरा।

चैपलिन के एक्टिंग कॅरियर की शुरुआत आठ साल की उम्र में हो गई थी। अठारह वर्ष की उम्र तक वह एक जाने-माने और लोकप्रिय हास्य अभिनेता बन चुके थे। इक्कीस की उम्र आते-आते वह एक स्टार बन गए। 1905 में जब वह छब्बीस साल के थे, तब चैपलिन दुनिया भर में जाने और पहचाने जानेवाले कलाकर बन चुके थे, जिनकी सालाना आमदनी 6,70,000 डॉलर थी।

चैपलिन एक शानदार एक्टर और निर्देशक थे, जिन्होंने निरंतर रूप से उत्कृष्टता को अपना ध्येय बनाए रखा। वह अपनी फिल्मों को बेहतर बनाने के लिए सतत रूप से प्रयासरत रहते थे। उत्कृष्टता के प्रति संकल्प उनके इन शब्दों से स्पष्ट होता है, जिनमें उन्होंने कहा, ''मैं दर्शकों को समर्पित की गई जब अपनी किसी फिल्म को देखता हूँ, तो उस सीन को गौर से देखता हूँ, जब उन्हें हँसी नहीं आती है। उदाहरण के लिए, यदि मैंने कोई स्टंट उन्हें हँसाने के लिए किया था; लेकिन उनमें से अधिकांश उस पर नहीं हँसते तो मैं उस स्टंट को हमेशा के लिए छोड़ देता हूँ

और यह पता लगाता हूँ कि गलती उसके पीछे की सोच में थी या उसे ठीक से लागू नहीं किया गया। अगर मैं किसी सीन पर हलकी सी खिलखिलाहट सुनता हूँ तो पता लगाता हूँ कि उस चीज को देखकर उन्होंने ठहाका क्यों लगाया।''

उत्कृष्टता के लिए किए जानेवाले अपने कठोर परिश्रम के कारण चैपलिन उस युग के अन्य फिल्म निर्माताओं की तुलना में अपनी फिल्में तैयार करने में कहीं ज्यादा समय लेते थे। उनके मित्र इगोर मोंटेग्यू के मुताबिक, ''चैपलिन के लिए अगर कुछ सही था तो वह उत्कृष्टता थी। उसके सिवाय और कुछ भी नहीं।'' चूँकि अपनी फिल्मों के लिए पैसा वह खुद लगाते थे, इस कारण उनके पास उत्कृष्टता की खोज करना और जितने रिटेक चाहें, उतने करने की आज़ादी थी। अकसर रिटेक हद से ज्यादा हो जाया करते थे। मिसाल के तौर पर 'किड्स' फिल्म के हर सीन के तिरपन टेक लिये गए थे। बीस मिनट की अवधि वाली फिल्म 'इमिग्रांट' के लिए चैपलिन ने चालीस हजार फीट फिल्म शूट की, जो एक सामान्य अवधि की फिल्म के लिए की जाती है।

प्रिय ट्रैंप के रूप में अपनी भूमिका के लिए मशहूर चैपलिन वन-मैन शो थे, जो अपनी फिल्मों के एक्टर, डायरेक्टर, राइटर, प्रोड्यूसर और कंपोजर थे। वह कूद-फाँद वाली कॉमेडी में महारत रखते थे, जिनमें हास्यास्पद तरीके से चलना और चेहरे के हाव-भाव बढ़ा-चढ़ाकर दिखाए जाते थे। स्क्रीन पर अटपटे अंदाज में दिखनेवाले चैपलिन असल जिंदगी में एक अनुशासित निर्देशक थे, जो काम के उसूलों का पालन कठोरता से करते थे तथा हॉलीवुड के सबसे कुशल और कड़ी मेहनत करनेवाले एक्टर थे। चैपलिन के लिए किसी सीन को दस या बीस बार दोहराना कोई अनोखी बात नहीं थी। वह हर सीन को दुहराए जाते समय उसमें शामिल एक-एक कलाकार को फिर से शामिल करते थे। इतिहासकार और 'चैपलिंस लाइमलाइट एंड द म्यूजिक हॉल ट्रैडिशन' के लेखक हूमन मेहन के अनुसार, ''चैपलिन एक परफेक्शनिस्ट और रिटेक के बादशाह थे।'' मेहन 1931 की मूक फिल्म 'सिटी लाइट' के एक सीन की मिसाल देते हैं, जिसके 341 रिटेक किए गए, जबकि एक्ट्रेस वर्जीनिया शेरिल को बस इतना कहना था, 'फ्लावर सर'?

मेहन ने कहा था, ''सेट पर वह बेहद सख्ती से पेश आते थे।'' मार्लन ब्रांडो, जो एक सामान्य अभिनेता थे, 1967 में बन रही चैपलिन की एक फिल्म 'अ काउंटेस फ्रॉम हांगकांग' में अपने किरदार को समझने के लिए चैपलिन से जब कहा, ''मैं इस सीन में अपने किरदार की प्रेरणा को समझ नहीं पा रहा हूँ।'' तो चैपलिन का जवाब था, ''प्रेरणा को भूल जाओ, बस वही करो जो मैं कह रहा

हूँ, तुम्हारी प्रेरणा भी वही है।''

चैपिलन ने चार बार शादी की और उनके ग्यारह बच्चे थे। उनकी मृत्यु स्विट्जरलैंड में 25 दिसंबर, 1977 को हुई।

विंस लोम्बार्डी

(अमेरिकी फुटबॉल कोच)

अमेरिकी फुटबॉल के सबसे जाने-माने और सफल कोच में से एक विंस लोम्बार्डी का जन्म 11 जून, 1913 को न्यूयॉर्क के ब्रुकलिन में हुआ था। 1937 में फोरडैम यूनिवर्सिटी से ग्रेजुएशन करने के बाद लोम्बार्डी ने 1938 में फोरडैम लॉ स्कूल में दाखिला लिया। एक सेमेस्टर बाद उन्होंने पढ़ाई छोड़ दी और 1939 में न्यूजर्सी के इंगलवुड स्थित सेंट सेसीलिया हाई स्कूल में सहायक कोच की नौकरी कर ली।

लोम्बार्डी दो सीजन (1947-48) तक फोरडैम यूनिवर्सिटी की फुटबॉल टीम के सहायक कोच रहे और पाँच सीजन (1949-53) तक वेस्ट प्वॉइंट में यू.एस. मिलिटरी एकेडमी में सहायक कोच की भूमिका निभाई। 1954 में लोम्बार्डी ने अपने नेशनल फुटबॉल लीग (एन.एफ.एल.) के कॅरियर की शुरुआत न्यूयॉर्क जायंट्स के साथ की। तीसरे सीजन में उन्होंने जायंट्स की टीम को चैंपियनशिप की टीम बना दिया, जिन्होंने 1956 में शिकागो बियर्स को 47-7 से हराकर खिताबी जीत हासिल की।

1959 में पैंतालीस साल की उम्र में लोम्बार्डी ग्रीन बे पैकर्स के प्रमुख कोच और जनरल मैनेजर बन गए। यह ऐसा समय था, जब ग्रीन बे पैकर्स अपने सबसे खराब दौर से गुजर रहा था। 1958 के एन.एफ.एल. सीजन में पैकर्स उस पायदान तक गिर गए कि सारे खिलाड़ियों का मनोबल टूट गया। पैकर्स के मालिकों ने कोचिंग के पद के लिए लोम्बार्डी से बात की। लोम्बार्डी एक सफल हेड कोच थे, जो अनोखे और रचनात्मक तौर-तरीकों को अपनाने के लिए जाने जाते थे।

पैकर्स के साथ नई पारी की शुरुआत करनेवाले लोम्बार्डी ने अपनी योजनाओं को एक-एक कर लागू करना शुरू किया। उन्होंने खिलाड़ियों से कहा, ''जेंटलमेन, मैं कभी हारनेवाली टीम में नहीं रहा हूँ, और मैं अब उसकी शुरुआत नहीं करना चाहता हूँ।'' उत्कृष्टता की खोज में लोम्बार्डी ने बेहद सख्त ट्रेनिंग की शुरुआत कर दी। उन्होंने अपने खिलाड़ियों से कह दिया कि उन्हें पूरे समर्पण, लगन और

दृढ़संकल्प का परिचय देना होगा। लोम्बार्डी ने जल्दी ही टीम को कई मायने में बदल दिया, जैसे—उनके दिखने, खेलने और सोचने का तरीका बदल गया। उन्होंने पैकर्स की यूनिफॉर्म और लोगो को भी नया रूप दिया। लोम्बार्डी ने लंबे समय तक टीम के खेलने के वीडियो को देखा और खिलाड़ियों के प्रदर्शन में सुधार के कदम उठाए।

लोम्बार्डी के प्रयासों के नतीजे जल्दी ही सामने आ गए। 1959 में लोम्बार्डी को 'कोच ऑफ द ईयर' घोषित किया गया। 1960 में लोम्बार्डी के दूसरे ही साल में पैकर्स ने 1944 के बाद पहली बार एन.एफ.एल. वेस्टर्न कॉन्फ्रेंस में जीत हासिल की। इसके बाद लोम्बार्डी की देखरेख में पैकर्स ने उस सीजन के बाद के नौ मैच जीते। पैकर्स ने जायंट्स को हराकर 1961 और 1962 का एन.एफ.एल. खिताब जीता। लोम्बार्डी ने 105-35-6 का रिकॉर्ड बनाया और कभी लगातार पराजय का सामना नहीं किया।

लोम्बार्डी ने पैकर्स को 1965, 1966 और 1967 में लगातार तीन एन.एफ.एल. चैंपियनशिप में जीत दिलाने में मदद की। इसके साथ ही, पैकर्स ने 1966 और 1967 सीजन में पहले दो सुपर बाउल जीते। संक्षेप में कहें तो लोम्बार्डी की कोचिंग में पैकर्स ने छह डिवीजन टाइटल, पाँच एन.एफ.एल. चैंपियनशिप और पहले दो सुपर बाउल में जीत दर्ज की।

1969 में लोम्बार्डी वॉशिंगटन रेडस्किंस के हेड कोच और जनरल मैनेजर बन गए। इस समय रेडस्किंस बुरी तरह जूझ रहे थे। लोम्बार्डी की देखरेख में रेडस्किंस ने अपना पहला सीजन चौदह साल के सर्वश्रेष्ठ रिकॉर्ड के साथ किया।

3 सितंबर, 1970 को लोम्बार्डी की मृत्यु कैंसर से वॉशिंगटन, डीसी में हो गई।

रे क्रोक

(मैकडॉनल्ड को विश्व का सबसे लोकप्रिय फास्ट-फूड कारोबार बनानेवाले)

रेमंड क्रोक की सबसे बड़ी खूबी यह थी कि वह उत्कृष्टता की खोज में जुटे रहते थे। उनके लोकप्रिय कथन से उनके द्वारा उत्कृष्टता पर जोर दिए जाने की बात सच साबित होती है, जिसमें उन्होंने कहा था, "मैंने जितनी बार क्वालिटी, सर्विस और सफाई की बात की है, उसके लिए यदि मुझे एक-एक ईंट मिलती तो शायद अब तक मैं उनसे अटलांटिक महासागर पर पुल बना चुका होता।"

क्रोक के माता-पिता चेक मूल के थे। उनका जन्म 5 अक्तूबर, 1902 को इलिनोइस के ओक पार्क में हुआ था। अपनी झूठी उम्र बताकर क्रोक ने प्रथम

विश्वयुद्ध के दौरान पंद्रह वर्ष की आयु में ही रेड क्रॉस के एंबुलेंस ड्राइवर की नौकरी की थी। आगे चलकर उन्होंने पेपर का कप बेचनेवाले सेल्समैन, पियानोवादक, डिस्क जॉकी और मल्टीपल मिक्सर के सेल्समैन जैसी कई तरह की नौकरी की। घूम-घूमकर मिल्कशेक बनानेवाली मशीन बेचने के दौरान उन्होंने ऐसी मशीनें बेचीं, जो पाँच तरह के शेक बनाती थीं, और उससे रेस्टोरेंट की कुशलता बढ़ गई। 1954 में उन्होंने मैकडॉनल्ड बंधुओं डिक और मैक मैकडॉनल्ड को आठ मल्टीपल मिक्सर बेचे। दोनों भाई कैलिफॉर्निया के सैनबरनाडिनो में मैकडॉनल्ड्स नाम की रेस्टोरेंट चेन के मालिक थे। क्रोक उनके बहुत बड़े ऑर्डर को सुनकर दंग रह गए और उत्सुकतावश उनके रेस्टोरेंट को देखने पहुँचे। उस छोटे से सफल रेस्टोरेंट की कार्यकुशलता को देखकर वह हैरान रह गए। क्रोक ने पाया कि दोनों भाई एक सीमित मेन्यू देते थे, जिसके कारण वे हर चरण में गुणवत्ता को सुनिश्चित कर पाते थे। उन्होंने पूरे अमेरिका में मैकडॉनल्ड्स की फ्रेंचाइजी के विस्तार की बात सोची। उन्होंने मुनाफे में एक छोटे से हिस्से के बदले फ्रेंचाइजी एजेंट के तौर पर काम करने की पेशकश की। दोनों भाई राजी हो गए और उन्होंने मैकडॉनल्ड्स के फ्रेंचाइची अधिकार बेचने के उन्हें विशेष अधिकार दे दिए।

अप्रैल 1955 में क्रोक ने अपना पहला मैकडॉनल्ड्स शिकागो के शहरी इलाके डेस प्लेन्स में खोला। क्रोक जितने भी फ्रेंचाइजी बेचते उनमें से हर एक की कुल बिक्री का वह 1.9 प्रतिशत इकट्ठा करते थे और उसमें से 0.5 प्रतिशत मैकडॉनल्ड्स को देते थे। पहले साल में क्रोक ने अठारह फ्रेंचाइजी बेची। 1961 में उन्होंने 2.7 मिलियन डॉलर नकद देकर मैकडॉनल्ड्स को खरीद लिया।

क्रोक द्वारा उत्कृष्टता की खोज के अनेक उदाहरण दिए जा सकते हैं। मिसाल के तौर पर, यह सुनिश्चित करने के लिए सारे मैकडॉनल्ड्स फ्रेंचाइजी कठोर रूप से 'मैकडॉनल्ड्स मेथड' का पालन करें, उन्होंने एक पचहत्तर पेज का मैनुअल तैयार किया, जिसमें मैकडॉनल्ड्स को चलाए जाने से जुड़े हर एक पहलू के बारे में बताया गया था। फ्रेंचाइजी मालिक एल्क ग्रोव स्थित 'हैमबर्गर यूनिवर्सिटी' में जाते, जहाँ उन्हें 'हैमबर्गरोलॉजी विद अ माइनर इन फ्रेंच फ्राइज' की डिग्री दी जाती थी। सफल फ्रेंचाइजी का उनका दर्शन तीन पैर वाले स्टूल के सिद्धांत पर आधारित था—पहला पैर मैकडॉनल्ड्स था, दूसरा फ्रेंचाइजी और तीसरा मैकडॉनल्ड्स के सप्लायर। उनका मानना था कि पैर जितने मजबूत होंगे उतना ही मजबूत वह स्टूल होगा।

क्रोक ने कभी मैकडॉनल्ड्स के लिए काम करना बंद नहीं किया। वह तब तक अपनी सेवा देते रहे, जब तक कि 14 जनवरी, 1984 को हार्ट अटैक के

कारण इक्यासी वर्ष की उम्र में उनकी मृत्यु नहीं हो गई। वह अपने दफ्तर के पास के मैकडॉनल्ड्स पर कड़ी नजर रखते थे और उसके मैनेजर को कई बार कचरा उठवाने, सफाई करने और रात को बत्तियाँ जलाने की बात याद दिलाते थे।

उत्कृष्टता की खोज तथा नए प्रयोगों को लेकर क्रोक के प्रयासों से मैकडॉनल्ड्स पूरी दुनिया में एक सफल ब्रांड बन सका। क्रोक की मृत्यु के समय मैकडॉनल्ड्स के इकतीस देशों में साढ़े सात हजार आउटलेट थे और उनकी कीमत 8 बिलियन डॉलर थी तथा उनकी निजी संपत्ति 500 मिलियन डॉलर की थी।

माइकल जैक्सन

(अमेरिकी गायक, गीतकार, डांसर और एक्टर)

'किंग ऑफ पॉप' माइकल जैक्सन का जन्म 29 अगस्त, 1958 को हुआ था। संगीत में विलक्षण प्रतिभा के धनी जैक्सन ने पाँच वर्ष की आयु में अपने भाई-बहनों के साथ जैक्सन 5 नाम के एक म्यूजिकल ग्रुप में प्रमुख गायक के रूप में शुरुआत की। जैक्सन 5 के साथ जुड़े रहते हुए ही जैक्सन ने तेरह साल की उम्र में अकेले ही अपना कॅरियर शुरू किया। 1980 के दशक तक जैक्सन एक अकेले कलाकार के रूप में जबरदस्त लोकप्रियता हासिल कर चुके थे। 1982 में रिलीज हुआ उनका एलबम 'थ्रिलर' अब तक का सबसे अधिक बिकनेवाला एलबम बन गया, जिसकी दुनिया भर में इक्यावन मिलियन से भी अधिक कॉपी बिकी।

गायक के रूप में जैक्सन अपने काम में उत्कृष्टता को ध्येय बनाकर चलते थे। जैक्सन 5 में एक बाल कलाकार के रूप में उन्होंने जिस कठोर अनुशासन और काम के सख्त उसूलों को अपनाया था, उसे अपने पूरे जीवन में जारी रखा। वह अपने संगीत को परफेक्ट बनाने को लेकर पूरी तरह समर्पित थे और अपने लिए उत्कृष्टता का बहुत ऊँचा पैमाना तय कर रखा था। वे उन गीतों से संतुष्ट नहीं होते थे, जो बस किसी प्रकार से संतोषजनक कहे जा सकते थे। उन्हें उत्कृष्ट बनाने के लिए वह कड़ी मेहनत करते थे और छोटी-छोटी बातों पर भी पूरा ध्यान दिया करते थे। अपने एलबम के प्रोडक्शन के दौरान जैक्सन लगातार सारी-सारी रात स्टूडियो में बिताते थे, ताकि किसी लाइन को ठीक कर सकें या ऐसे बदलाव कर सकें, जिन पर गाने में गौर भी नहीं किया जा सकता था। संगीत में उत्कृष्टता की खोज के लिए जैक्सन ने कई प्रकार के विषयों और शैली के साथ प्रयोग किए। उत्कृष्टता के प्रति जैक्सन के समर्पण को उनके डांस के स्टेप्स में भी देखा जा

सकता है। अपने आकर्षक मूनवॉक के बाद उन्होंने पैंतालीस डिग्री के बेहद मुश्किल एंटी-ग्रैविटी स्टेप को किया, जिसे 1987 में आए उनके वीडियो 'स्मूथ क्रिमिनल' में देखा जा सकता है।

जैक्सन ने अपने जीवन में जितने भी सम्मान और पुरस्कार प्राप्त किए, वे सभी उत्कृष्टता की उनकी खोज के सबूत हैं। उन्हें मिले अवार्ड में आठ 'गिनीज वर्ल्ड रिकॉर्ड', तेरह 'ग्रैमी लीजेंड अवार्ड', 'ग्रैमी लाइफटाइम अचीवमेंट अवार्ड' और छब्बीस 'अमेरिकन म्यूजक अवार्ड' हैं। साथ ही उन्हें 'आर्टिस्ट ऑफ द सेंचुरी' और 'आर्टिस्ट ऑफ द 1980' का सम्मान भी मिला। जैक्सन अब तक के सबसे ज्यादा बिकनेवाले आर्टिस्ट भी साबित हुए, जिनके लगभग चार सौ मिलियन रेकॉर्ड बिके। जैक्सन ने अपने पूरे जीवन में लगभग 750 मिलियन डॉलर कमाए।

जैक्सन की मृत्यु 25 जून, 2009 को हृदय गति रुक जाने के कारण पचास वर्ष की उम्र में लॉस एंजिल्स स्थित उनके घर में हो गई।

राष्ट्रपति बिल क्लिंटन

(अमेरिका के 42वें राष्ट्रपति)

राष्ट्रपति बिल क्लिंटन आधुनिक युग की सबसे करिश्माई हस्तियों में से एक हैं। छियालीस वर्ष की उम्र में राष्ट्रपति बननेवाले क्लिंटन अमेरिका के तीसरे सबसे युवा राष्ट्रपति थे तथा फ्रैंकलिन रूजवेल्ट के बाद दूसरे डेमोक्रेटिक राष्ट्रपति थे, जिन्हें दो बार राष्ट्रपति पद पर चुना गया। 1993 से 2001 के बीच दो बार राष्ट्रपति रहे क्लिंटन ने अपने जीवन में सदैव उत्कृष्टता की खोज की।

क्लिंटन का जन्म विलियम जैफरसन ब्लाइथ तृतीय के रूप में 19 अगस्त, 1946 को अरकंसास के होप में हुआ था। उनके जन्म से तीन महीने पहले एक सड़क हादसे में उनके पिता की मृत्यु हो गई थी। वह जब चार वर्ष के थे, तब उनकी माँ ने अरकंसास के हॉट स्प्रिंग में रहनेवाले रॉजर क्लिंटन से शादी कर ली। वह जब हाई स्कूल में थे, तब उन्होंने अपने उपनाम के तौर पर अपने सौतेले पिता के उपनाम को चुना।

राष्ट्रपति रहते हुए क्लिंटन द्वारा उत्कृष्टता को लक्ष्य बनाए जाने के अनेक उदाहरण देखे जा सकते हैं। उनके प्रशासन के दौरान अमेरिका ने जितनी शांति और आर्थिक तरक्की देखी, उतनी इतिहास में कभी नहीं देखी गई थी। 1994 में उन्होंने जिस हिंसक अपराध नियंत्रण और कानून प्रवर्तन अधिनियम पर दस्तखत

किए, उससे अपराध की दर अनेक जगहों पर काफी कम हो गई। इस अधिनियम के तहत एक लाख अतिरिक्त पुलिसकर्मियों को भर्ती करने के साथ ही विभिन्न अपराधों के लिए कड़े दंड का प्रावधान था। 1996 में उन्होंने राष्ट्रीय न्यूनतम वेतन वृद्धि कानून पर हस्ताक्षर किए। 1997 में उन्होंने स्टेट चाइल्ड हेल्थ प्रोग्राम (एस.सी.एच.आई.पी.) का गठन करनेवाले विधेयक को पास कराने में सफलता प्राप्त की, जिसका लाभ लगभग पाँच मिलियन बच्चों को मिल सकता था। उन्होंने शिक्षा का स्तर बेहतर करने, बीमार बच्चों की हर हाल में सेवा करने पर विवश माँ-बाप की नौकरी सुरक्षित करने, हैंडगन की बिक्री को नियंत्रित करने तथा पर्यावरण संबंधी नियमों को सशक्त बनानेवाले विधेयकों की भी वकालत की।

विदेश नीति में क्लिंटन की महत्त्वपूर्ण उपलब्धियों में शामिल हैं—1993 में इजरायल और फिलिस्तीन लिबरेशन ऑर्गेनाइजेशन के बीच ओस्लो समझौता कराना, डेटन शांति समझौते के जरिए युद्धरत बोस्निया में स्थिरता लाना और कोसोवो में सर्बिया द्वारा अल्बानियाई मूल के लोगों के सफाए को रोकने में मदद करना। क्लिंटन ने जब राष्ट्रपति पद छोड़ा तो उनकी स्वीकार्यता द्वितीय विश्वयुद्ध के बाद किसी भी राष्ट्रपति से अधिक थी।

क्लिंटन द्वारा उत्कृष्टता के लिए किए गए प्रयास का प्रमाण इस बात से भी मिलता है कि उन्हें पाँच बार अरकंसास का गवर्नर चुना गया, जिस पद पर उन्होंने 1979 से 1981 और फिर 1983 से 1992 तक काम किया। उन्होंने शिक्षा प्रणाली में सुधार लाने में सफलता प्राप्त की तथा उसे सबसे खराब से कुछ बेहतरीन प्रणालियों में से एक बना सके। उन्होंने अरकंसास की अर्थव्यवस्था को दुरुस्त करने में योगदान किया, वरिष्ठ नागरिकों की दवा और इलाज से सेल्स टैक्स हटाया तथा घर पर लगनेवाले संपत्ति कर की छूट को बढ़ाया।

क्लिंटन ने पढ़ाई और पढ़ाई से इतर गतिविधियों में बेहतरीन प्रदर्शन किया। अरकंसास के हॉट स्प्रिंग हाई स्कूल में वह एक मेधावी छात्र थे। उन्होंने वॉशिंगटन, डीसी के जॉर्ज टाउन यूनिवर्सिटी में छात्रवृत्ति पर पढ़ाई की तथा 1968 में विदेश विभाग के विषय में बैचलर ऑफ साइंस की डिग्री हासिल की। जॉर्ज टाउन से ग्रेजुएशन के बाद क्लिंटन को ऑक्सफोर्ड यूनिवर्सिटी में दो साल तक पढ़ाई के लिए प्रतिष्ठित रोड्स स्कॉलरशिप मिली। 1973 में ऑक्सफोर्ड की पढ़ाई पूरी करने के बाद उन्होंने येल लॉ स्कूल से जेडी की उपाधि अर्जित की। इस दौरान उन्होंने सैक्सोफोन बजाने में भी महारत हासिल कर ली और एक बार तो पेशेवर संगीतकार बनने का फैसला भी किया।

राष्ट्रपति पद छोड़ने के बाद भी क्लिंटन ने अपने जीवन में उत्कृष्टता की खोज बंद नहीं की। वैश्विक महत्त्व के मुद्दों को सुलझाने के लिए 2001 में द विलियम जे क्लिंटन फाउंडेशन की स्थापना की गई। इस संस्थान ने अनेक प्रकार की पहल की। उदाहरण के लिए, क्लिंटन हेल्थ एक्सेस इनीशिएटिव (सी.एच.ए.आई.) एक वैश्विक संगठन है, जो विकासशील देशों में एकीकृत स्वास्थ्य प्रणाली को सुदृढ़ करने तथा एच.आई.वी. और एड्स, मलेरिया तथा टी.बी. के इलाज का विस्तार करने के प्रति समर्पित है। क्लिंटन ग्लोबल इनीशिएटिव (सी.जी.आई.) एक गैर-भेदभावपूर्ण संगठन है, जो विश्व की सबसे तात्कालिक समस्याओं को सुलझाने के लिए दुनिया भर के नेताओं को एक मंच पर लाता है। हर साल सितंबर में सी.जी.आई. एक वार्षिक बैठक बुलाता है, जिसका आयोजन संयुक्त राष्ट्र महासभा के दौरान ही होता है। क्लिंटन क्लाइमेट इनीशिएटिव (सी.सी.आई.) 'व्यावहारिक, मापने योग्य तथा महत्त्वपूर्ण रूप से पर्यावरण में बदलाव से लड़ने' का मकसद रखता है। सी.जी.आई. दुनिया के चालीस सबसे बड़े शहरों के साथ मिलकर उनके ग्रीनहाउस गैस उत्सर्जन को व्यापक किस्म के कार्यक्रमों से कम करने की दिशा में काम कर रहा है।

माइकल फेल्प्स

(ओलंपिक के महान् तैराक)

अमेरिकी तैराक और अब तक के सबसे अधिक विभूषित ओलंपिक खिलाड़ी माइकल फेल्प्स का जन्म 20 जून, 1985 को मेरीलैंड के टॉउसन में हुआ था। फेल्प्स ने सात साल की उम्र में तैराकी की शुरुआत की थी और इसके पीछे थीं—उनकी दो बड़ी बहनें। चूँकि उन्हें पानी के अंदर सिर ले जाने से डर लगता था, इस कारण उनके प्रशिक्षकों ने उन्हें पीठ के बल तैरने की इजाजत दे दी। इस कारण वह बैकस्ट्रोक के मास्टर बन गए। फेल्प्स ने तैराक टॉम मालचंस और टॉम डोलन को 1996 के अटलांटा ओलंपिक में तैरते देख तैराकी चैंपियन बनने का सपना देखा।

फेल्प्स ने अपने तैराकी के कॅरियर की शुरुआत मेरीलैंड के लोयला हाई स्कूल के पूल से की। उन्होंने नॉर्थ बाल्टीमोर एक्वाटिक क्लब में जब तैराकी का प्रशिक्षण लेना शुरू किया तो उनकी मुलाकात बॉब बोमैन से हुई। फेल्प्स की क्षमता और हुनर को देखते हुए बोमैन ने उन्हें कठोर ट्रेनिंग देनी शुरू की। 1999 में चौदह साल की आयु में ओलंपिक में हिस्सा लेकर वह पिछले अड़सठ वर्षों में सबसे

युवा पुरुष तैराक बन गए। वर्ष 2000 में ऑस्ट्रेलिया के सिडनी में हुए ओलंपिक में वह कोई मेडल नहीं जीत सके लेकिन तैराकी के जगत् में उनके विजय अभियान की शुरुआत इसके साथ हो चुकी थी।

2004 के एथेंस ओलंपिक में फेल्प्स ने छह स्वर्ण पदक समेत कुल आठ मेडल जीते। 2008 के बीजिंग ओलंपिक में उन्होंने आठ 'गोल्ड मेडल' पर कब्जा जमाया। सौ मीटर बटरफ्लाई के सिवाय, उन्होंने हर 'गोल्ड मेडल' जीतनेवाली स्पर्धा में एक ओलंपिक रिकॉर्ड बनाया। बीजिंग ओलंपिक में उन्होंने किसी एक ओलंपिक में सबसे अधिक 'गोल्ड मेडल' जीतने का रिकॉर्ड बनाया। 2012 में लंदन में आयोजित ओलंपिक में फेल्प्स ने चार 'गोल्ड मेडल' और दो 'सिल्वर मेडल' जीते। लंदन ओलंपिक तक फेल्प्स द्वारा ओलंपिक में जीते गए कुल मेडल की संख्या बाईस तक पहुँच गई, जिसने सोवियत युग की जिमनास्ट लारिसा लातीनिया के अठारह मेडल के रिकॉर्ड को तोड़ एक नया कीर्तिमान बनाया।

फेल्प्स की शानदार सफलता, तैराकी में रिकॉर्डतोड़ प्रदर्शन, का प्रमुख कारण उनके द्वारा उत्कृष्टता के लिए किया जानेवाला प्रयास था। तेरह साल की उम्र में कोच बोमैन की मदद से फेल्प्स ने अपने कॅरियर की पूरी अवधि के लिए सोलह वर्ष की एक योजना तैयार की थी। 2004 के एथेंस ओलंपिक से छह साल पहले की अवधि के दौरान फेल्प्स ने जबरदस्त एरोबिक क्षमता विकसित करने के मकसद से हर हफ्ते स्वीमिंग पूल में पचास मील की दूरी तैराकी से तय की। उनके ही शब्दों में, ''उन छह वर्षों के दौरान मैंने अपने आपको सर्वश्रेष्ठ बनाने के लिए सबसे बड़ा त्याग किया। (मैं) रात के दस बजे या उससे पहले सोने चला जाता था। हर दिन सुबह 6:30 बजे उठता था। बॉब मुझसे जो कुछ भी करने को कहते, मैं उसे 10 गुना बेहतर करने का प्रयास करता था।'' आगे चलकर उन्होंने हर हफ्ते में चार दिन भार उठाने, सूखी जमीन की ट्रेनिंग और दस पाउंड मांसपेशियाँ बढ़ाने की ट्रेनिंग की।

तैराकी की तकनीक को बेहतरीन बनाने के लिए फेल्प्स हर दिन कई प्रकार के ड्रिल किया करते थे। हर रेस के बाद वह अपने वीडियो देखते थे और पता लगाते थे कि अपनी तैराकी को वह और बेहतर कैसे बना सकते हैं। ऑक्सीजन से भरपूर रक्त कोशिकाओं के स्तर को बढ़ाने के लिए वह अकसर कोलोराडो स्प्रिंग्स के यू.एस. ओलंपिक कॉम्प्लेक्स में जाते, जो समुद्र तल से 6,035 फीट ऊपर स्थित है। घर में वह ऊँचाई पर स्थित/अतिघननीय (हाइपरबेरिक) चैंबर में सोते थे, जिसकी ऊँचाई आठ हजार फीट पर निश्चित की गई थी। उन्होंने यह सब केवल इस कारण किया, ताकि वह जब भी पूल में छलाँग लगाएँ तो नतीजा सर्वश्रेष्ठ हो।

फेल्प्स सात बार 'वर्ल्ड स्विमर ऑफ द ईयर अवार्ड' तथा नौ बार 'अमेरिकन स्विमर ऑफ द ईयर अवार्ड' हासिल कर चुके हैं। 2008 में 'स्पोर्ट्स इलस्ट्रेटेड' पत्रिका ने उन्हें 'स्पोर्ट्सर्मैन ऑफ द ईयर' का अवार्ड दिया।

केन जेनिंग्स

(महानतम 'जेपर्डी!' चैंपियन)

'जेपर्डी!' अमेरिका का एक टी.वी. शो है, जिसमें क्विज प्रतियोगिता होती है और प्रतियोगियों को सामान्य ज्ञान से जुड़े क्लू दिए जाते हैं, जिनसे वे उत्तर जान जाते हैं और फिर उन्हें प्रश्न के रूप में जवाब देना पड़ता है। केन जेनिंग्स 'जेपर्डी!' के इतिहास में सबसे अधिक समय तक टिके रहनेवाले प्रतियोगी थे। उन्होंने बचपन से ही इस शो पर आने का सपना देखा था।

जेनिंग्स का जन्म 23 मई, 1974 को वॉशिंगटन के एडमंड्स में हुआ था, लेकिन उनका बचपन दक्षिण कोरिया के सियोल और सिंगापुर में बीता, जहाँ उनके पिता वकालत करते थे। उस दौरान वह शाम को नियमित रूप से 'जेपर्डी!' शो देखा करते थे।

'जेपर्डी!' में जाने और अपने सपने को पूरा करने के ध्येय से जेनिंग्स ने दिन-रात पढ़ना शुरू कर दिया। वह कई घंटे तक तमाम विषयों पर एक किताब से दूसरी किताब को पढ़ते चले जाते थे। वर्ल्ड एथलेटिक्स से लेकर 'बेसबॉल इनसाइक्लोपीडिया', 'लियोनार्डो माल्टिन्स मूवी गाइड', 'द गिनीज बुक ऑफ वर्ल्ड रिकॉर्ड्स', 'रिपलीज बिलीव इट ऑर नॉट' तथा 'वर्ल्ड अलमनैक' शामिल थे। उन्होंने रोचक तथ्यों पर फ्लैशकार्ड बनाए, जैसे—हस्तियों के बीच के नाम, ओलंपिक में तिरंदाजी के पदक विजेता, अलग-अलग देशों के राष्ट्रीय पक्षियों, अमेरिकी राष्ट्रपतियों, राजधानियों और 'पीने योग्य द्रव्यों' के नाम शामिल रहते थे। 'जेपर्डी!' के लिए अपनी तैयारी के अंतर्गत जेनिंग्स स्कूल और कॉलेज में क्विज प्रतियोगिताओं में भाग लिया करते थे तथा उन्होंने एक कंपनी नेशनल एकेडमिक क्विज टूर्नामेंट्स के लिए प्रश्न लिखे और संपादित किए, जो हाई स्कूल और कॉलेज के छात्रों के लिए क्विज प्रतियोगिताओं का आयोजन करती है।

'जेपर्डी!' के साथ जेनिंग्स की पारी 2 जुलाई, 2004 को प्रसारित हुई कड़ी से हुई। उन्होंने लगातार चौहत्तर गेम्स जीत लिये, जिसके बाद 30 नवंबर, 2004 को उनकी प्रतिद्वंद्वी नैंसी जेंग ने उन्हें पचहत्तरवें प्रयास में पराजित किया। कुल

चौहत्तर जीत से उन्होंने 2.52 मिलियन डॉलर अर्जित कर लिये। इसके साथ ही उन्होंने अमेरिका में सबसे अधिक गेम शो जीतने का खिताब भी हासिल कर लिया। 'गिनीज बुक ऑफ वर्ल्ड रिकॉर्ड्स' में उनका नाम 'गेम शो में सबसे अधिक नकद जीतने' वाले के तौर पर दर्ज किया गया।

जेनिंग्स टी.वी. के हीरो बन गए और उन्हें 'द लेट शो विद डेविड लेटरमैन' और जे लेनो के 'द टुनाइट शो' में मेहमान के तौर पर बुलाया गया। बारबरा वाल्टर्स ने जेनिंग्स को 2004 के दस सबसे आकर्षक लोगों में से एक बताया। 'द क्रिश्चियन साइंस मॉनिटर' ने उन्हें 'द किंग ऑफ ट्रिविया नेशन' कहा। ब्रिघम यूनिवर्सिटी से अंग्रेजी और कंप्यूटर साइंस में डबल बैचलर डिग्री हासिल करनेवाले जेनिंग्स एक बेस्ट सेलिंग लेखक भी हैं। उनकी किताबों में शामिल हैं—'ब्रेनियाक', 'केन जेनिंग्स ट्रिविया अलमनैक', 'मैपहेड' और 'बिकॉज आई सेड सो! जेनिंग्स जूनियर जीनियर गाइड्स' की एक सीरीज भी लिखते हैं, जिसमें हैरान करनेवाले तथ्य और रोचक प्रोजेक्ट होते हैं।

डॉ. शशि थरूर

(संयुक्त राष्ट्र संघ के पूर्व उप-महासचिव)

बहुआयामी व्यक्तित्व के धनी डॉ. शशि थरूर ने हर नई जिम्मेदारी को शानदार तरीके से निभाया है। उन्होंने एक यू.एन. डिप्लोमैट, लेखक, वक्ता, शिक्षाविद्, रिफ्यूजी वर्कर, मानवाधिकार कार्यकर्ता तथा भारत सरकार के मंत्री की जिम्मेदारी निभाते हुए एक अमिट छाप छोड़ी है।

थरूर का जन्म 9 मार्च, 1956 को लंदन में हुआ था। 1978 में उन्होंने महज बाईस वर्ष की उम्र में टफ्ट्स यूनिवर्सिटी के फ्लेचर स्कूल ऑफ लॉ एंड डिप्लोमैसी से पी-एच.डी. की उपाधि प्राप्त कर सबसे युवा छात्र होने का कीर्तिमान बनाया था। टफ्ट्स में उन्हें सर्वश्रेष्ठ छात्र होने के नाते 'रॉबर्ट बी स्टेवार्ट' पुरस्कार से सम्मानित किया गया था।

1978 में थरूर शरणार्थियों के लिए संयुक्त राष्ट्र के उच्चायुक्त (यू.एन.एच.सी.आर.) के स्टाफ सदस्य के रूप में संयुक्त राष्ट्र संघ पहुँचे। फरवरी 2007 में यू.एन. अंडर सेक्रेटरी जनरल के पद से इस्तीफा देने से पहले उन्होंने पूर्ववर्ती यूगोस्लाविया में पीस कीपिंग ऑपरेशन के प्रमुख तथा महासचिव कोफी अन्नान के वरिष्ठ सलाहकार जैसे पदों पर भी काम किया। डिपार्टमेंट ऑफ पब्लिक

इनफॉरमेशन (यू.एन.डी.पी.आई.) के प्रमुख के रूप में थरूर ने अपने विभाग में कई सुधार किए तथा अनेक नए प्रयोगों की शुरुआत की, जिनमें गैर-यहूदीवाद पर अब तक का यू.एन. का पहला सेमिनार आयोजित करने से लेकर इस्लामोफोबिया पर यू.एन. का पहला सेमिनार तथा दुनिया की उन दस कम रिपोर्ट की गई कहानियों की सूची जारी करना शामिल था, जिनके विषय में जानना जरूरी था। 2006 में थरूर को भारत सरकार ने यू.एन. सेक्रेटरी जनरल के पद के लिए नामित किया। संयुक्त राष्ट्र सुरक्षा परिषद् द्वारा कराए गए चार चुनावों में वह बानकी मून के बाद दूसरे स्थान पर रहे।

थरूर एक जाने-माने लेखक भी हैं। वह चौदह सबसे अधिक बिकनेवाली कहानियों और गैर-कहानियों की किताब, तथा सैकड़ों स्तंभ और लेखों के लेखक हैं, जिनका प्रकाशन 'न्यूयॉर्क टाइम्स', 'द वॉशिंगटन पोस्ट', 'टाइम', 'न्यूजवीक' और 'द टाइम्स ऑफ इंडिया' जैसे प्रकाशनों में किया गया। उनकी किताबों का अनुवाद फ्रेंच, जर्मन, इटालियन, पोलिश, रोमानियाई, रूसी, स्पेनिश और बीस भारतीय भाषाओं में किया गया है। थरूर प्रेस की आजादी, मानवाधिकार, भारतीय संस्कृति, अर्थशास्त्र और राजनीति तथा वैश्विक मामलों से जुड़े विषयों के ख्यातिप्राप्त वक्ता भी हैं। उन्हें चार भाषाओं में महारत हासिल है, जिनमें अंग्रेजी, फ्रेंच, मलयालम तथा हिंदी शामिल हैं।

1998 में थरूर को स्विट्जरलैंड के डावोस में वर्ल्ड इकोनॉमिक फोरम द्वारा 'ग्लोबल लीडर ऑफ टुमारो' घोषित किया गया था। उन्हें अनेक अवार्ड भी मिले हैं, जिनमें 'कॉमनवेल्थ राइटर्स प्राइज', स्पेन के राजा द्वारा दिया जानेवाला 'इकोमिंदा दे ला रीयल ओरदेन एस्पान्योला द कारलोल III', तथा 2004 में प्रवासी भारतीयों को दिया जानेवाला सर्वश्रेष्ठ सम्मान, 'प्रवासी भारतीय सम्मान' शामिल हैं।

थरूर को भारतीय राज्य केरल के थिरुवनंतपुरम से दो बार संसद् (लोकसभा) सदस्य के रूप में चुना गया है। उन्होंने भारत सरकार में विदेश राज्य मंत्री (2009-10) तथा मानव संसाधन विकास राज्य मंत्री (2012-14) के रूप में भी काम किया है। विदेश राज्य मंत्री का पद सँभालने के दौरान उन्होंने अफ्रीकी देशों के साथ संबंधों को फिर से सक्रिय किया, जो लंबे समय से ठंडे बस्ते में पड़े थे। वहाँ फ्रेंच भाषा के उनके ज्ञान ने उन्हें फ्रेंच बोलनेवाले देशों के राष्ट्राध्यक्षों के बीच बेहद लोकप्रिय बना दिया। मानव संसाधन विकास राज्य मंत्री के रूप में उन्होंने वयस्क शिक्षा कार्यक्रम दूरस्थ शिक्षा से जुड़ी समस्याओं और चुनौतियों से निपटने में विशेष दिलचस्पी दिखाई तथा शिक्षण संस्थानों में उच्च कोटि के शोध को बढ़ावा दिया।

डॉ. एम.वी. पिल्लई

(कैंसर रोग विशेषज्ञ)

भारत के केरल राज्य से आनेवाले डॉ. एम.वी. पिल्लई कर्क (कैंसर) रोग के एक ख्यातिप्राप्त प्रोफेसर हैं, जो फिलाडेल्फिया में थॉमस जैफरसन यूनिवर्सिटी के किमेल कैंसर सेंटर से जुड़े हुए हैं। वह एक शानदार व्यक्तित्व के मालिक हैं, जिन्होंने चिकित्सकीय क्षेत्र के साथ ही निजी जीवन में भी उत्कृष्टता का परिचय दिया है। चाहे किसी एक कैंसर मरीज की देखरेख की बात हो या किसी ऐसे कार्यक्रम का निर्धारण, जिससे हजारों लोगों को भविष्य में लाभ मिल सकता है, डॉ. पिल्लई उत्कृष्टता के प्रति समर्पित हैं। उदाहरण के लिए, डॉ. पिल्लई ने भारत में नेशनल कंप्रीहेंसिव कैंसर नेटवर्क (एन.सी.सी.एन.) की रूपरेखा तैयार करने के लिए एक अंतरराष्ट्रीय सम्मेलन के आयोजन में महत्त्वपूर्ण भूमिका निभाई। उन्होंने इंडो-अमेरिकन कैंसर एसोसिएशन का नेतृत्व किया तथा भारत में कैंसर नेतृत्व को बढ़ावा देने के लिए ओपन एजुकेशनल रिसोर्सेज इन कैंसर की शुरुआत की। उन्होंने विकिरण से हुए नुकसान के इलाज पर पहला इंटरनेशनल कॉन्फ्रेंस ऑन ट्रीटमेंट ऑफ रेडिएशन इंजुरी का आयोजन किया।

डॉ. पिल्लई द्वारा उत्कृष्टता की प्राप्ति के प्रयास की प्रशंसा उनके मरीजों और उन मरीजों के रिश्तेदारों के साथ की जाती। मिसाल के तौर पर डॉ. पिल्लई के सम्मान में थॉमट जैफरसन यूनिवर्सिटी के किमेल कैंसर सेंटर द्वारा कैंसर पर शोध के लिए धनराशि मुहैया कराई गई है। इसके लिए पैसा डॉ. पिल्लई के अनेक मरीजों में से एक के परिवार द्वारा दिया गया था। इसी प्रकार डॉ. पिल्लई की एक मरीज वांडा शॉर्टरिज ने, जो अमेरिका की राष्ट्रीय पुरस्कार विजेता कवयित्री हैं, अपनी किताब 'पोएम्स ऑफ ट्रिब्यूट', 'पैट्रीयॉटिज्म एंड मेमोरीज' में एक कविता शामिल की है, जिसे 'डॉ. एम.वी. पिल्लई के सम्मान में' कैप्शन दिया गया है।

डॉ. पिल्लई अपने निजी जीवन में भी उत्कृष्टता के लिए प्रयासरत रहते हैं। वह मलयालम साहित्य के एक प्रकांड विद्वान् हैं। इसके साथ ही उन्होंने इस भाषा का प्रचार-प्रसार अमेरिका में करने की दिशा में अहम भूमिका निभाई है। डॉ. पिल्लई ने भाषा के लिए एक डॉलर नाम का एक सफल दान देनेवाली अवधारणा तैयार किया है। इस अवधारणा के अंतर्गत लोगों से केरल की मलयाली भाषा के प्रसार के लिए एक डॉलर का चंदा लिया जाता है। इस दान से इकट्ठा होनेवाले ब्याज से प्रतिवर्ष मलयालम भाषा और साहित्य में सर्वश्रेष्ठ पी-एच.डी.

के लिए दिए जानेवाले एक पुरस्कार का कार्यक्रम बनाया गया है।

डॉ. पिल्लई किसी भी विषय पर 'चलता-फिरता इनसाइक्लोपीडिया' हैं तथा एक जबरदस्त वक्ता भी। जबरदस्त विनोदी स्वभाव वाले डॉ. पिल्लई विभिन्न विषयों पर गहरी जानकारी रखते हैं, तथा विचार उत्पन्न करनेवाले चिंतन के कारण डॉ. पिल्लई में अपने श्रोताओं को बाँधे रखने की अद्भुत क्षमता है।

रतन टाटा

(भारतीय उद्योगपति और कारोबारी)

टाटा समूह की नियंत्रक कंपनी, टाटा संस, के चेयरमैन के रूप में इक्कीस वर्ष के अपने कार्यकाल (1991-2012) में रतन टाटा ने कई शानदार उपलब्धियाँ हासिल कीं। टाटा समूह भारत का सबसे पुराना और जाना-माना कारोबारी संगठन है।

टाटा का जन्म 28 दिसंबर, 1937 को बंबई के एक पारंपरिक पारसी परिवार में हुआ था। कॉर्नेस यूनिवर्सिटी से आर्किटेक्टर और स्ट्रक्चरल इंजीनियरिंग में बी.एस.-सी. की डिग्री हासिल करने के बाद उन्होंने दिसंबर 1962 में टाटा समूह के साथ काम करना शुरू किया। अपनी पहली जिम्मेदारी के तौर पर उन्होंने फ्लोर पर सामान्य वर्करों के साथ काम किया। इस दौरान उन्होंने चूने को भट्ठी में डालने तथा भट्ठी को नियंत्रित रखने की जिम्मेदारी सँभाली।

टाटा के द्वारा उत्कृष्टता को ध्येय बनाए जाने का पहला प्रमाण 1971 में मिला जब उन्हें नेशनल रेडियो एंड इलेक्ट्रॉनिक्स कंपनी लिमिटेड (नाल्को) का डायरेक्टर बनाया गया, जिसकी माली हालत बेहद खराब थी। नाल्को की हालत में सुधार के लिए टाटा ने सुझाव दिया कि कंपनी प्रबंधन को रणनीति में बदलाव कर उपभोक्ता इलेक्ट्रॉनिक उपकरणों की बजाय उच्च-तकनीक के उत्पादों में निवेश करना चाहिए। 1972 से 1975 के बीच नाल्को की वित्तीय हालत में सुधार हुआ। इस प्रकार 1977 में उन्होंने टाटा समूह की एक और लड़खड़ाती कंपनी इमप्रेस मिल की जिम्मेदारी सँभाली और इसका कायापलट कर दिया। यही नहीं, उसे मुनाफे वाली कंपनी बना दिया।

1991 में टाटा ने जे.आर.डी. टाटा के स्थान पर टाटा समूह के चेयरमैन का पद सँभाला। उन्होंने पुराने लोगों की हटाकर नए लोगों को मैनेजर बनाया तथा कंपनी में कई सुधार किए। टाटा ने टाटा समूह के भविष्य को सफलतापूर्वक सँवारा

तथा भारतीय स्टॉक मार्केट में उसे सबसे अधिक पूँजी वाली कंपनी बना दिया।

टाटा ने एक और उत्कृष्ट उपलब्धि भारत की पहली स्वदेशी कार इंडिका को डिजाइन और विकसित कर हासिल की, जो भारत का सबसे जाना-माना ब्रांड बन गई।

2007 में टाटा स्टील ने सफलतापूर्वक कोरस ग्रुप का अधिग्रहण किया, जो एक एंग्लो-डच स्टील और एल्युमिनियम उत्पादक कंपनी है। इस विलय के साथ टाटा स्टील पूरी दुनिया में स्टील उत्पादन के क्षेत्र में पाँचवीं सबसे बड़ी कंपनी बन गई। 2008 में टाटा मोटर्स ने फोर्ड मोटर कंपनी से 2.3 बिलियन डॉलर में जगुआर और लैंड रोवर को खरीद लिया। इस प्रकार, पहली भारतीय कंपनी बनी, जिसने अमेरिकी कार उत्पाद कंपनी से उसके ब्रांड खरीदे।

2008 में टाटा नैनो के लॉञ्च के साथ ही टाटा ने दुनिया की सबसे सस्ती कार बनाने का अपना सपना पूरा किया। यह एक सिटी कार है, जिसे तेजी से बढ़ते भारत के उस मध्यमवर्ग को लुभाने के लिए बनाया गया है, जो सामान्य तौर पर बाइक की सवारी करता है। नैनो की बेची जानेवाली कीमत को कम करने के लिए पूरी तरह से अनावश्यक चीजों को कार से हटा दिया गया और उसके निर्माण में लगनेवाली स्टील भी कम कर दी गई।

2008 में भारत सरकार ने टाटा को अपने दूसरे सर्वोच्च नागरिक सम्मान 'पद्म विभूषण' से सम्मानित किया। उन्हें भारत के विश्वविद्यालयों तथा विदेश के ओहियो स्टेट यूनिवर्सिटी तथा बैंकॉक स्थित एशियन इंस्टीट्यूट ऑफ टेक्नोलॉजी से डॉक्टरेट की मानद उपाधि मिल चुकी है। टाटा ने हार्वर्ड बिजनेस स्कूल से एडवांस मैनेजमेंट प्रोग्राम भी पूरा कर लिया है।

डॉ. के.जे. येसुदास

(भारतीय फिल्मों के महानतम पार्श्व गायकों में से एक)

डॉ. के.जे. येसुदास भारत के महानतम पार्श्व गायकों में से एक हैं। एक गायक के रूप में येसुदास की सबसे बड़ी पहचान उनके द्वारा उत्कृष्टता की खोज को माना जा सकता है। उत्कृष्टता की प्राप्ति के लिए बचपन से ही उन्होंने गायकी में जन्मजात गुण को अनुशासन, समर्पण, श्रद्धा और संकल्प के साथ सँवारा। चौहत्तर वर्ष की आयु में भी वह नियमित रूप से कर्नाटक गीत का अभ्यास हर दिन करते हैं और संगीत की अधिक-से-अधिक शिक्षा ग्रहण करने का प्रयास करते हैं।

येसुदास का जन्म 10 जनवरी, 1940 को केरल के फोर्ट कोच्चि में हुआ था। उन्होंने कर्नाटक संगीत की शिक्षा पाँच वर्ष की आयु से ही ग्रहण करना शुरू कर दिया। उनके पहले गुरु उनके पिता फादर ऑगस्टिन जोसेफ थे, जो एक प्रसिद्ध गायक और रंगमंच के कलाकार थे। विभिन्न पारंगत संगीतकारों से गहन प्रशिक्षण प्राप्त करने के बाद येसुदास ने 14 नवंबर, 1961 को इक्कीस वर्ष की उम्र में पार्श्व गायक के रूप में पदार्पण किया।

पाँच दशकों से भी अधिक लंबे कॅरियर में येसुदास ने सत्रह अलग-अलग भाषाओं में साठ हजार से भी अधिक गीत गाए हैं, जिनमें अंग्रेजी, स्पेनिश, अरबी, रूसी, मलयाली तथा लगभग सारी भारतीय भाषा शामिल हैं। येसुदास को भारत में सर्वश्रेष्ठ पार्श्व गायक के रूप में सात बार राष्ट्रीय पुरस्कार मिल चुका है, तथा पार्श्व गायन के लिए ही तेईस बार 'केरल स्टेट अवार्ड' दिया गया है।

प्यार से 'गण गंधर्वन' या 'दिव्य गायक' कहे जानेवाले येसुदास ने दुनिया भर के अनेक प्रमुख शहरों में गीत गाए हैं। 2001 में उन्होंने लंदन के रॉयल अल्बर्ट हॉल में गीत गाए तथा 2006 में उन्होंने सिडनी ओपेरा हाउस में प्रस्तुति दी। 1965 में सोवियत संघ की सरकार ने उन्हें अपने देश के विभिन्न शहरों में प्रस्तुति देने के लिए बुलाया। नवंबर 1999 में यूनेस्को ने उन्हें पेरिस में आयोजित एक समारोह में 'संगीत और शांति के क्षेत्र में उल्लेखनीय उपलब्धि' हासिल करने के लिए सम्मानित किया, जिसमें लियोनेल रिची, रे चार्ल्स, मोंटसेराट केबाले और जुबीन मेहता मौजूद थे।

भारत सरकार ने येसुदास को 1975 में प्रतिष्ठित 'पद्मश्री' और 2002 में कला के क्षेत्र में योगदान के लिए 'पद्म भूषण' से सम्मानित किया।

आप भी उत्कृष्टता को ध्येय बना सकते हैं—

- औसत स्तर से संतुष्ट न हों। इसकी बजाय आप जो भी करें, उसमें उत्कृष्टता का प्रयास करें तथा सर्वश्रेष्ठ प्रदर्शन करने का संकल्प लें।
- अपेक्षित से कहीं अधिक आगे जाने का प्रयास करें तथा अपने कार्य और कदमों से इतने उच्च मानदंड स्थापित करें कि दूसरों को उसकी अपेक्षा भी न हो।
- अथक रूप से कार्य करने के लिए तैयार रहें तथा जो भी करें उसमें धैर्य, लगन, जोश और उत्साह का परिचय दें।
- अनुशासित रहें—अपने कार्य की योजना अच्छी तरह बनाएँ और उसे

और भी अच्छी तरह लागू करें।

- अपने चरित्र, कौशल, ज्ञान तथा प्रदर्शन में निरंतर सुधार करने के प्रति समर्पण दिखाएँ। हर दिन यह प्रयत्न करें कि आपका कार्य पिछले दिन की तुलना में बेहतर हो।
- समय का प्रबंधन अत्यधिक कुशलता से करें और सबसे चुनौतीपूर्ण स्थिति से पहले निपटें।
- एक बार में एक ही विषय पर ध्यान केंद्रित करें। अपने कार्य की गुणवत्ता को भटकावों से प्रभावित न होने दें।